国家出版基金项目
NATIONAL PUBLICATION FOUNDATION

100
中国共产党
理论武装一百年丛书

马克思主义时代化一百年

MAKESI ZHUYI SHIDAIHUA
YIBAI NIAN

中共广东省委宣传部 编

SPM
南方出版传媒
广东人民出版社
·广州·

图书在版编目（CIP）数据

马克思主义时代化一百年／中共广东省委宣传部编. —广州：广东
人民出版社，2021.6（2022.3 重印）
（中国共产党理论武装一百年丛书）
ISBN 978-7-218-15070-3

Ⅰ．①马…　Ⅱ．①中…　Ⅲ．①马克思主义—发展—研究—中国
Ⅳ．①D61

中国版本图书馆 CIP 数据核字（2021）第 106427 号

MAKESI ZHUYI SHIDAIHUA YIBAI NIAN
马克思主义时代化一百年
中共广东省委宣传部　编

版权所有　翻印必究

出 版 人：肖风华

出版统筹：钟永宁　卢雪华
责任编辑：曾玉寒　伍茗欣
责任校对：梁敏岚　窦兵兵
封面设计：河马设计
版式设计：书窗设计工作室
责任技编：吴彦斌　周星奎

出版发行　广东人民出版社
地　　　址：广州市海珠区新港西路 204 号 2 号楼（邮政编码：510300）
电　　　话：（020）85716809（总编室）
传　　　真：（020）85716872
网　　　址：http：//www.gdpph.com
印　　　刷：广州市豪威彩色印务有限公司
开　　　本：787mm×1092mm　1/16
印　　　张：21.5　字　数：280 千
版　　　次：2021 年 6 月第 1 版
印　　　次：2022 年 3 月第 3 次印刷
定　　　价：80.00 元

中国共产党理论武装一百年丛书

编 委 会

主　任：李　斌

副主任：陈金龙

委　员：（以姓氏笔画为序）

李　丹　　杨　亮　　连黎斌

张　浩　　张应祥　　张承良

张鹏辉　　林进平　　罗嗣亮

黄学胜　　崔凤国　　舒建华

曾　荣　　谢迪斌　　蓝　强

魏安雄

《马克思主义时代化一百年》
编撰人员

－主　编－
林进平

－副主编－
张　浩

－著　者－
林进平　　张　浩　　罗嗣亮
黄学胜　　常　莉　　朱亚坤
袁　伟

前　言

　　思想是行动的先导，理论是实践的指南。坚持以科学理论引领、用科学理论武装，是马克思主义政党永葆先进性纯洁性的根本保证，也是中国共产党历经百年风雨依然风华正茂的重要法宝。一百年来，我们党之所以能历经磨难而不断发展壮大，很重要的一条就是始终重视思想建党、理论强党，用党的科学理论为中国革命、建设、改革提供强大思想武器，坚持用科学理论武装广大党员、干部的头脑，使全党始终保持统一的思想、坚定的意志、强大的战斗力，在攻坚克难中从胜利走向胜利。

　　我们党的历史，是一部不断推进理论创新、进行理论创造的历史，是一部不断推进马克思主义中国化、时代化、大众化的历史。一百年来，我们党不断推进马克思主义中国化。自诞生之日起，我们党就把马克思主义确立为自己的指导思想，坚持把马克思主义基本原理同中国具体实际相结合，坚持解放思想和实事求是相统一、培元固本和守正创新相统一，产生了毛泽东思想、邓小平理论、"三个代表"重要思想、科学发展观，产生了习近平新时代中国特色社会主义思想，指引近代以来久经磨难的中华民族实现了从站起来、富起来到强起来的伟大飞跃。一百年来，我们党不断推进马克思主义时代化。肩负不断开辟马克思主义新境界这一神圣职责，我们党坚持用马克思主义观察时代、解读时代、引领时代，立足时代之基，回答时代之问，引领时代之变，不断探索时代发展提出的新课题、面临的新挑战，形成了既一脉相承又与时俱进的科学理论体系。一百年来，我们党不断推进马克思主义大众化。时刻牢记"人民群众是历史的创造者"，促进"理论掌握群众"向"群众掌握理论"转化，我们党始终把组织群众、宣传群众、凝聚群众、服务群众作为重要职责，注重用人民群众普遍接受的方式宣传马克思主义，使马克思主义为人民群众所理解和接受、认同和信仰、掌握和运用，让科学理论在掌握群众的过程中不断转化为群众认识世界、把握规律、追求真理、改造世界的强大力量。

党的十八大以来，以习近平同志为主要代表的中国共产党人，坚持马克思主义立场观点方法，根据时代特点和实践要求，以崭新的思想内容丰富和发展了马克思主义，创立了习近平新时代中国特色社会主义思想。这一思想，是新时代中国共产党的思想旗帜，是国家政治生活和社会生活的根本指针，是引领中国、影响世界的当代中国马克思主义、21世纪马克思主义。站在"两个一百年"的历史交汇点上，统筹中华民族伟大复兴战略全局和世界百年未有之大变局，更好推进全面建设社会主义现代化国家、向第二个百年奋斗目标进军，必须始终坚持马克思主义指导地位，持续抓好理论武装工作，用习近平新时代中国特色社会主义思想统一思想、统一意志、统一行动。要坚持马克思主义立场观点方法，坚持唯物史观，教育引导广大干部群众从深层次上掌握党的创新理论的精髓要义，不断提高政治判断力、政治领悟力、政治执行力，切实把增强"四个意识"、坚定"四个自信"、做到"两个维护"落实到行动上。要坚持推进实践基础上的理论创新，加强对改革开放和社会主义现代化建设实践经验的系统总结，深化对重大理论和现实问题的研究，提炼出有学理性的新理论，概括出有规律性的新实践，为丰富和发展党的创新理论作出新的贡献。要坚持推进理论宣传普及，努力构建接地气有生气、富有吸引力感染力的大众话语体系，广泛组织开展分众化、对象化、互动化理论宣讲，用丰富多样、有时代气息的形式载体进行宣传普及，架起科学理论通向人民群众的桥梁，推动习近平新时代中国特色社会主义思想"飞入寻常百姓家"。

在中国共产党百年华诞之际，由中共广东省委宣传部组织省内部分高校和省委党校专家学者历时两年时间编撰的《中国共产党理论武装一百年丛书》得以公开出版。这套丛书由《马克思主义中国化一百年》《马克思主义时代化一百年》《马克思主义大众化一百年》和《马克思主义在广东传播一百年》4 部专著组成，系统回顾和总结了我们党一百年来推动马克思主义中国化、时代化、大众化的伟大历程、生动实践和宝贵经验，以及广东在这一历程中的重要地位和特殊贡献，为广大干部群众了解我们党开展理论武装工作的历史提供了一套简明、生动、系统的著作，值得广大干部群众认真阅读、学习。希望这套丛书能够帮助广大干部群众更好地感悟马克思主义的真理力量和实践伟力，特别是结合党的十八大以来党和国家事业取得历史性成就、发生历史性变革的进程，深刻学习掌握新时代党的创新理论，坚持不懈用习近平新时代中国特色社会主义思想武装头脑、指导实践、推动工作。

中共广东省委宣传部

2021 年 5 月

目　录

第一章　马克思主义时代化的总体阐释 …………… 001

一、何谓马克思主义时代化 …………………… 003

（一）科学理解"时代"和"时代化" ……………… 003

（二）准确理解"马克思主义时代化"的核心要义 … 007

（三）在"三化"关系中准确理解马克思主义时代化

…………………………………………… 011

二、马克思主义时代化的动因 ………………… 014

（一）马克思主义理论本身的内在要求 …………… 015

（二）作为理论之源的时代发展的必然要求 ……… 021

（三）中国传统文化内在基因的必然结果 ………… 027

三、马克思主义时代化的思想历程与理论创新 ………… 030

（一）战争与革命时代的马克思主义时代化 ……… 032

（二）东西方对峙时期的马克思主义时代化 ……… 035

（三）和平与发展时代的马克思主义时代化 ……… 042

（四）中国特色社会主义新时代的马克思主义时代化

…………………………………………… 047

第二章　战争与革命时代的马克思主义时代化 …… 053

一、战争与革命时代的特征分析 ……………… 055

（一）帝国主义的发展及其内在矛盾 …………… 055

（二）俄国十月革命开辟世界无产阶级革命时代 ⋯⋯⋯ 059

（三）中国深处半殖民地半封建社会 ⋯⋯⋯⋯⋯⋯ 062

二、马克思主义在民主革命时期面临的时代挑战 ⋯⋯⋯⋯ 065

（一）中国革命的性质与前途 ⋯⋯⋯⋯⋯ 065

（二）中国革命的主体与对象 ⋯⋯⋯⋯⋯ 069

（三）中国革命的领导权问题 ⋯⋯⋯⋯⋯ 073

（四）中国革命的道路探索 ⋯⋯⋯⋯⋯⋯ 076

三、面对时代问题的理论解答 ⋯⋯⋯⋯⋯⋯⋯⋯ 081

（一）新民主主义理论 ⋯⋯⋯⋯⋯⋯⋯ 081

（二）统一战线理论 ⋯⋯⋯⋯⋯⋯⋯⋯ 085

（三）人民战争理论 ⋯⋯⋯⋯⋯⋯⋯⋯ 089

（四）党的建设理论 ⋯⋯⋯⋯⋯⋯⋯⋯ 092

第三章 东西方对峙时期的马克思主义时代化 ⋯⋯⋯⋯ 097

一、东西方对峙时期的时代审视 ⋯⋯⋯⋯⋯⋯⋯ 098

（一）中华人民共和国成立及其世界影响 ⋯⋯⋯⋯ 098

（二）社会主义阵营与资本主义阵营的两极对峙 ⋯⋯ 101

（三）中苏论战与中苏关系恶化 ⋯⋯⋯⋯⋯⋯ 109

（四）社会主义建设的良好开端及其曲折发展 ⋯⋯ 116

二、马克思主义面临的时代挑战 ⋯⋯⋯⋯⋯⋯⋯ 123

（一）如何实现新中国成立初期的社会转型 ⋯⋯⋯ 123

（二）如何认识苏联社会主义建设的经验和教训 ⋯⋯ 130

（三）如何处理新中国与其他国家的关系 ⋯⋯⋯⋯ 136

（四）如何处理马克思主义与中国传统文化的关系 ⋯ 145

三、面对时代问题的理论回答 ⋯⋯⋯⋯⋯⋯⋯⋯ 152

（一）社会主义改造理论 ⋯⋯⋯⋯⋯⋯⋯ 153

（二）调动一切积极因素建设社会主义的思想 ⋯⋯ 158

（三）走中国工业化道路的思想 …………………… 164

（四）正确认识和处理社会主义社会矛盾的思想 …… 171

（五）和平共处五项原则和"三个世界划分"的思想

………………………………………………… 182

第四章　和平与发展时代的马克思主义时代化 ………… 197

一、和平与发展时代形势的综合研判 ………………… 199

（一）两大阵营冷战格局的新态势 ………………… 199

（二）和平与发展作为新的时代主题 ……………… 202

（三）世界处在向多极化发展的趋势 ……………… 207

二、和平与发展时代挑战的深入剖析 ………………… 210

（一）如何认识和发展中国特色社会主义市场经济体制

………………………………………………… 210

（二）如何认识和应对思想领域多元化和意识形态挑战

………………………………………………… 215

（三）如何认识和发展中国特色社会主义民主政治 … 219

三、和平与发展时代与时俱进的理论创新 …………… 223

（一）"什么是社会主义、怎样建设社会主义"的时代答卷

………………………………………………… 224

（二）"实现什么样的发展、怎样发展"的创新思考

………………………………………………… 229

（三）"建设什么样的党、怎样建设党"的理论探索

………………………………………………… 232

（四）"新时代坚持和发展什么样的中国特色社会主义、怎

样坚持和发展中国特色社会主义"的理论创新

………………………………………………… 234

第五章　中国特色社会主义新时代的马克思主义时代化 ……… 239

　　一、中国特色社会主义进入新时代 ………………… 240

　　　　（一）新世情：世界处于百年未有之大变局 ……… 240

　　　　（二）新矛盾：研判新时代的根本依据 ………… 245

　　　　（三）新任务：从站起来、富起来到强起来 ……… 249

　　二、马克思主义在新时代面临的挑战 ……………… 253

　　　　（一）我国社会主要矛盾转化与两个"没有变" …… 254

　　　　（二）我国经济发展进入新常态 ………… 257

　　　　（三）立足中国发展与走向世界的结合 ………… 260

　　三、马克思主义在新时代的创新与发展 …………… 264

　　　　（一）社会主要矛盾理论的创新 ………… 265

　　　　（二）新发展理念的提出 ……………… 268

　　　　（三）两个伟大革命理论的提出 ………… 272

　　　　（四）人类命运共同体理念的提出 ……… 278

第六章　马克思主义时代化的价值意蕴、历史经验与当代使命

　　………………………………………………… 283

　　一、马克思主义时代化的价值意蕴 ………………… 285

　　　　（一）马克思主义永葆生命力的动力源泉 ………… 285

　　　　（二）无产阶级政党永葆先进性的重要条件 ………… 288

　　　　（三）彰显中国特色社会主义独特优势的有力举措 … 289

　　二、马克思主义时代化的历史经验 ………………… 292

　　　　（一）科学对待马克思主义是时代化的逻辑起点 …… 293

　　　　（二）解放思想是推进马克思主义时代化的不竭动力

　　　　……………………………………………… 298

　　　　（三）直面时代课题是马克思主义时代化的主要内容

　　　　……………………………………………… 303

（四）人民群众首创精神是马克思主义时代化的主体条件

……………………………………………………… 306

三、马克思主义时代化的当代使命 ……………………… 310

（一）在准确把握世界大势中推进马克思主义时代化

……………………………………………………… 311

（二）在回答时代课题中推进马克思主义时代化 …… 314

（三）在继承创新中推进马克思主义时代化 ………… 318

（四）结合中国国情和改革开放实践推进马克思主义

时代化 …………………………………………… 321

参考文献 ……………………………………………… 325

后　记 ………………………………………………… 329

第一章

马克思主义时代化的总体阐释

　　"马克思主义时代化"作为一个专门的概念，并非马克思主义理论史中本来就有的，它是中国共产党人在 2009 年 9 月召开的党的十七届四中全会上正式提出来的。它的提出是中国共产党人科学判断时代主题、积极应对时代挑战、大胆创新马克思主义理论的必然产物，是中国共产党在马克思主义理论发展史上的一个重大的理论创新。2017 年 9 月 29 日，习近平总书记在主持中共中央政治局第四十三次集体学习时特别强调："我们党是用马克思主义武装起来的政党，马克思主义是我们共产党人理想信念的灵魂。发展 21 世纪马克思主义、当代中国马克思主义，必须立足中国、放眼世界，保持与时俱进的理论品格，深刻认识马克思主义的时代意义和现实意义，锲而不舍推进马克思主义中国化、时代化、大众化，使马克思主义放射出更加灿烂的真理光芒。"① 理论和实践也都证明，马克思主义要永远保持其生命力和活力，就必须把握时代脉搏，直面时代问题，并在回答时代之问中不断丰富和发展。中国特色社会主义实践也只有在这种发展了的科学理论的指导下，才不至于走错方向。为了深刻理解这一概念及其重要思想，有必要深化理解其内涵、动因、理论历程及其理论创新成果等。

---

① 《习近平谈治国理政》第 2 卷，外文出版社 2017 年版，第 65 页。

一、何谓马克思主义时代化

应该如何理解"马克思主义时代化"这一概念？这一概念与"马克思主义中国化"和"马克思主义大众化"概念一样，都是一代代中国共产党人根据社会实践进行理论创新的产物，是对马克思主义理论发展史的重要贡献。一般来讲，"马克思主义时代化"指的是把马克思主义与时代发展要求相结合，根据时代问题，把握时代特征，吸收时代内容，反映时代要求，引领时代潮流，总之，是使马克思主义紧跟时代步伐，与时俱进，始终走在时代前列。准确理解这一概念，需准确理解其中的"时代"和"时代化"的具体所指，还需要把握"马克思主义时代化"的内容和要求，以及在与马克思主义中国化、大众化相联系和区分的关系中来确定其基本位置。

（一）科学理解"时代"和"时代化"

顾名思义，"马克思主义时代化"是要将马克思主义"时代化"，这里的"时代"并非泛化意义上来理解的，在泛化的意义上，"时代"可以是石器时代、封建时代、青年时代、信息时代等，这个意义上的"时代"概念具有飘忽不定性，不符合马克思主义对"时代"概念的理解和阐释。马克思主义视域中的"时代"有其特殊内涵，是一个与时俱进的概念，强调马克思主义是特定时代的产物，也会随着时代的变化而得到丰富和发展。马克思主义的"时代化"就是将马克思主义基本原理与不同时代状况相结合，既用马克思主义理论来把握时代，回答时代之问，又根据时代的转变来使马克思主义理论自身获得新的生命，展开为有时代意涵的理论创新成果。

马克思主义视域下的"时代"首先具有世界历史内涵，与马克思主义的社会形态理论相对应。我们都知道，根据社会生产方式和所有制形式的不同，马克思在《德意志意识形态》中，将人类社会历史的发展分为"五大社会形态"，即原始社会、奴隶社会、封建社会、资本主义社会和共产主义社会。根据人的自由实现程度的不同，马克思在《1857—1858 年经济学手稿》中，将人类社会发展分为"人的依赖关系""以物的依赖性为基础的人的独立性""建立在个人全面发展和他们共同的、社会生产能力成为从属于他们的社会财富这一基础上的自由个性"① 这三大社会形态，依次对应的是前资本主义、资本主义和后资本主义社会状况。在这个意义上，不同的社会形态也可以理解为不同的社会历史时代。马克思主义在这个意义上理解的"时代"可以理解为第一层级的"时代"，处于最高层，视野宏阔，具有世界历史意义。习近平总书记说："时代在变化，社会在发展……我们所处的时代同马克思所处的时代相比发生了巨大而深刻的变化，但从世界社会主义 500 年的大视野来看，我们依然处在马克思主义所指明的历史时代。这是我们依然对马克思主义保持坚定信心、对社会主义保持必胜信念的科学根据。"② 当中"大视野"所看到的"时代"就属于这一世界历史意义上的"时代"，这个我们当今所处的"时代"，本质上依然还是马克思所揭示的资本主义社会历史时代或"以物的依赖性为基础的人的独立性"起主导作用的时代，本质上表现为物对人的统治，表现为资本

---

① 《马克思恩格斯全集》第 30 卷，人民出版社 1995 年版，第 107—108 页。

② 《习近平谈治国理政》第 2 卷，外文出版社 2017 年版，第 66 页。

原则对世界的统治。这个意义上的"时代"也可以称为"现代"，还没有进入到共产主义社会之前，现代社会所处的"时代"本质上就表现为物对人的统治的时代。在这个意义上，马克思主义既是根据资本主义时代状况，应对资本主义时代问题，寻找超越资本主义时代之路的产物，也是至今指引我们走向新时代即"人的全面自由发展"的共产主义社会的科学理论和行动指南。

除了第一层级的"时代"之外，"马克思主义时代化"概念中的"时代"还尤其是指从属于第一层级"时代"的某个具体的或特定的社会历史阶段，这是次一层级的"时代"概念。习近平总书记所说的"时代在变化，社会在发展"，马克思主义要根据时代的变化而丰富发展，这里的"时代"主要就是指这一层级的"时代"概念。任何一个第一层级的时代发展都是一个十分漫长的过程，尽管在生产方式和所有制方面表现出一些一般的特征，但其自身也会有不同的发展阶段，迄今为止的资本主义社会历史时代的发展就经历过自由资本主义阶段、垄断资本主义阶段、新自由主义阶段和目前所处的新帝国主义阶段等，这些不同的社会历史阶段也必然表现出与之前阶段的不同，会提出新的时代问题，出现新的时代状况，马克思主义要成为科学理论和行动指南，就必须根据这些新的时代问题不断充实、修正、丰富和发展。资本主义通向共产主义社会的路程是十分漫长的，其所需的时间迄今为止还无法预测，这个阶段被列宁称为过渡阶段，即使到了共产主义社会，也还必须经历初级阶段到高级阶段的转变。总之，不同的社会历史阶段上，必然会有不同的时代状况，时代语境、时代主题、时代问题、社会主要矛盾、国内外形势也各有不同，理论就必须根据这种特定"时代"进行"时代化"的理论创新，既让时代充实理论，又让理论引领时代。在这个意义上，马克思主义时代化没有终结，永远在路上。我们所说的马克思主义的"时代化"其实主要还是在这个意义上来理解的。

可以将马克思主义的"时代化"理解为马克思主义的"当代化",但不能理解为马克思主义的"现代化"。之所以可以将"马克思主义时代化"理解为"马克思主义当代化",是因为相对于处在当时的社会历史阶段的历史主体即人民群众而言,这个特定的社会历史阶段就是他们的"当代","马克思主义时代化"也就是要将马克思主义基本原理和当时的社会时代状况相结合,实现马克思主义的当代化,这种理解是符合马克思主义的真理性、科学性和实践性特点的。之所以不能将"马克思主义时代化"简单等同于"马克思主义现代化",是因为"现代化"这一概念一般是与"现代性"概念相关的,而"现代性"概念又是特指现代社会之所以成为现代社会的本质特性,主要就是西方现代性或"资本现代性"。"现代化"的目标就是实现类似于西方社会的那种现代化,这其实还是以资本主义社会为发展方向。因而,在现代化尤其在中国现代化发展的语境中,将马克思主义"时代化"作"现代化"理解,多少会让人误认为是要让马克思主义服务于实现和巩固由资本原则所塑造的现代世界,这是有违马克思主义的基本精神的,也是否定马克思主义的真理性、科学性和实践性特点的。马克思主义要批判和超越的恰恰就是"资本现代性",指向的是实现了人类解放的共产主义社会理想。也因此,在进行相关理解和阐释时,需要谨慎对待相关术语的使用。

正确认识党和人民事业所处的历史方位和发展阶段,是中国共产党明确阶段性中心任务、指定路线方针政策的根本依据,也是中国共产党领导革命、建设、改革不断取得胜利的重要经验。之前,根据十八大以来取得的历史性成就和历史性变革,习近平总书记在十九大上作出了"中国特色社会主义新时代"的科学判断，中国特色社会主义进入"新时代"，科学标定了我国社会主义初级阶段新的历史方位，赋予党的历史使命、理论遵循、目标任务以新的时代内涵，为深刻把握习近平新时代中国特色社会主义思想提供了时代坐标。2021 年 1 月 11 日，习近平总书记在省部级主要领导干部学习贯彻党的十九届五中全会精神专题研讨班开班式上的重要讲话中，又根据改革开放 40 多年来的不懈奋斗及其成就，作出了"我国进入了一个新发展阶段"的战略判断，未来 30 年将是我们建设社会主义现代化国家的新发展阶段。习近平总书记强调，新发展阶段是我国社会主义发展进程中的一个重要阶段，社会主义初级阶段不是一个静态、一成不变、停滞不前的阶段，也不是一个自发、被动、不用费多大气力自然而然就可以跨过的阶段，而是一个动态、积极有为、始终洋溢着蓬勃生机活力的过程，是一个阶梯式递进、不断发展进步、日益接近质的飞跃的量的积累和发展变化的过程。全面建设社会主义现代化国家、基本实现社会主义现代化，既是社会主义初级阶段我国发展的要求，也是我国社会主义从初级阶段向高级阶段迈进的要求。"我国进入了一个新发展阶段"的战略判断为马克思主义时代化提供了新的时代语境和时代课题。

（二）准确理解"马克思主义时代化"的核心要义

"马克思主义时代化"概念的提出，本义是要反对对待马克思主义的本本主义和教条主义态度，强调要将马克思主义普遍原理和具体的社会历史阶段的时代状况和社会实践相结合，强调马克思主义要根据不同的时代状况、特定的时代问题，作出新的理论创新。只有这样，马克思主义才是发展了的马克思主义，才是能永葆其鲜活生命力和勃勃生机的马克思主义。也正是在这个意义上，1945 年

4 月，毛泽东《在中国共产党第七次全国代表大会上的口头政治报告》中指出，我们历史上的马克思主义有很多种，有香的马克思主义，有臭的马克思主义，有活的马克思主义，有死的马克思主义，我们要的是"一个完全彻底的马克思主义"，要的是"香的马克思主义，不是臭的马克思主义；是活的马克思主义，不是死的马克思主义"。① 臭的、死的马克思主义就是教条主义和本本主义的马克思主义，就是不能根据变化了的实际而丰富和发展的马克思主义。相反，香的、活的马克思主义就是能够实现马克思主义普遍原理和具体的社会实际、时代状态、民族特色相结合，从而获得丰富和发展了的马克思主义。这种马克思主义一定是时代化的产物。

实际上，马克思主义时代化也符合马克思主义的理论实际，因为经典的马克思主义本身就是早期资本主义特定社会历史阶段的产物，不可避免地烙下了那个时代的烙印，存在着那个时代的局限性。随着次一层级的"时代"的变化和发展，经典马克思主义的个别结论可能会不合适，需要在实践中加以修正、丰富和发展，发展成为"时代化"了的马克思主义。但也应该注意，不能因为次一层级"时代"的变化，就全盘否定马克思主义理论本身的当代意义，这不仅遗忘了马克思主义对第一层级意义上的"时代"的科学揭示和批判，而且本身就是违反马克思主义的真精神，对马克思主义采取了教条主义和本本主义态度。毫无疑问，在一个资本原则依然起主导作用的社会历史时代，马克思主义依然充满了智慧的光芒，依然是我们把握时代脉搏、分析时代问题、引领时代方向的科学真理。

既然马克思主义"时代化"本质上是强调理论要与特定时代相

---

① 《毛泽东文集》第 3 卷，人民出版社 1996 年版，第 331—332 页。

结合，那么，从基本内涵看，"马克思主义时代化"必然包含两个有机统一、密不可分的方面：一方面，它意指运用马克思主义的立场、观点和方法分析时代的基本特征和主题，解答时代的基本矛盾和问题，揭示时代的发展规律和趋势，引领时代的发展潮流和方向，也就是要坚持马克思主义指导思想的基本地位，用马克思主义的理论、观点、方法来分析和解决时代问题。另一方面，它还意指需要体现马克思主义"与时俱进"的理论品质，反映和表达时代精神，并且在总结时代的发展规律中提升、丰富和发展马克思主义，也就是要使马克思主义与时代发展共进步，体现时代性，把握规律性，赋予创新性。前者强调坚持马克思主义指导思想的地位，坚持马克思主义的原理和方法分析和把握时代问题，后者强调马克思主义也需要在回应时代问题中得到充实、丰富和发展。这是"马克思主义时代化"内涵不可或缺的两个方面，我们强调"马克思主义时代化"不是不要马克思主义，用其他的主义来取代其在意识形态领域的指导地位，如果是这样的话，那就是在瓦解和冲击社会主义的国家和制度。相反，强调"马克思主义时代化"一定是为了更好地坚持和巩固其指导地位，更好地用其来指导我们的社会实践。"马克思主义时代化"同时意味着，在"时代化"或"当代化"的过程中，马克思主义理论本身将必然得到充实、丰富和发展，将更具有时代特色和时代意涵。

此外，根据学者们的研究，"马克思主义时代化"作为一个科学概念，具有丰富的内涵和内在包含多方面的要求①，体现在：

第一，马克思主义时代化要求把握时代特征。任何一种理论，

---

① 参见韩庆祥、陈远章：《马克思主义中国化时代化大众化研究》，中共中央党校出版社2014年版，第54—58页。

只有正确把握时代特征，勇于回应时代挑战，能够满足时代新要求，才会有前途。"只有民族的才是世界的，只有引领时代才能走向世界"，推进马克思主义时代化，就是"要立足时代特点"，"更好运用马克思主义观察时代、解读时代、引领时代，真正搞懂面临的时代课题，深刻把握世界历史的脉络和走向"。①

第二，马克思主义时代化要求体现时代精神。马克思主义作为一种真正的哲学，是"时代精神的精华"，需要始终保持与时代的紧密关联，抓住时代脉搏，体现时代精神。马克思主义时代化，就是要把弘扬时代精神体现到深化改革的实践中，着力回答时代对改革提出的新课题，着力解决体制转变中的深层次矛盾和问题，推动改革不断取得新突破。

第三，马克思主义时代化要求吸收时代成果。紧密结合时代特征，需要不断吸收新的时代内容，马克思主义本身是世界人类文明的时代产物，需要不断吸收人类文明的共同成果，才能不断发展进步。当今时代变化对马克思主义提出了一系列挑战，是否能够应对这些挑战，关键在于把握时代主题变迁，着力理论创新，用发展的马克思主义回答时代变化的各种难题。

第四，马克思主义时代化要求引领时代潮流。马克思主义时代化内在要求我们始终站在时代前列，高瞻远瞩，前瞻未来，科学揭示和有效把握社会发展的客观规律，为社会发展和改革提供理论先导。

第五，马克思主义时代化要求解答时代课题。科学理论的价值在于它能解答时代课题。只有及时有力地回应社会矛盾，理论才能发挥应有的作用。马克思主义对"资本逻辑"的批判以及对共产主

---

① 《习近平谈治国理政》第 2 卷，外文出版社 2017 年版，第 66 页。

义社会的追求，依然具有深刻而重要的引领意义。但资本主义自身也几经修复、发展，不同于马克思主义诞生之时的新的时代问题不断涌现，诸如贫困加剧、人口膨胀、政治霸权和价值冲突、经济危机和金融安全等等，都给21世纪的马克思主义的发展提出了新的挑战。这就不断要求着马克思主义能够勇于迎接时代挑战，解答时代课题，在实践中不断丰富和发展。

在我们国家，毛泽东思想、邓小平理论、"三个代表"重要思想、科学发展观都是中国共产党历代领导人集体智慧的结晶，是将马克思主义普遍原理与具体的时代状况相结合的产物，因而是马克思主义"时代化"的产物，是马克思主义与时俱进的具体体现，是发展了的"时代化"的马克思主义。习近平新时代中国特色社会主义思想作为21世纪马克思主义和当代中国的马克思主义，则是以自己的方式对21世纪的新时代课题以及中国特色社会主义进入新时代的时代状况作出的科学理论解答，为实现伟大的中国梦和中华民族的伟大复兴提供了行动指南，也为世界各国的发展提供了可资借鉴且行之有效的中国方案，是马克思主义时代化的典范和最新成果。

（三）在"三化"关系中准确理解马克思主义时代化

准确理解马克思主义时代化的内涵和地位，还需理解马克思主义中国化、时代化和大众化这三者之间的关系。2009年9月中国共产党人第一次提出"马克思主义时代化"概念时，"时代化"是与"中国化""大众化"相并论的，这三者之间存在着指向的不同，但也构成一个逻辑一致的思想统一体。

一般而言，"马克思主义中国化"，指的是把马克思主义普遍原理与中国具体实际相结合，使马克思主义扎根于中国的土壤，把马克思主义真理的力量熔铸于中华民族的生命力、创造力、凝聚力之中，使当代中国的马克思主义具有更加鲜明的民族特色。它要求立足中国国情、总结中国经验、汲取中国优秀传统文化、反映当代中国实践、解决中国问题。"马克思主义大众化"，指的是要坚持把马克思主义基本原理同中国具体实际相结合，不断作出符合我国社会发展要求和人民群众实践需要的新的理论概括，使之具有新鲜活泼的、为中国老百姓所喜闻乐见的中国作风和中国气派，使当代中国的马克思主义具有更加鲜明的实践特色。它内在要求使马克思主义包括中国化马克思主义被广大人民群众所认同和掌握，成为人民群众心灵世界的精神支柱和生活世界的精神武器，需要体现大众立场、关注大众生活、运用大众表述、契合大众心灵、诉诸大众实践、解决大众难题。"马克思主义时代化"，则是要求把马克思主义与当今时代相结合，使马克思主义始终走在时代前列，敏锐把握时代特征，准确反映时代要求，科学引领时代前进，使当代中国的马克思主义具有更加鲜明的时代特色。它要求把握时代特征、体现时代精神、吸收时代成果、引领时代潮流、解答时代问题，要求内容的时代化、表现形式的时代化以及话语体系的时代化。①

　　这三者之间各有侧重，马克思主义中国化要求贴近实际，马克思主义大众化要求贴近群众，马克思主义时代化则要求贴近时代。马克思主义中国化要求立足中国、体现民族性，马克思主义大众化要求与人民大众相结合、体现人民性，马克思主义时代化则要求放眼世界、体现世界性。因而，马克思主义中国化、时代化、大众化是民族性、世界性与人民性的统一，是阶段性和过程性、发展性和

---

① 参见陈曙光等：《马克思主义中国化时代化大众化的理论与历史研究》，学习出版社 2012 年版，第 31—47 页；韩庆祥、陈远章：《马克思主义中国化时代化大众化研究》，中共中央党校出版社 2014 年版，第 51—59 页。

创造性的内在统一，是使马克思主义具有中国的民族特点和民族形式，赋予其中国作风、中国特色和中国气派，又把握了时代特点，引领了时代潮流，以及能够被大众所喜闻乐见的用于指导中国革命、建设和改革的科学理论。经过中国化、时代化、大众化之后的马克思主义，既完全是马克思主义的，又完全是中国的，且是与时俱进的。

可见，"三化"之间其实是一种辩证统一的关系，它们相互渗透、相互补充，是一个不可分割、有机统一的整体。在这三者关系中，马克思主义中国化是"一体"，是"主导"，时代化和大众化是"两翼"，是"服从"。马克思主义中国化是统领一切的总问题、总原则和总要求，逻辑地蕴含着时代化和大众化的内涵。中国化的过程既是时代化的过程，也是大众化的过程。马克思主义时代化、大众化服务于中国化，是围绕着中国化展开的，拓展和深化着中国化。离开了中国化，马克思主义本身以及马克思主义时代化的成果在中国都将失去意义，马克思主义大众化的传播也将失去依托和基础。时代化和大众化是中国化的内在要求，是增强当代中国马克思主义影响力的两种途径。中国化的马克思主义只有通过时代化，才能不断创新发展，保持其强大的生命力，也只有通过大众化，才能在实践中发挥作用，不断使理论划归为行动。没有时代化和大众化，中国化是不可能的，马克思主义的创新和发展也是不可能的，马克思主义就将永远沉寂下去。

可以说，马克思主义时代化本身就是广义的马克思主义中国化的一部分。马克思主义特有的理论品质是与时俱进，与时俱进也就意味着要随着时代而不断发展，也就是推进马克思主义时代化。马克思主义中国化过程作为将马克思主义普遍原理与中国实际相结合的过程，同时就是马克思主义时代化的过程。马克思主义中国化的每一次过程，都是马克思主义在特定的时代状况下与中国实际的结合过程，这个"中国实际"指的是当前时代的实际，因而"中国实际"本质上具有当代性，都是围绕着重大的时代课题和历史课题而展开的，这个过程本身就是马克思主义时代化的过程，换句话说，如果不能从时代的要求和状况出发，推进马克思主义的丰富和发展，马克思主义的中国化也不可能实现。在这个意义上，马克思主义中国化本质上就是马克思主义的时代化，马克思主义时代化也就是马克思主义的中国化。纵观马克思主义的发展史，马克思主义时代化和时代化的马克思主义，都意味着马克思主义始终与时代、与中国实际紧密结合，在不同的时代和社会历史阶段体现出了不同的形式和内容。这种成果以人民群众喜闻乐见的形式表现出来，被人民大众所吸收和掌握，就是马克思主义的大众化。

二、马克思主义时代化的动因

为什么要实现马克思主义时代化？或者说，有何种原因导致了马克思主义时代化？对这些问题的回答既有助于理解"马克思主义时代化"这一科学概念的重要内涵，也有助于深刻理解和领会马克思主义时代化在中国实践中的各种理论成果的意义和价值。概括来讲，之所以需要实现马克思主义的时代化，是因为：一则作为科学理论的马克思主义理论的本质要求；二则作为理论之源的时代发展的必然要求；三则作为历史脉络的中国传统文化在新形势下接续发展的内在要求。

（一）马克思主义理论本身的内在要求

"马克思主义时代化"指的是马克思主义而不是其他什么主义的时代化，因而时代化的动因，首先就来自马克思主义理论本身，马克思主义所特有的实践性、革命性和科学性特质决定了我们必须实现马克思主义时代化。

马克思主义作为我们国家必须长期坚持的指导思想，是立党立国的根本。"什么是马克思主义、怎样坚持和发展马克思主义"一直是我们需要面对和解答的重大理论课题。什么是马克思主义？如何正确理解马克思主义？有何性质、特点？对这些问题的准确回答，是理解和推进马克思主义时代化的理论前提。只有做到了准确理解马克思主义，马克思主义时代化才能有一个可靠的认识基础和正确的出发点，才能做到真正坚持和发展马克思主义，也才能理解为何必须坚持马克思主义时代化。

关于什么是马克思主义，可以从不同角度作出不同的回答。通行的看法是从狭义和广义两个角度加以定义。从狭义上说，马克思主义是指马克思创立的基本理论、基本观点和学说体系。从广义上说，马克思主义不仅指马克思、恩格斯创立的基本理论、基本观点和学说体系，也包括它的继承者对它的发展，即在实践中发展着的马克思主义。狭义的马克思主义主要指由马克思主义哲学、马克思主义政治经济学、科学社会主义等组成的经典马克思主义。广义的马克思主义则还包括列宁主义，以及马克思主义在中国发展所形成的毛泽东思想和中国特色社会主义理论体系等内容。

关于"马克思主义时代化"中的"马克思主义"到底是指狭义的马克思主义还是指广义的马克思主义，在学界还有争论。其实，这种争论是没有必要的。从本质上说，所谓"真正的哲学是时代精神的精华"，任何一种理论都是自己时代的产物，是以理论的方式面对和回答时代问题、反映时代精神、引领时代发展，其理论效力和解释度也自然会随着时代的发展而不断发生改变。因此，"马克思主义时代化"中的"马克思主义"既应包括狭义的马克思主义即经典马克思主义，也应包括广义的马克思主义即对经典马克思主义形成了后续发展的马克思主义。广义的马克思主义作为发展了的马克思主义，实际就是经典马克思主义与特定时代环境和特征相结合的马克思主义，就是时代化的马克思主义。马克思主义时代化和时代化的马克思主义是同一问题的两个方面，都体现了马克思主义的实践性和发展性特点。真正的马克思主义是具有实践性、革命性和科学性特质的，这些特质内在决定了，马克思主义要成为真正的马克思主义、活的马克思主义，就必须不断实现马克思主义时代化，实现与时俱进和理论创新。

首先，马克思主义的实践性特质为马克思主义时代化提供了动力源泉。

马克思主义作为指导无产阶级革命实践的科学世界观，与先前一切理论体系的根本区别，以及在当今时代仍然具有强大的生命力的根本原因，就在于它产生于社会实践，并且在社会实践中不断发展、创新和完善，它还以指导社会实践作为根本归宿。这种鲜明的实践性不断推动着马克思主义在实践中与时俱进，展开具有时代气质的理论创新工作。

马克思主义认为，实践是检验真理的唯一标准，社会生活在本质上是实践的。马克思主义区别于一切旧唯物主义的根据在于，它建立在实践活动的基础之上，是实践的唯物主义，而之前的唯物主义则建立在感性直观的基础之上，是直观的唯物主义。在马克思主义看来，人是通过实践活动将人与世界关联和生产出来的，人本身、人与自然的关系、人的社会关系以及人类社会历史的产生、运动和发展，都是建立在人的生产实践基础上的。生产实践活动导致了人与动物的区别，使人真正成为与动物不同的人，促进了人的生成，带来了人的意识和思想的形成和发展，也推动和创造着人类社会历史。因此，理论不是凭空产生的，不是观念的产物，而是来源于实践、面向实践并且要回归实践的。客观世界的运动变化日新月异，永远没有终结，这使得人类为了生存发展而必然不断从事的各种形式的实践活动也将无限发展，从而也推动着理论本身的发展。马克思主义作为深深植根于实践又在实践中不断发展的理论，其实践特性决定了它需要随着时代的变化发展而不断变化发展。

马克思指出，之前的哲学都在于解释世界，问题在于改变世界。马克思主义就是致力于改变世界的科学的世界观和方法论。"对实践的唯物主义即共产主义者来说，全部问题都在于使现存世界革命化，实际地反对并改变现存的事物。"① 因此，客观世界错综复杂，根据客观世界的新的实践、新的发展变化总结出新的理论，是马克思主义实践特性的内在要求。每一次理论创新，也都只能解释和解决一定条件历史进程中的一些重大问题，不可能穷尽客观世界的一切方面和过程。马克思主义要改变世界，也就必然要求其自身随着实践的发展而不断发展、不断充实和不断完善。

其次，马克思主义的革命性特质要求其不断实现自身的时代化。

革命性和批判性是辩证法的精髓，作为辩证的唯物主义，马克思主义充分吸收和批判了黑格尔的唯心辩证法思想，使辩证法建立在唯物主义基础之上。马克思指出："辩证法在对现存事物的肯定

---

① 《马克思恩格斯文集》第 1 卷，人民出版社 2009 年版，第 527 页。

的理解中同时包含对现存事物的否定的理解，即对现存事物的必然灭亡的理解；辩证法对每一种既成的形式都是从不断的运动中，因而也是从它的暂时性方面去理解；辩证法不崇拜任何东西，按其本质来说，它是批判的和革命的。"① 以辩证唯物主义为哲学基础的马克思主义，在本性上也是批判的和革命的。作为无产阶级世界观和方法论，无产阶级受剥削、受压迫的阶级地位也决定了马克思主义是批判的和革命的。可以说，从马克思主义的诞生之日起，它就是以批判者和革命者的姿态开始其理论活动和实践活动的。

马克思主义的革命性和批判性特质，一方面意味着，它是通过对其他各种思想、理论、学说以及对资本主义的社会现实的批判，来发展自己的学说的，马克思主义是在批判继承前人的优秀成果并与工人运动相结合的基础上诞生的。没有对德国古典哲学、英国古典政治经济学和法国空想社会主义的批判继承，就不可能有唯物史观、剩余价值学说和科学社会主义的诞生。另一方面也意味着，这种批判性和革命性也注定会指向自身，要求通过对各种机会主义、修正主义、主观主义、教条主义等的批判，来不断地展开自我修正和自我革新。

马克思、恩格斯从来都不认为自己的理论是"包治百病的药方"，而是强调自己的具体论断"是从历史事实和发展过程中得出的确切结论；不结合这些事实和过程去加以阐明，就没有任何理论价值和实际价值"②。尽管如此，马克思、恩格斯之后，却依然存在着大量的教条主义和主观主义的马克思主义。一部马克思主义的发展史，就是一部马克思主义与各种教条主义、主观主义作斗争的历

---

① 《马克思恩格斯文集》第 5 卷，人民出版社 2009 年版，第 22 页。
② 《马克思恩格斯文集》第 10 卷，人民出版社 2009 年版，第 548 页。

史，是一部不断实现马克思主义时代化，从而不断实现自身的自我革新和自我发展的历史。毛泽东曾对教条主义的马克思主义作出尖锐批判，指出："教条主义者是懒汉，他们拒绝对于具体事物做任何艰苦的研究工作，他们把一般真理看成是凭空出现的东西，把它变成为人们所不能够捉摸的、纯粹抽象的公式。"① 教条主义者的错误在于，割裂了主观与客观、理论与实践的密切联系，违反了马克思主义创始人的谆谆教导，无视了马克思主义的革命性和批判性也应指向自身，从而必然要求马克思主义普遍原理与具体实际、时代变迁相结合的基本精神。"教条主义的'马克思主义'并不是马克思主义，而是反马克思主义的。"② 总而言之，真正的马克思主义一定是具有批判性和革命性的，这不仅指向外界，也指向自身，这就内在要求马克思主义随着不同的世情和国情的变化，推进马克思主义的时代化。

最后，马克思主义的科学性特质内在要求实现马克思主义时代化。

马克思主义是科学的理论，其科学性首先体现为它科学地揭示了人类社会历史的一般规律和资本主义生产方式的具体规律，提出了唯物史观和剩余价值学说。正是由于唯物史观和剩余价值学说的提出，社会主义从空想发展成了科学。习近平总书记在《继续推进马克思主义中国化时代化大众化》的讲话中指出："在人类思想史上，就科学性、真理性、影响力、传播面而言，没有一种思想理论能达到马克思主义的高度，也没有一种学说能像马克思主义那样对世界产生了如此巨大的影响。这体现了马克思主义的巨大真理威力

---

① 《毛泽东选集》第 1 卷，人民出版社 1991 年版，第 310 页。
② 《毛泽东选集》第 3 卷，人民出版社 1991 年版，第 874 页。

和强大生命力，表明马克思主义对人类认识世界、改造世界、推动社会进步仍然具有不可替代的作用。"①

马克思主义作为科学的理论，其科学性还尤其体现在马克思主义所具有的实践性、革命性和批判性特质上。正是这些特质决定了马克思主义是一个开放的理论体系，具有实事求是、与时俱进的理论品质。作为一个开放的理论体系，马克思主义提供的不是现成的教条，而是进一步研究的出发点和提供这种研究使用的方法。正因此，马克思主义善于从时代高度分析、考察和总结问题，提出符合历史发展规律的时代任务，并在实践的基础上结合新的时代特点进一步发展和完善自身，实现自身的时代化。一切以时间、地点和条件的变化而变化，是马克思主义的重要原则，也是其科学性的重要体现。这条原则要求我们在运用马克思主义理论指导实践的时候，要理论联系实际，密切结合时代特点和时代特征，要根据变化了的时代特征，不断发展和创新马克思主义。

马克思主义作为一门科学，要求我们用科学的态度对待它，也就是要根据时代的变化和实践的发展不断丰富和发展马克思主义，实现马克思主义时代化。从马克思主义时代化的百年历程来看，马克思主义的发展过程就是马克思主义与不同时代特征相结合的过程，就是一个不断赋予马克思主义以时代特色的过程。马克思主义也只有与时代特征相结合，实现指导思想和理论体系上的与时俱进和开拓创新，才能适应时代的要求，才能发挥理论的指导作用。作为不断发展着的理论，马克思主义的每一次历史性飞跃，都带有深刻的鲜明的时代烙印，都是马克思主义者在考察时代特征、准确把握时代脉搏的基础上，以巨大的理论勇气不断开拓创新的结果，都

---

① 《习近平谈治国理政》第 2 卷，外文出版社 2017 年版，第 65 页。

体现了与时俱进的精神。与时俱进作为中国共产党人提出的一个重要概念，本身就是对马克思主义的丰富和发展，是坚持马克思主义时代化的重要成果，表现出中国共产党紧跟时代步伐，追求理论创新的强烈愿望。中国共产党不断借助自己的实践和理论创新，将马克思主义推向新的高度。

（二）作为理论之源的时代发展的必然要求

"马克思主义时代化"中的"时代"是一个动态概念，不同的时代会有不同的时代特征、问题、主题、精神等，必然要求马克思主义基本理论根据这些不同而不断地"时代化"或"当代化"。伟大时代呼唤伟大理论，伟大时代孕育伟大理论。任何理论都是时代的产物，是在特定的时代背景中形成的，任何理论的发展都是时代推动的结果。马克思主义也是特定时代的产物，它之所以依然保持旺盛的生命力，是因为它是科学的理论。作为科学，马克思主义揭示了人类社会的一般规律和资本主义的特殊规律，使社会主义从空想发展成了科学。作为科学，马克思主义具有与时俱进的理论品质，是随着时代变迁、主题转换而不断丰富和发展的理论。作为科学，马克思主义的基本方法是一切从实际出发，实事求是，主观联系客观，理论联系实际。这就决定了真正的马克思主义从来就是坚持马克思主义普遍原理与具体实际相结合的，是马克思主义时代化和时代化的马克思主义相统一的。

首先，经典马克思主义本身就是特定时代的产物，不可避免地具有它那个时代的烙印，也不可避免地有它那个时代的历史局限性，因而需要不断随着时代的发展而发展。

马克思主义经典作家有过丰富的关于理论与时代相互作用的经典论述。在马克思主义看来，任何真正的思想理论体系都是自己时代的精神的精华，任何理论体系也都是自己所处时代的产儿，是"被把握在思想中的它的时代"①。马克思主义"不仅从内部即就其内容来说，而且从外部即就其表现来说，都要和自己时代的现实世界接触并相互作用"②。马克思主义理论是时代的产物，在内容和形式上都体现了它时代的烙印，作为时代精神的精华，马克思主义理论体系还反映了时代精神、把握了时代脉搏、引领着时代发展。世界的理论化同时就是理论的世界化，在马克思主义那里体现得尤为明显。

马克思主义诞生于 19 世纪中叶，这是一个"资产阶级时代"，是自由资本主义走向盛期同时也是社会危机大量出现的时代。一方面，自由、平等、人权等现代价值观被树立为最高价值、普世价值，人的自由解放理想成为整个时代的普遍理想。另一方面，当时的资本主义国家开始陷入发展困境，经济危机不断爆发，阶级矛盾尖锐化，阶级斗争炽热化，人的解放理想陷入空谈，工人的反抗斗争此起彼伏，迫切需要新的革命的理论与无产阶级革命运动相结合，以真正指导工人运动并使工人阶级获得解放。马克思主义正是这个时代的产物，反映着这个时代革命与斗争的时代主题，体现了追求自由平等的时代精神。

马克思主义对资本主义时代的体系化的理论反思，是对时代问题进行理论反思的结果，具有鲜明的时代性。但也正因为如此，它不可避免地存在一定的历史局限性。比如，在无产阶级革命斗争策略问题上，马克思、恩格斯就受历史经验，特别是法国大革命经验的影响，对当时欧洲革命形式作了错误的判断。恩格斯后来总结

---

① ［德］黑格尔：《法哲学原理》，范扬、张企泰译，商务印书馆 1982 年版，第 12 页。
② 《马克思恩格斯全集》第 1 卷，人民出版社 1956 年版，第 121 页。

说："历史表明我们也曾经错了，暴露出我们当时的看法只是一个幻想。"[1] 此外，随着资本主义社会的不断发展、资本主义社会制度自我修复能力的不断提升，马克思主义的某些观点或具体论断在当今时代也可能出现不合时宜的情况。比如，马克思的"除了出卖劳动力而一无所有的"无产阶级概念在当今时代就发生了改变。西方马克思主义的一些代表甚至认为无产阶级这一个概念不过是一种哲学幻想，并据此将对资本主义社会的批判从政治和社会批判转向了文化批判、生态批判等，提倡所谓的"新社会运动"。

这种情况说明，马克思主义理论本身不是"包治百病的灵丹妙药"，不是"放之四海而皆准"的宇宙真理，要保持其旺盛的生命力，就需要根据时代发展、时空条件的改变，不断丰富和发展。马克思主义时代化，就是要对马克思主义进行"时代化"，就是使马克思主义随着时代的发展而发展，不断赋予马克思主义以鲜明的时代特色，始终彰显马克思主义的"时代性"。纵观社会主义的发展进程，无论是由理想变成现实、由一国实践变成多国实践，还是由社会主义革命到社会主义建设、再到社会主义改革开放和现代化建设，都要求把马克思主义基本理论和本国实际、时代特征紧密结合起来。历史证明，凡是实践并实现了这种结合的时候和地方，社会主义事业就会兴旺发达；凡是没有实践或实现这种结合不成功的时候和地方，社会主义事业就会遭遇挫折和困难。

其次，新的时代变化、时代问题的出现，倒逼中国共产党人必须做出理论回应，问题与理论之间的距离是马克思主义时代化的直接动力。

在当今时代，大力推进马克思主义时代化，这既符合马克思主

---

① 《马克思恩格斯文集》第 4 卷，人民出版社 2009 年版，第 538 页。

义理论本身的实践性、革命性和科学性的理论特质，是其与时俱进理论品格的体现，也说明当代中国共产党人面对作为特定时代之产物的经典马克思主义，坚持了实事求是的态度，采取了理性反思和继承发展的科学立场。当今我们大力提倡和推进马克思主义时代化，主要还是因为当今时代已经不同于经典马克思主义诞生的那个时代，资本主义几经发展和修复，已经进入了新帝国主义阶段，我们的改革开放也进入了纵深推进的历史阶段，中国特色社会主义进入了新时代，当代中国也进入了新发展阶段。时代性质、时代主题、时代发展态势、中国特色社会主义新时代的基本矛盾和任务等都与以往有很大不同，新的时代变化和问题，这反过来逼问共产党人必须做出积极理论回应，推动着中国共产党人不断推进和实现马克思主义时代化。

这里的关键问题还在于对"当今时代"的把握和理解上。从马克思主义的世界历史理论角度看，整个人类社会历史目前所处的阶段主要还是资本主义时代，这个时代既是社会主义与资本主义共存的时代，也是资本主义向社会主义过渡的时代。从人类社会历史的基本形态看，当今时代还处于人受物的支配和统治的资本主义时代，资本主义的生产方式依然占据统治地位，社会主义生产方式处于从属地位，这是资本主义发展的高级阶段。"我们依然还处在马克思主义所指明的历史时代"[1]，是指我们还处在马克思主义基本原理依然有效的时代，这是我们对马克思主义保持坚定信心、对社会主义保持必胜信念的科学依据。但是，时代的主题已经由"战争与革命"转变为"和平与发展"，因而从大的时代背景角度看，当今时代是处在资本主义生产方式占主导地位的时代，是资本主义向社

---

① 《习近平谈治国理政》第 2 卷，外文出版社 2017 年版，第 66 页。

会主义过渡的时代，是和平与发展成为时代主题的时代。这就要求我们既要认识时代的本质，坚持社会主义方向，不能犯右的错误，也要抓住和平与发展这个时代的主题，不能重犯"左"的错误。

当今时代，和平与发展是时代主题，但战争的根源并未消除，霸权主义和强权政治依然存在。苏联解体后，冷战思维并没有消失，一些敌视社会主义的西方势力和国家，依然延续冷战思维，对社会主义国家持续施压。国际政治新秩序也没有完全建立起来，绝大多数发展中国家同发达国家的经济发展差距也越拉越大。和平与发展是世界人民的普遍愿望，但仍面临着严峻挑战，充满着多重阻力，世界仍然很不安宁。霸权主义、强权政治和新干涉主义依然存在，甚至还有所抬头；局部冲突和地区问题此起彼伏，局部动荡频繁发生；全球经济失衡加剧，南北差距拉大，传统安全威胁和非传统安全威胁相互交织；粮食安全、能源安全、网络安全等全球性问题更加突出。

此外，世界多极化、经济全球化、文化多样化和社会信息化是当今时代呈现出来的基本特征和未来社会的发展趋势。世界多极化意味着各种政治力量的激烈斗争还在继续，世界各种力量新的分化组合还在进行，这是世界发展在一个相当长时期内的基本状况。经济全球化是当今世界的基本经济特征和不可逆的发展趋势，各国之间相互依存、相互联系的程度空前加强，任何一个国家的发展都不能不受全球经济发展的影响。经济全球化还使各国在市场、资金、资源等方面的争夺矛盾更加尖锐，综合国力的较量日益尖锐。文化多样化是人类社会发展的一个基本特征，是人类文明进步的动力，表现为不同文化之间"你中有我、我中有你""和而不同"的特征。文化多样化是未来发展的必然趋势，任何一个国家和民族都要顺应文化多样化的差异，才能促进自身发展和为人类文明发展作出贡献。社会信息化是当今时代不可阻挡的发展趋势，已经对人类社会发展造成了全方位的影响，使人类社会由工业社会进入了信息社会。信息化程度已经成为各国综合国力的重要标志，成为21世纪各国较量的焦点。各国在信息化上的差距，有可能加大南北差距，形成数字鸿沟，这给人类的和平与发展带来了挑战。

当今中国的马克思主义应当深刻把握上述的时代特征和发展态势，积极应对可能出现的各种问题，自觉地推进马克思主义时代化。中国特色社会主义，"要和平不要战争，要发展不要贫穷，要合作不要对抗"①，对和平与发展的追求是中国特色社会主义理论体系形成和发展的前提。因而准确把握和平与发展的时代主题，是当今时代推进马克思主义时代化的必然要求。但也应认识到，世界格局在加快演变的历史进程中，产生了大量深刻复杂的问题，提出了大量亟待回答的理论课题。这就需要我们加强对当代资本主义的研究，分析把握其出现的各种变化及其本质，深化对资本主义和国际政治经济关系深刻复杂变化的规律性认识。马克思主义时代化既要加强马克思主义基本理论与时代状况的结合，还要借鉴国外马克思主义的最新研究成果，因为"他们中很多人对资本主义结构性矛盾以及生产方式矛盾、阶级矛盾、社会矛盾等进行了批判性揭示，对资本主义危机、资本主义演进过程、资本主义新形态以及本质进行了深入分析。这些观点有助于我们争取认识资本主义发展趋势和命运，准确把握当代资本主义新变化新特征，加深对当代资本主义变化趋势的理解"。但是对待国外马克思主义研究，基本立场是"密切关注和研究，有分析、有鉴别，既不能采取一概排斥的态度，也

---

① 胡锦涛：《坚定不移沿着中国特色社会主义道路前进　为全面建成小康社会而奋斗——在中国共产党第十八次全国代表大会上的报告》，人民出版社2012年版，第46页。

不能搞全盘照搬"。①

应当坚持中国特色社会主义的发展方向，不断壮大综合国力，充分展示我国社会主义制度的优越性。习近平总书记对马克思主义时代化的精髓作了高度概括："只有民族的才是世界的，只有引领时代才能走向世界。要立足时代特点，推进马克思主义时代化，更好运用马克思主义观察时代、解读时代、引领时代，真正搞懂面临的时代课题，深刻把握世界历史的脉络和走向。"② 时代的新变化、新特征推动着马克思主义时代化，不断要求马克思主义从"当年"走向"当代"、从革命主题走向建设主题、从旧大众走向新大众，需要采取新的表现形式和新的技术手段，使马克思主义的内容、表现形式、表述方法都实现"时代化"。

（三）中国传统文化内在基因的必然结果

马克思主义时代化从属于广义上的马克思主义中国化，要求"时代化"与"中国化"紧密结合，"中国化"的过程同时就是"时代化"的过程，其思想渊源既来自对马克思主义经典作家时代观的继承，也来自对中国传统文化尤其是儒家文化中关于"时中"和"经""权"关系论述的借鉴。

传统与现代的关系，是马克思主义时代化需要认真处理的问题。马克思主义时代化不是否定传统，而是在坚持马克思主义指导地位的前提下，对一切优秀的传统文化资源展开创造性转化、创新性发展。中国特色社会主义的文化积淀着中华民族最深沉的精神追求，代表着中华民族独特的精神标识，是激励全党各国各族人民奋

① 《习近平谈治国理政》第 2 卷，外文出版社 2017 年版，第 67 页。

② 《习近平谈治国理政》第 2 卷，外文出版社 2017 年版，第 66 页。

勇前进的强大精神力量。中国特色社会主义文化，源自中华民族五千多年文明历史所孕育的优秀传统文化，熔铸于党领导人民在革命、建设、改革中创造的革命文化和社会主义先进文化，植根于中国特色社会主义伟大实践。发展中国特色社会主义文化，就是以马克思主义为指导，坚守中华文化立场，立足当代中国现实，结合当今时代条件，发展面向现代化、面向世界、面向未来的，民族的科学的大众的社会主义文化，推动社会主义精神文明和物质文明协调发展。

发展社会主义先进文化，需要与中华民族优秀传统文化相结合，这既是中国特色社会主义文化发展的客观需要，也是推进马克思主义理论创新的需要。马克思主义时代化的过程，也就是把马克思主义与中华民族优秀传统文化相结合的实践过程，这既是汲取中国传统文化的精华以发展马克思主义，也是以中国特色社会主义文化为形式实现优秀传统文化的现当代转化。在中国传统文化尤其是儒家文化中所蕴含的"经权""时中"思想，是推动马克思主义时代化的思想动因。

中国传统文化的"经权"思想以儒家最为圆满，儒家的"经权"思想实际上就是原则和变通问题。儒家学说讲，"经者，常道也"，是基本原则、普遍规定；"权者，权宜变通、方便善巧也"，是说要因地制宜、随机应变。"权"是"经"的灵活运用。《易经》中说："穷思变，变则通，通乃久"，讲的就是"权"道。《易经》中的"易"有"不易"和"变易"的含义，"不易"相当于"经"，"变易"相当于"权"。"不易"和"变易"的关系就相当于"经"和"权"的关系。儒家学说讲"经""权"结合，认为"经"是"权"之体，"权"是"经"之用，"权"不违"经"，强调把儒家基本原则落实到具体的政治、社会生活中去的时候，需要因地因时、因人制宜，但是"权"必须受"经"的制约，"经"可以借"权"以实施，"权"不违"经"，"经"不碍"权"。"经权有别而又不二"，体现了儒家思想中的原则性和灵活性的统一。"经"和"道"一样，指的是大经大法，这是任何时候不能更改和违背的基本原则。"权"讲变通，但这是在不违"经"和"道"的前提下的变通，因而实质上是从另一个侧面和角度维护原则。"权"和"时"的概念相通共融，"经权"包含"时中"的思想，都是讲坚持原则和因时制宜的结合。孔子被孟子称为"圣之时者"，是讲孔子是圣人里面最"时中"的，是圣之集大成者。"圣之时者"的主要特点有二：一是通权达变，也就是能把原则性和灵活性圆融地统一起来。守经是对理想、原则的担当和坚持，达权则是在不违反原则的前提下的灵活权变。二是与时偕行。就是要以"时"为大，随时制宜、合乎时宜。

　　传统文化中的"经权""时中"思想为我们提供了不断推进马克思主义时代化的思想动因和基本方法，这当然也是符合作为科学理论的马克思主义的基本精神的。马克思主义时代化本质上要求：一方面守经，坚持马克思主义的指导地位毫不动摇，坚持马克思主义的基本原理不动摇，不能借由时代的变迁否定马克思主义基本原理的真理性和马克思主义的指导地位。另一方面权变和"时中"，也就是要根据时代的变化不断丰富和发展马克思主义，在坚持马克思主义指导地位不动摇的前提下，将马克思主义基本理论与具体的世情和国情相结合。面对不同的时代问题时能够变通，能够灵活运用，懂得创新。创新是21世纪时代精神的集中体现，是马克思主义生命力和历史使命的关键所在。创新需要把握时代的基本问题和发展方向，需要研究在实践中不断出现的重大问题，通过问题的研究和解决来推动马克思主义时代化和马克思主义的理论创新。当代中国马克思主义时代化的历史使命就是紧扣时代主题、破解时代难题、顺应时代发展、引领时代前进。

三、马克思主义时代化的思想历程与理论创新

马克思主义时代化是马克思主义理论本身的必然要求，在马克思主义发展史和实践过程中有着优良的传统。马克思主义在实践中的发展过程，就是马克思主义时代化过程，广义的马克思主义的诞生过程也就是不断实现马克思主义普遍原理与具体实际和时代特性相结合的过程，是马克思主义理论不断丰富和创新的过程。理论创新是马克思主义时代化的必然要求。创新也是一个民族进步的灵魂，是一个国家兴旺发达的不竭动力，是一个政党永葆生机的源泉。从西方到东方、从俄国到中国、从理论到实践、从理想到现实，马克思主义的理论创新不断借助列宁主义、毛泽东思想、邓小平理论、"三个代表"重要思想、科学发展观、习近平新时代中国特色社会主义思想，得到延续、丰富和发展，从而保持着旺盛的理论生命力，指导着中国乃至世界各国人民走向美好未来。

马克思、恩格斯特别强调，理论来源于时代又引领着时代。经典的马克思主义是自由资本主义和无产阶级社会革命时代的产物，它以资本逻辑批判的形式对这个时代的资本主义本质及其非人后果进行了深刻揭示。作为时代精神的精华，马克思主义反映了那个时代的斗争和革命的精神，通过提出历史唯物主义和剩余价值学说，使社会主义由空想发展成了科学，引领着世界各国人民的革命斗争和人类社会的未来发展。马克思、恩格斯认为，历史都是各个世代依次交替的，历史是追求自己的目的人的活动，会随着社会生产方

式和交换方式的不同而不断发展，由此形成不同的社会结构、社会形态和历史时代。马克思主义时代化，就是随着时代的不同形成各具特色和内容的时代化的马克思主义。

在十月革命的酝酿和形成过程中，列宁继承了马克思主义优秀的时代观，自觉将马克思主义与当时的时代相结合。列宁认为，当时的时代主题是战争与革命，但根据 19 世纪 70 年代后期开始的以电力为主要标志的第二次科技革命的出现，以及垄断生产方式的出现，他提出，资本主义的发展已经从自由资本主义阶段发展到了垄断资本主义阶段，垄断资本主义是资本主义发展的最新阶段。这个阶段的时代特点是，帝国主义战争和无产阶级革命并存，政治经济发展不平衡是资本主义发展的绝对规律，因而社会主义有可能在资本主义发展薄弱的地方获得胜利。据此，列宁创造性地提出了社会主义在一国首先胜利的理论，从而发展了马克思主义，最终带来了俄国十月革命，在世界上诞生了第一个社会主义国家。

高度重视对时代的科学把握和深刻理解，是马克思主义优秀的理论品质和鲜明特色，也是中国共产党人革命和建设的优良传统和马克思主义时代化的重要内容，是我们建党近一百年来的宝贵经验。中国共产党人一百年的探索，是马克思主义普遍原理与中国革命、建设、改革等具体实践相结合的过程，也是与中国传统哲学、民族文化相结合的过程。在这一过程中，马克思主义不断被民族化、时代化，被中国共产党人在革命、建设、改革等具体实践中丰富、发展和创新。

马克思主义时代化在中国一百年的历程是丰富多彩的。中国共产党人继承马克思主义的时代化主题，善于把握时代特征、抓住时代主题、反映时代精神，解决时代的主要问题，有效地实现了马克思主义普遍原理与具体的世情和国情相结合，提出了一系列思想丰富而有时代特色的马克思主义理论创新成果。在中国，马克思主义时代化一百年的历程大致经历了战争与革命时代的马克思主义时代化阶段、东西方对峙时期的马克思主义时代化阶段、和平与发展时期的马克思主义时代化阶段以及中国特色社会主义新时代的马克思主义时代化阶段，相应地主要形成了两大理论创新成果，即毛泽东思想和中国特色社会主义理论体系，前者包括新民主主义革命理论和社会主义建设理论，后者包括邓小平理论、"三个代表"重要思想、科学发展观以及习近平新时代中国特色社会主义思想。

（一）战争与革命时代的马克思主义时代化

从世界历史时代特征看，中国近代总体上从属于资本主义时代，又具体从属于列宁揭示的资本主义进入帝国主义阶段的时代。从具体的国情看，近代中国还具有资本主义时代之前即封建主义时代的特点。这种特殊性就使得近代中国所在的时代特征和面对的时代问题都颇为复杂。国际有资本主义与社会主义之争、帝国主义与殖民地反帝之争。国内有专制与民主之争、新旧军阀之争、资产阶级与无产阶级之争。总之，新与旧、传统与现代、资本主义与封建主义、帝国主义与新型的资产阶级的诞生和成长、殖民主义与民族独立和解放等问题交织在一起，成为近代中国要面对和处理的紧迫问题。

一方面，帝国主义受追逐资本利润的驱使，大肆推行殖民地运动，既扩大海外市场，又转移国内的阶级矛盾。近代中国从鸦片战争开始就不断遭受帝国主义列强的入侵，加之封建统治者的无能，一步步沦为了半殖民地半封建社会。半殖民地半封建社会是近代中国的基本国情，这既不处在马克思、恩格斯所处的那个资本主义已经成为现实的阶段，也不同于俄国十月革命前所处的完全封建主义的阶段，其有着自己特殊的时代特征、主要矛盾和革命要求。这决定了马克思主义发展史上的以往的旧观点都是无法与这种新的时代特征相适应的，中国革命应走什么样的道路，如何对待民族资产阶级、如何对待农民等问题，都不能照搬马克思、恩格斯和列宁的具体论述。

另一方面，战争与革命依然是这个时代的基本主题，社会的主要矛盾表现为帝国主义和中华民族、封建主义和人民大众的矛盾，其中帝国主义和中华民族的矛盾是各种矛盾中最主要的矛盾。这就决定了近代中国革命的根本任务是推翻帝国主义、封建主义和官僚资本主义的统治，从根本上推翻反动腐朽的政治上层建筑，变革阻碍生产力发展的生产关系，为建设富强民主的国家、确立人民当家作主的政治制度、改善人民生活，扫清障碍并创造必要的前提。这个根本任务回答的核心问题是中国人民如何"站起来"。

而对这时代主题和任务的把握，经历了曲折的过程，洋务运动、戊戌变法、太平天国运动、义和团运动、资产阶级的旧民主主义革命等，都是近代中国救亡图存的历史运动，但都没有解决使中国人民"站起来"的历史任务。这一任务最后留给了中国共产党。随着俄国十月革命一声炮响传来马克思主义，以及中国共产党的成立，以毛泽东为代表的第一代中国共产党人总结历史教训，坚持科学的马克思主义时代观，始终站在时代的前列，对时代的主题作出了科学判断，指出"现在的世界，是处在革命和战争的新时代，是资本主义决然死灭和社会主义决然兴盛的时代"[①]。以毛泽东为代表的第一代中国共产党人还对革命的对象和道路作出了科学探索，创立了新民主主义革命理论，提出了中国革命分两步走的战略思想：

---

① 《毛泽东选集》第 2 卷，人民出版社 1991 年版，第 680 页。

"第一步，改变这个殖民地、半殖民地、半封建的社会形态，使之变成一个独立的民主主义的社会。第二步，使革命向前发展，建立一个社会主义的社会。"[①] 根据第一次世界大战和十月革命的性质，毛泽东明确认为新民主主义革命已经成为世界无产阶级革命的一部分。据此，毛泽东提出了一系列包括新民主主义政治纲领、经济纲领、文化纲领在内的新民主主义基本纲领。

新民主主义革命是无产阶级领导的，人民大众的，反对帝国主义、封建主义和官僚资本主义的革命。这条新民主主义的总路线，是以毛泽东为代表的第一代中国共产党人坚持马克思主义普遍原理和具体实际相结合的产物。这也体现在对待马克思主义的态度上。对待马克思主义，毛泽东始终强调反对本本主义和教条主义，强调应当结合时代主题、历史潮流和中国具体实际，在新的实践中不断丰富和发展。为此，毛泽东提出了一切从实际出发、实事求是的指导原则，强调"没有调查就没有发言权"，通过长期深入的社会调查研究，以毛泽东为代表的第一代中国共产党人提出了"枪杆子里面出政权"、农村包围城市、武装夺取政权的革命道路，还提出了统一战线、武装斗争、党的建设作为新民主主义革命的"三大法宝"，从而成功地找到了一条具有中国特色的民主革命道路，最终带领中国人民完成了民族独立、中国人民"站起来"的历史任务。

概括来讲，在战争与革命时期，面对资本主义进入帝国主义阶段以及近代中国所处的半殖民地半封建社会的现实，以毛泽东为代表的第一代中国共产党人毅然承担起了反帝反封建的历史重任，带领中国人民完成了民族独立、国家解放和中国人民"站起来"的历史使命。在这一阶段，中国共产党人面对时代问题所做的理论阐释

---

① 《毛泽东选集》第 2 卷，人民出版社 1991 年版，第 666 页。

的积极成果体现为：在革命道路方面，提出了新民主主义革命理论；在政治路线方面，形成了建立同盟军和团结一切可以团结的力量的统一战线理论；在军事路线方面，提出了坚持武装斗争以及军民一体的人民战争理论；在党的建设方面，提出了建设全国范围的、广大群众性的、思想上政治上组织上完全巩固的马克思主义政党理论。

（二）东西方对峙时期的马克思主义时代化

新中国的成立，标志着中国人民从此站起来了。但站起来之后的中国却面临着严峻的国内外形势。从 1949 年 10 月 1 日中华人民共和国成立到 1978 年改革开放这段时间，总体上表现为以苏联为首的社会主义阵营和以美国为首的资本主义阵营的对峙时期。根据我国社会发展的实际情况，大体又可以根据 1956 年社会主义三大改造完成为界，将 1949 年到 1956 年这一时期分为从新民主主义到社会主义的过渡时期和社会主义的建设时期两个阶段。这两个阶段，国际国内环境和面对的问题有所不同，马克思主义时代化的创新成果也各有不同。

在社会性质问题上，新中国成立初期的社会形态还处于由新民主主义到社会主义的过渡时期，面临的时代任务是山河重整、百废待兴。面对错综复杂的国内外形势和繁重艰巨的任务，要求中国共产党进一步巩固与发展人民民主统一战线，最大限度地团结一切可以团结的力量，克服面临的困难，为彻底完成民主革命、反对帝国主义和逐步向社会主义过渡而共同奋斗。

从国内情况看，在军事上获得了基本胜利，但还没有完全结束。国民党还有上百万的军队残留在西南、华南等人民解放军尚未到达的地区进行负隅顽抗；在新解放区，国民党在溃逃时遗留下来的大批残余力量，同当地反动势力相勾结，以土匪游击战争的方式对新生政权进行捣乱破坏，他们寄希望于帝国主义对中国内战的干涉和第三次世界大战的爆发，妄图卷土重来，颠覆新生的人民政权。经济上，当时的社会生产力十分落后，工业水平低，与世界发达国家差距相当大，当时的中国是一个十分落后的地地道道的农业国。实际上，我们从国民党手中接过来的是一个全面崩溃的烂摊子：生产萎缩，交通梗阻，民生困苦，失业众多，特别是国民党政府长期滥发纸币，造成物价飞涨、投机猖獗、市场混乱。中国共产党和人民政府能否制止恶性的通货膨胀和物价上涨，迅速恢复生产，稳定经济形势，从而在政治上站稳脚跟，是比进军和剿匪更加困难的新的严峻考验。

国际上，妄图称霸全球的美国在其"扶蒋反共"政策失败之后，仍然不肯放弃与中国人民为敌的立场，拒绝承认新中国，还竭力阻挠其他国家与中国建交，妄图在政治上孤立中国、在经济上实行封锁、在军事上实行包围。在这种情况下，中国共产党面临着新的考验，不仅要求在新的任务面前学会新的本领，更重要的是在新的历史条件下能否保持谦虚、谨慎、不骄、不躁和艰苦奋斗的作风，在"糖弹"面前不打败仗。这是党中央领导十分担心的，也是党外朋友十分关切的问题。

当时的世界，以苏联为首的社会主义阵营与以美国为首的资本主义阵营形成了东西方对峙的局面。随着新中国的成立，世界社会主义阵营得以形成并获得壮大，受世界社会主义革命运动和中国影响，亚非拉国家也纷纷开展民族解放和独立运动。以毛泽东为代表的第一代中国共产党人，根据亚非拉民族独立运动、世界社会主义革命运动的高涨，以革命的乐观主义看待世界时代，认为当时的时代是从帝国主义向社会主义过渡的时代，时代的主题是谋求和平，遏制战争。从新民主主义社会向社会主义社会过渡，实现社会主义工业化，是当时的主要任务，也是实现国家富强的必然要求。据此，毛泽东在 1953 年 6 月的中央政治局会上正式提出了过渡时期的总路线和总任务的思想，既明确了从中华人民共和国成立到社会主义改造基本完成是一个过渡时期，又明确了这一时期的总路线和总任务是，在一个相当长的时期内，逐步实现国家的社会主义工业化，并逐步实现国家对农业、手工业和资本主义工商业的社会主义改造。

在实现工业化的道路问题上，毛泽东再一次坚持马克思主义时代化原则，理论联系实际，一切从实际出发，明确提出，实现工业化的道路有两条，即资本主义工业化道路和社会主义工业化道路。中国的工业化道路不能走资本主义工业化的路线，否则只能成为帝国主义的附庸。只能走社会主义工业化道路，但这又不能走苏联那样的道路，而必须在充分利用原有工业潜力和进行新的工业建设的同时，对个体农业、手工业和资本主义工商业进行社会主义改造，从而形成了"一化三改"的路线方针。过渡时期总路线的提出，既是对马克思主义经典作家有关过渡时期的理论的继承，又是对其丰富和具体化，为社会主义改造提供了行动指南。

在农业和手工业的社会主义改造方面，通过遵循自愿互利、典型示范和国家帮助的原则，以互助合作的形式积极引导农民走上了互助合作道路。对手工业的社会主义改造，党和政府采取了积极领导、稳步推进的方针。对资本主义工商业的社会主义改造，党和政府通过和平赎买的方式和从低级到高级的国家资本主义的过渡形式，实现了和平改造，使资本主义工商业改造成为自食其力的社会主义劳动者。三大改造在 1956 年底基本完成，我国社会经济结构自此发生了根本变化，社会主义经济成分已占绝对优势，社会主义公有制已成为我国社会的经济制度，标志着中国历史长达数千年的阶级剥削制度的结束和社会主义根本制度的确立。

在这一时期，除了实现了农业、手工业和资本主义工商业的三大改造之外，中国共产党人还在坚持马克思主义的指导下，实现了中国传统文化的破旧立新，建立了从中央到地方的各级文化领导管理体制和文化生产体制，为新文化建设提供了制度保障和实践基础。此外，为突破以美国为首的西方资本主义国家对中国的孤立和封锁，开拓新的外交局面，新中国成立初期的外交工作的重中之重是彻底清除旧中国遗留的丧权辱国的外交遗产，抵御和破解西方资本主义阵营对新中国的政治孤立、经济封锁和军事威胁，维护新中国的国家安全、国家主权和领土完整，努力争取以完全平等的身份和地位重返国际舞台并发挥积极作用和影响。之后，中国共产党人积极实行和平共处五项原则，经过卓有成效的工作，新中国同苏联和各社会主义国家建立了良好的合作关系，为新中国第一个十年的社会主义革命和建设事业奠定了重要基础。

社会主义改造的完成和社会主义制度的建立为后续的社会主义建设奠定了坚实基础。但随之而来的问题是，在经济文化落后的国家如何建设和发展社会主义？这一问题成为社会主义建设时期马克思主义时代化的中心主题。

从1956年到1978年，是中国社会主义建设的时期，这一时期国际形势和对外关系出现了一些新的特点。毛泽东之前判断的世界总体趋于和平，被"战争取代了之前的和平"所取代。在大时代定位上，这一时期依然处于列宁、斯大林所界定的帝国主义向社会主义、共产主义过渡的时代，整个世界时代的帝国主义特征没有改变，社会主义阵营与资本主义阵营依然处于对抗状态。但美国侵略越南战争的升级，中苏两党、两国关系的日益恶化，珍宝岛事件的爆发，中印边境冲突等，让国家安全受到了直接威胁。"反帝、反修、反侵入"成了当时三重主要任务。毛泽东于 1962 年对当时形势的判断是："从现在起，五十年内外到一百年内外，是世界上社会制度彻底变化的伟大时代，是一个翻天覆地的时代，是过去任何一个历史时代都不能比拟的。处在这样一个时代，我们必须准备进行同过去时代的斗争形势有着许多不同特点的伟大斗争。"[①] 为此，中央把"以国防建设第一"确定为"三五"计划的基本方针。毛泽东对这个时代的认识和判断，凸显了战争和传统革命的重要性和紧迫性，强化了"以阶级斗争为纲"的"合法性"。

从国内看，在强调继续革命的前提下，社会主义建设也全面展开。如何对待社会主义建设的苏联模式、如何处理中国和以美国为首的资本主义国家的关系、如何对待中国的历史文化遗产等，是当时推进社会主义建设必须面对和解决的主要问题。毛泽东意识到按苏联模式搞社会主义建设暴露出了各种弊端，放弃了照搬苏联模式的建设道路，坚持理论与实际相结合，进行了一系列的理论创新，主要包括：

一是发展了社会主义社会矛盾理论。毛泽东指出矛盾是普遍存在的，社会主义社会同样充满矛盾，生产力与生产关系、上层建筑与经济基础之间的矛盾依然是社会主义的基本矛盾。但社会主义的矛盾不是对抗性的，它可以通过社会主义制度本身不断得到解决。他还提出了主要矛盾和次要矛盾、矛盾的主要方面和次要方面的思想，区分了敌我矛盾和人民内部矛盾，发展和丰富了马克思主义的矛盾观。

二是探索了社会主义经济建设理论。过渡时期的三大改造比较

---

① 《毛泽东文集》第 8 卷，人民出版社 1999 年版，第 302 页。

成功地回答了经济文化落后的国家如何通过和平途径从新民主主义社会过渡到社会主义社会的历史课题，开创了中国式的社会主义改造道路。社会主义改造完成后，毛泽东继续提出了一系列社会主义建设的新思路，初步奠定了比较完整的工业体系和国民经济体系。根据主要矛盾的变化，党的八大提出了全面建设社会主义的正确路线，强调全国人民的主要任务是集中力量发展社会生产力，实现国家工业化，逐步满足人民群众日益增长的物质文化需要。在具体措施上，强调从中国国情出发，不能机械照搬外国经验，要以农业为基础，充分重视发展农业和轻工业，正确处理重工业同农业、轻工业之间的关系，走一条适合中国国情的工业化道路。毛泽东还指出，要发展商品生产和商品交换，重视价值规律的作用，从而肯定了社会主义商品生产和价值规律的作用。此外，毛泽东还对经济体制改革进行了积极探索，意识到苏联模式的弊端，主张中央和地方分权，扩大企业自主权。强调工人是企业的主人，要实行干部参加劳动、工人参加管理、改革不合理的规章制度以及技术人员、工人、干部三结合，即"两参一改三结合"的原则。

三是丰富和发展了社会主义政治理论。毛泽东提出了人民内部的民主和对反动派的专政相结合的人民民主专政理论。在处理共产党和民主党派的关系时，实行"长期共存，相互监督"的方针。还建立了社会主义基本政治制度，如人民代表大会制度、中国共产党领导的多党合作和政治协商制度、民族区域自治制度。还强调完善民主，健全法制，将民主集中制作为党的根本组织原则和活动原则，领导制定了社会主义宪法和其他法律，强调要依法办事。此外，这一时期还丰富和发展了社会主义思想政治工作和文化的理论，提出了关于思想政治工作是经济工作和其他一切工作的生命线；发展民族的、科学的、大众的文化，实行百花齐放、百家争鸣、古为今用、洋为中用的文化方针；关于知识分子在社会主义建设中具有重要的作用，提出了知识分子健康成长的"又红又专"的正确道路；等等。

四是提出了"三个世界划分"的思想。根据世界形势，毛泽东创造性地提出了"三个世界划分"的思想，即美国和苏联是第一世界，亚非拉发展中国家和其他地区的发展中国家是第三世界，处于这两者之间的发达国家是第二世界。"三个世界划分"的思想是对马克思主义国际统一战线理论的时代化发展，具有重大的历史意义：第一，明确将社会主义国家苏联和帝国主义国家美国齐名划入第一世界，突破了两极格局的理论框架，捍卫了国家安全，也进一步推动了中美关系正常化。第二，超越以意识形态和社会制度划分敌我的原有框架，提供了理解世界结构的新思路，为中国外交拓展了广阔空间。第三，将自己宣布为属于第三世界，永远不做谋求霸权的超级大国，为国际社会提供了全新的发展模式，打破了"国强必霸"的传统逻辑，也切实提高了中国的国际声誉。

通过这些举措，在社会主义建设时期，毛泽东丰富和发展了马克思主义基本理论，强化了马克思主义时代化原则，充实和推进了马克思主义，建立了独立的、比较完整的工业体系和国民经济体系，农田水利等基础建设也初具规模，科学技术水平有了显著提高，培育了良好的社会风气，社会进步举世瞩目，在外交上也取得了举世瞩目的成就，在国际上树立了我国独立自主的尊严形象，赢得了朋友，赢得了声誉，为巩固我国革命胜利成果、加强我国社会主义建设和促进人类和平进步事业建立了不可磨灭的功勋。在社会主义建设中取得的巨大成就，显然为新的历史时期开创中国特色社会主义提供了物质基础。但这一时期以阶级斗争为纲、"文化大革命"也很大程度上阻碍了社会生产力的发展，影响了人民群众的积极性，社会的正常建设和健康发展受到了严重制约。

（三）和平与发展时代的马克思主义时代化

从 1978 年党的十一届三中全会到 2012 年党的十八大，属于改革开放的第一时期。这一时期，以邓小平、江泽民、胡锦涛为代表的中国共产党人，立足于和平与发展的时代主题，团结带领全国各族人民，探索和开辟了中国特色社会主义道路，接力推进了中国特色社会主义事业，提出了一系列马克思主义时代化的理论创新成果，创立了中国特色社会主义理论体系，促进了马克思主义时代化的飞跃性发展，中华民族迎来了从站起来到富起来的历史转变。

邓小平理论，是以邓小平为代表的第二代中国共产党人将马克思主义普遍原理与中国具体实际和时代状况相结合的优秀成果，是马克思主义时代化在中国一百年历程的重要组成部分。它根据世界变化与时代主题的转换、全球化时代发展问题的凸显、多极化格局下新型大国关系的确立以及反思社会主义成败经验教训的时代要求，创造性提出了社会主义初级阶段论、社会主义本质论、改革开放论、社会主义市场经济论等理论成果，成功地使中华民族摆脱了贫困，走上了共同富裕的道路，开创了社会主义建设的新局面。

对以邓小平为代表的第二代中国共产党人来说，"什么是社会主义、如何建设社会主义"是必须思考和回答的核心问题。当时的时代形势和社会主义建设时期已有很大不同，这主要得益于当时世界科学技术的最新发展。20 世纪 70 年代以来，以信息技术和生物技术为主要内容的科技革命在全球范围内迅猛发展，促进了社会生产力的快速提高，带动人类进入了快速发展和不断调整变革的新时代。从经济上看，现代科学技术的发展促进了资本、劳动力、生产资料等要素在国际上的流动，使生产、资本的国际化和经济的全球化得以出现。从国际关系上看，国际政治格局的主流由对抗转向缓和，世界由准备战争转向争取持久和平，东西方国家由相互封闭转向相互开放，不同意识形态由相互排斥转为相互渗透、共同竞争，世界整体联系加强。资本主义国家高科技的发展，社会主义国家的改革，第三世界的崛起，民族民主力量的成长壮大，使世界的格局、态势和力量对比发生了重大变化。根据这种时代特点，邓小平提出，时代主题已经从革命与战争转向了和平与发展，从而不能再以阶级斗争为纲，而应把精力转到经济建设和社会发展中来。这首先要做的就是恢复解放思想、实事求是的优良传统。对此，邓小平旗帜鲜明地反对"两个凡是"，大力支持真理标准问题的大讨论。借此，破除把马克思主义教条化的思想，解放了思想，为改革开放的顺利进行扫除了思想上的障碍。

邓小平还针对"文化大革命"造成的混乱局面，以及人口多，耕地少，底子薄，经济、技术落后的社会现实，提出了社会主义初级阶段理论，认为当时的中国既是政治上的大国，又是经济上的小国，处于并将长期处于生产力落后、商品经济不发达的社会主义初级阶段。这一判断是对我们所处历史方位的准确判断，成为当时中国共产党制定和执行正确路线、方针、政策的根本依据。据此，"一个中心、两个基本点"的基本路线被制定出来，深入推进改革开放的思想被全面提出来。改革开放的目的就是解放和发展生产力，实现社会主义现代化，让中国人民富裕起来，实现中华民族的伟大复兴。

在"什么是社会主义、怎样建设社会主义"这一问题上，邓小平提出了社会主义本质理论，即认为"社会主义的本质，是解放生产力，发展生产力，消灭剥削，消除两极分化，最终达到共同富裕"①。这种科学回答，纠正了长期以来人们离开生产力抽象谈论社会主义的错误倾向，深刻揭示了社会主义社会发展的客观规律，把党对社会主义的认识提高到了新的科学水平。围绕这一问题，邓小平认为中国道路既不能走传统社会主义的老路，贫穷落后不是社会主义，也不能走资本主义的邪路，社会主义的旗帜不能丢，创造性地探索出了中国特色社会主义道路。

"走自己的路，建设有中国特色的社会主义"② 是邓小平在党的十二大开幕词中向世界作出的庄严宣告。走中国特色的社会主义道路，最重要的就是要走中国特色的经济道路、政治道路和文化道路。中国特色的经济道路主要体现为中国特色的社会主义市场经济理论的提出，这破除了"姓资姓社"的问题，把社会主义和市场经济有机结合了起来。主要表现在，重视解放和发展生产力，坚持生产资料公有制为主体、多种所有制经济共同发展的基本经济制度，坚持按劳分配为主体、多种分配方式并存的分配制度，逐步实现共同富裕，建立社会主义市场经济制度。中国特色的政治道路主要表现为坚持人民民主专政理论，坚持人民代表大会制度，坚持中国共产党领导的多党合作和政治协商制度。中国特色的文化道路主要表现为坚持马克思主义在意识形态领域的指导地位，重视建设社会主义核心价值体系，重视和谐文化建设。

借助这众多理论创新，以邓小平为代表的第二代中国共产党人正确把握了时代脉搏，顺应了时代发展的潮流，为我国改革开放和社会主义建设事业找准了时代方位。邓小平理论是适应战争与革命

---

① 《邓小平文选》第 3 卷，人民出版社 1993 年版，第 373 页。
② 《邓小平文选》第 3 卷，人民出版社 1993 年版，第 3 页。

的时代主题向和平与发展的时代主题转换的产物。它既立足于当代中国国情，又顺应时代发展趋势，是时代精神的伟大结晶。它丰富和发展了马克思主义，开拓了马克思主义的新境界，推进了马克思主义时代化的进程。

进入 20 世纪 90 年代以来，国际国内形势又发生了深刻变化。东欧剧变、苏联解体，是世界历史的大事，社会主义阵营瓦解，冷战结束，世界从两极向多极化方向发展，同时经济全球化也向纵深发展。伴随着苏联解体，中国也经历了政治风波，改革开放和市场经济的进一步发展也使得一系列不同于之前社会的问题，诸如信任问题、道德问题、生态问题等不断出现，这使得一部分人对社会主义道路和改革开放产生了质疑。面对错综复杂的国内外形势，以江泽民同志为核心的党中央在较短的时间内领导全国人民各个击破国际封锁，赢得了人民的拥护和支持，没有退回到计划经济的老路，也没有成为西方发达国家的附庸，坚定不移地坚持四项基本原则，维护了国家的独立、安全和稳定，又毫不动摇地坚持了经济建设这个中心，继续大力推进了改革开放。

江泽民对世纪之交的时代发展趋势作出了准确判断，认为和平与发展仍然是当今世界两大主题，虽然苏联解体，两极格局终结后国际形势仍然动荡不安，但总体上趋于缓和，在相当长的时期内避免新的世界大战是可能的，争取和平的国际环境，在和平稳定中谋求发展，是当今世界的头等大事。世界向多极化发展，各种力量出现新的分化和组合，极少数大国或大国集团垄断世界事务、支配其他国家命运的时代已经一去不复返。世界经济技术合作加强，全球化趋势更加明显。随着经济市场化、贸易与投资国际化、区域经济合作化的步伐加快，各国经济联系日益紧密，相互依存度增加，合作增强，摩擦和竞争也在加剧，世界范围内的贸易竞争和国与国之间经济实力的较量越来越激烈。世界要和平、人民要合作、国家要发展、社会要进步，是时代的潮流。各国人民都渴望世界持久和平、渴望促进共同发展、渴望过上稳定安宁的生活，共创人类美好未来。要和平、求合作、促发展已经成为时代潮流。

中国共产党在这一时期的理论成果主要是"三个代表"重要思想的提出。"三个代表"重要思想用一系列紧密联系、相互贯通的新思想、新观点、新论断，进一步回答了"什么是社会主义、怎样建设社会主义"的问题，创造性地回答了"在长期执政的历史条件下建设什么样的党、怎样建设党"的问题，深化了我们对新的历史条件下推进中国特色社会主义事业和加强党的建设的规律的认识，从而在邓小平理论的基础上进一步把马克思主义时代化推向了新的发展阶段。

进入 21 世纪以来，世界形势和我国局势继续发生着复杂而深刻的巨大变化。世界多极化不可逆转，经济全球化深入发展，科技革命加速推进，全球和区域合作方兴未艾。和平与发展是时代主题，世界仍不安宁，霸权主义和强权政治依然存在，影响世界和平与发展的不稳定、不确定性因素增多。科技成果产业化周期缩短，技术更新速度越来越快，以信息科技、生物科技为主要标志的高技术及其产业快速发展，成为科技创新和先进生产力的集中体现，成为推动经济社会发展的强大动力。

这个时代，是充满机遇和挑战的时代，世界的和平与发展面临着诸多难题和挑战，中国特色社会主义建设也面临着较多的困难和挑战，党的自身建设面临着许多新课题、新考验。如何发展，成为 21 世纪所有国家面临的紧迫问题。从世界范围看，第二次世界大战结束后，加快经济增长成为世界各国的共识，绝大多数国家都以国内生产总值增长为核心作为衡量经济发展的标准。这在一定程度上推动了经济的发展，但也使一些国家出现了"有增长无发展"、经济结构失衡、社会发展滞后等问题，能源、资源日益紧张，生态环境恶化，可持续发展是全世界人民的共同愿望。在国内，基本国情未变，经济发展呈现出一些阶段性特征，比如经济实力显著增强，但生产力水平总体不高，自主创新能力不强，结构性矛盾和粗放型增长方式未根本改变；人民生活总体达到小康水平，但收入分配差距拉大趋势未根本扭转；等等。这些问题反映了我国经济社会发展面临的新形势、新矛盾和新问题。

面对新形势和新问题，党的十六大以来，以胡锦涛同志为总书记的党中央在全面贯彻邓小平理论和"三个代表"重要思想的过程中，清醒认识当今世界和当代中国发展的大势，全面把握我们发展的新要求和人民群众的新期待，认真总结党的治国理政的实践经验，提出了科学发展观，其第一要义是发展，核心是以人为本，基本要求是全面协调可持续，根本方法是统筹兼顾。还提出了构建和谐社会的理论、建设和谐世界的理念、建设社会主义和谐文化的理论，全面发展了党的建设理论。科学发展观大大扩展了当代中国马克思主义的理论视野，适应了当代中国马克思主义走向世界的时代要求，为进一步推进马克思主义时代化打下了广阔通途。

（四）中国特色社会主义新时代的马克思主义时代化

中国特色社会主义进入新时代是以习近平同志为核心的党中央和中国人民对我国发展新的历史方位作出的重大政治论断，它是党在科学把握时代趋势和国际局势重大变化、科学把握世情国情党情深刻变化的基础上作出的，有着充分的时代依据、理论依据和实践依据。

党的十八大以来，习近平总书记特别重视对时代的把握，重视推进马克思主义的时代化进程，自觉地将马克思主义普遍原理与具体的世情国情党情相结合，丰富和发展了马克思主义。早在2007年，习近平总书记就引用马克思的名言"问题就是公开的、无畏的、左右一切个人的时代声音。问题就是时代的口号"，强调"构建和谐社会就是一个解决这些时代问题的持续过程……这些问题就是我们这个时代的口号，就是时代的声音……只有立足于时代去解决特定的时代问题，才能推动这个时代的社会进步"。[①] 十八大后，他还特别强调："要立足时代特点，推进马克思主义时代化，更好运用马克思主义观察时代、解读时代、引领时代。"习近平总书记立足于世界形势和中国实际，把马克思主义时代观推向了新的境界，作出了系统性的新贡献。在对大的世界历史时代的判断上，习近平总书记强调："我们依然处在马克思主义所指明的历史时代。这是我们对马克思主义保持坚定信心、对社会主义保持必胜信念的科学依据。"[②] 这个大的时代主题仍然是和平与发展，我们依然还处于社会主义初级阶段这个大的历史方位、基本国情没有发生根本性改变。

但从当前具体的社会历史阶段来看，习近平总书记又指出，我们正处在百年不遇的大变局中。世界正处在一个大发展、大变革、大调整的时期，当前时代的时代特征、时代趋势都出现了新的变化和新的要素，世界多极化、经济全球化、社会信息化、文化多样化深入发展，全球治理体系和国际秩序变革加速推进，各国相互联系和依存日益加深，共赢共建共治共享是当今时代难以遏制的时代潮流。同时，时代问题、时代课题也出现了新的内容和新的要素。

---

① 习近平：《之江新语》，浙江人民出版社2007年版，第235页。

② 《习近平谈治国理政》第2卷，外文出版社2017年版，第66页。

"我们正处在一个挑战频发的世界。世界经济增长需要新动力，发展需要更加普惠平衡，贫富差距鸿沟有待弥合。地区热点持续动荡，恐怖主义蔓延肆虐。和平赤字、发展赤字、治理赤字，是摆在全人类面前的严峻挑战。"[1] 世界怎么了？应该怎么办？是困扰当今世界各国的主要问题。面对世界经济、国际安全、国际治理等一系列重大问题，世界需要新的方向、新的方案、新的选择。

尽管我们仍处于并将长期处于社会主义初级阶段的基本国情没有变，我国依然还是世界上最大的发展中国家的国际地位没有变，这是中国特色社会主义基本的历史方位，但是，党的十八大以来的五年，党和国家事业却取得了全方位的、开创性的历史性成就，发生了深层次的、根本性的历史性变革。五年来，以习近平同志为核心的党中央以巨大的政治勇气和强烈的责任担当，进行伟大斗争、建设伟大工程、推进伟大事业、实现伟大梦想，提出一系列具有开创意义的新理念新思想新战略，出台一系列重大方针政策，推出一系列重大举措，推进一系列重大工作，解决了许多长期想解决而没有解决的难题，办成了许多过去想办成而没有办成的大事。根据这些成就，党的十九大郑重宣布，"中国特色社会主义进入了新时代，这是我国发展新的历史方位"。中国特色社会主义进入新时代，标志着我们进入了从站起来到富起来再到强起来的新的社会历史阶段。新时代的中心任务是全面建成富强民主文明和谐美丽的社会主义现代化强国，是实现国家富强、民族振兴、人民幸福的中国梦。

"中国特色社会主义进入新时代"重大政治判断的提出，是根据中国特色社会主义进入新的发展阶段作出的，也是根据我国社会主要矛盾的转变作出的科学判断。经过改革开放40多年努力，我国

---

[1]　《习近平谈治国理政》第 2 卷，外文出版社 2017 年版，第 508—509 页。

稳定解决了十几亿人的温饱问题，总体上实现了小康，不久将全面建成小康社会，人民美好生活需要日益广泛，不仅对物质文化生活提出了更高要求，而且在民主、法治、公平、正义、安全、环境等方面的要求日益增长。我国生产力总体水平有大幅提高，部分生产能力已经位居世界前列，主要问题表现为不充分不平衡的发展问题。我国社会主要矛盾已经从人民日益增长的物质文化需要同落后的社会生产之间的矛盾，转化为人民日益增长的美好生活需要和不平衡不充分的发展之间的矛盾。我国社会主要矛盾的变化，对我国发展全局产生了广泛而深刻的影响，需要从新的历史方位、新的时代坐标科学认识和全面把握我国社会主要矛盾的变化。

中国特色社会主义进入新时代是以习近平同志为核心的党中央和中国人民对当前我国所处具体历史方位的科学判断，彰显了中国共产党与时代共同进步的先进本色，以及把握历史规律和历史趋势的高度自觉和高度自信。这个时代，是承前启后、继往开来，在新的历史条件下继续夺取中国特色社会主义伟大胜利的时代，是决胜全面建成小康社会、进而全面建设社会主义现代化国家的时代，是全国各族人民团结奋斗、不断创造美好生活、逐步实现全体人民共同富裕的时代，是全体中华儿女勠力同心、奋力实现中华民族伟大复兴中国梦的时代，是我国日益走近世界舞台中央、不断为人类作出更大贡献的时代。

思想是时代的光芒。伟大时代呼唤伟大理论，伟大时代孕育伟大理论，伟大的理论照亮时代的航向。这个时代最伟大的理论创新，就是习近平新时代中国特色社会主义思想的提出，这也是马克思主义时代化最新的理论成果。

习近平新时代中国特色社会主义思想运用马克思主义立场、观点、方法，聚焦新的时代命题，凝结新的思想精华，总结开创独创性的实践经验，提出了一系列新思想新观点新论断，构建起来新的理论体系，有着十分丰富的思想内容，包括新时代坚持和发展中国特色社会主义的总目标、总任务、总体布局、战略布局和发展方向、发展方式、发展动力、战略步骤、外部条件、政治保证等方面的基本问题，并根据新的实践对经济、政治、法治、科技、文化、教育、民生、民族、宗教、社会、生态文明、国家安全、国防和军队、"一国两制"和祖国统一、统一战线、外交、党的建设等各方面作出理论分析和政策指导。坚持和发展中国特色社会主义，是习近平新时代中国特色社会主义思想的核心要义。为此，习近平总书记提出了坚持中国特色社会主义道路自信、理论自信、制度自信和文化自信的"四个自信"思想。

此外，习近平总书记还提出了"八个明确""十四个坚持"，是习近平新时代中国特色社会主义思想的核心内容。"八个明确"是这一新思想的最为核心关键的组成部分，是"四梁八柱"。"十四个坚持"是基本方略，涵盖了坚持党的领导、"五位一体"总体布局、"四个全面"战略布局，涵盖了国防和军队建设、维护国家安全、对外战略、构建人类命运共同体等一系列实践方略，是对党的治国理政重大方针、原则的最新概括，是实现"两个一百年"奋斗目标、实现中华民族伟大复兴中国梦的"路线图"和"方法论"。"八个明确""十四个坚持"有机融合、有机统一，都凝结着党坚持和发展中国特色社会主义的经验总结，特别是凝结着以习近平同志为核心的党中央对中国特色社会主义规律性认识的深化、拓展、升华，体现了理论和实际相结合、战略和战术相一致、认识论和方法论相统一的理论特色。

总而言之，习近平新时代中国特色社会主义思想是党和人民实践经验和集体智慧的结晶，是马克思主义中国化和时代化的最新成果，是中国特色社会主义理论体系的重要组成部分，充分彰显着坚定的理想信念、展现着真挚的人民情怀、贯穿着高度的自觉自信、体现着鲜明的问题导向、充满着无畏的担当精神。它是当今时代中国精神的时代精华，是国家政治生活和社会生活的根本指针，为发展马克思主义作出了中国的原创性贡献，谱写了马克思主义新篇章，为建设美好世界贡献了中国智慧和中国方案。它是 21 世纪马克思主义和当代中国马克思主义，是我们实现民族伟大复兴中国梦和社会主义现代化强国应当长期坚持的指导思想。

第二章

战争与革命时代的
马克思主义时代化

在帝国主义战争和无产阶级革命时代，如何实现被压迫民族的独立与解放是马克思主义时代化的题中之义。在挽救民族危亡、寻求立国之路的时代浪潮中，中国共产党始终坚持马克思主义的立场、观点与方法，从半殖民地半封建社会这一基本国情出发，理清了近代中国社会的主要矛盾及历史任务，为无产阶级运动指明了方向。以毛泽东为代表的中国共产党人，紧扣时代脉搏、扎根中国实际、回应时代呼唤，通过对中国革命的性质、动力、方法以及道路问题进行了艰苦的探索，创造性地提出了新民主主义理论，这既是对无产阶级领导资产阶级民主革命运动的时代化诠释，又是对马克思主义与中国实际相结合的时代化发展。这一理论成果使中国共产党真正把握住了历史发展的脉络，成功开辟出了中国革命的新道路。

一、战争与革命时代的特征分析

这是一个帝国主义战争的时代，也是被压迫民族解放的时代，战争与革命是时代的主题。国际上有资本主义与社会主义之争、帝国主义与殖民地反帝之争。国内有专制与民主之争、新旧军阀之争、资产阶级与无产阶级之争。因此，这是一个变动不居的时代，斗争成了历史的主轴。五四运动的爆发标志着中国革命进入新民主主义时期，此时社会的主要矛盾是人民大众同帝国主义、封建主义、官僚资本主义之间的矛盾，中心任务是进行以武装斗争为主要形式的反对帝国主义、封建主义、官僚资本主义的阶级斗争。

（一）帝国主义的发展及其内在矛盾

从 19 世纪末到 20 世纪初，英、法、德、美四国始终占据了世界工业总产值的 70% 以上，大部分地区的工农业还十分落后，并处于主要资本主义国家的支配之下。彼时，世界领土已被瓜分完毕，形成了资本主义的世界体系，主要表现为三个层面：经济上的"主导—依附"的分工体系，政治上的无产阶级与资产阶级的对立体系以及地缘上的东方从属于西方的殖民体系。通过以上体系，全世界都被卷入了资本主义的罗网，推动了全球化的发展。

第二次工业革命虽然没有催生出新的生产关系，但却改变了资本的积累方式，即由自由竞争阶段向垄断阶段过渡，帝国主义成为资本主义新的存在方式。表面上，由于辛迪加、托拉斯等垄断组织的出现，使得资本主义无政府状态进化到了"有组织的"经济制度，生产的社会化和生产资料的私人占有之间的矛盾似乎已经"缓解"。事实上，正如列宁所讲："从自由竞争中生长起来的垄断并不消除自由竞争，而是凌驾于这种竞争之上，与之并存，因而产生许多特别尖锐特别剧烈的矛盾、摩擦和冲突。"①

资本主义国家之间的矛盾冲突在进入20世纪后越发剧烈，第一次世界大战的爆发就是一次有力的证明。早在19世纪70年代之前，资本主义的企业规模较小，经营分散，有大量的原料供给地和商品倾销地可以扩张，其生产的集中程度和社会化程度还有上升空间。此时，以电力的广泛应用为特征的第二次工业革命已进行了十余年，技术的创新引发了生产力的突飞猛进，大量资本集中在具有先进科学技术的新兴工业部门。新兴资本主义国家如美、德、日等国相比老牌资本主义国家如英、法、俄等国，更能够利用现代科技成果和先进设备，提高本国在世界市场中的竞争力。而老牌资本主义国家依靠早期瓜分的世界市场产生了寄生性和腐朽性，逐渐落后于新兴资本主义国家。这使得世界各国家地区发展水平极不平衡，资本主义世界体系内部的关系开始变得脆弱。

各国资本主义经济发展的不平衡，自然会引起政治发展的不平衡。由于各资本主义国家对殖民地和附属国的分割是基于旧有的世界经济格局确定的，而后起的帝国主义国家也有强烈的扩张意愿和需求，这种尖锐的矛盾不断发酵，最后只能通过国际战争的方式进行解决。与此同时，帝国主义之间的战争会削弱其国内统治阶级的力量，进一步激发被压迫阶级和民族的反抗，从而使帝国主义的链条上出现有利于革命爆发的环节。第一次世界大战爆发后，列宁撰写了《帝国主义是资本主义的最高阶段》一文，通过解读帝国主义经济的实质来帮助人们认识战争和政治。

---

① 《列宁选集》第2卷，人民出版社2012年版，第650页。

首先，帝国主义的经济基础是垄断的资本主义。所谓垄断就是少数资本主义大企业为获得高额垄断利润，通过协议或联合对一个或几个部门的生产和流通进行控制。资本主义在竞争的过程中，资本为了生存和发展，必须争夺有利的生产和消费条件，包括先进的生产技术、工人、原料以及市场。因此，生产资料和劳动力日益集中在少数大企业手中，使其在整个社会生产中所占份额不断增大。到19世纪末，经济危机又进一步推动了垄断资本主义的发展。简而言之，只要生产集中到一定程度就会发展出垄断，可以说垄断是自由竞争的必然结果。这是资本主义发展的一般规律，也是资本主义生产方式的基本矛盾——生产的社会化与生产资料的私人占有之间的矛盾所导致的。

其次，帝国主义是资本主义的最高阶段，资本的扩张与输出，必然引起各国垄断资本的尖锐斗争。在这样的斗争中，各国既要努力阻止外国资本和商品的输入，来维护国内资本的垄断地位，又要极力争夺世界市场，获得更多的利润。为了避免两败俱伤，各国往往会达成暂时的妥协，结成瓜分世界市场的国际垄断资本同盟。这种经济上的瓜分必然会发展成为帝国主义在领土上的瓜分，集中表现为抢占殖民地，建立殖民统治。殖民地既可作为宗主国的原料产地，又可作为宗主国的资本和商品输出地，同时帮助转嫁宗主国内部的危机。当然，这种领土瓜分是按照各国资本实力大小来进行的。由于各资本主义国家政治、经济发展的不平衡，一旦实力变更了，就要展开斗争，进行重新瓜分，这种斗争最后只能以战争的形式呈现。

最后，帝国主义的历史前途是腐朽的、垂死的。在帝国主义阶段，资本主义可以通过垄断价格获得利润，推动技术进步的动力减弱了。同时，资本还可以进一步垄断技术，阻断其推广应用，这些都使得生产技术发展出现停滞。当然，资本为了赢得国际竞争，需要掌握先进的科学技术以便占领市场，所以生产技术也会得到迅速发展。虽然这两种趋势同时存在，却并不会消除帝国主义的根本矛盾。此外，帝国主义国家从国外攫取大量利润，造成了大量的靠剪息票为生的寄生阶层的出现，逐渐成为社会生产过程的多余者。这种获取利润的方式具有残酷的剥削性，必定引起被剥削地区人民的强烈反抗，工人运动不断兴起，当矛盾尖锐化到一定程度，就会为无产阶级革命创造条件。列宁认为，在帝国主义时代是一小撮大国对广大殖民地半殖民地进行残酷掠夺和压迫的时代，"殖民地和半殖民地方面进行的民族战争不仅很有可能，而且是不可避免的"，"在未来的世界革命的决战中，世界人口的大多数原先为了争取民族解放的运动，必将反对资本主义和帝国主义。它所引起的革命作用也许比我们预期的要大得多"。① 因此，资本主义政治经济发展的不平衡使得社会主义革命在少数甚至单个资本主义国家取得胜利成为可能。

列宁根据世界政治经济发展的新特点、新情况作出新判断，通过对资本主义历史逻辑和运动规律进行实证分析，指出社会主义革命不一定要在资本主义发达国家首先取得胜利，革命有可能在资本主义较弱的国家开始。这一思想是对马克思主义革命理论的重大发展和创新，也是马克思主义理论和实践相结合的一次重大飞跃，具有独特的理论原创性。列宁在向旧世界宣战的同时，也为未来社会提供了崭新的认知方法、哲学态度和价值理想。

---

① 《列宁全集》第 42 卷，人民出版社 1987 年版，第 41—42 页。

（二）俄国十月革命开辟世界无产阶级革命时代

自 1861 年农奴制改革以来，俄国迈上了艰难的现代化历程，野蛮、落后的沙皇专制制度阻碍了国内市场的扩大和商品经济的发展。此外，为了维护反动统治，沙皇政府限制地方自治权利，取缔部分选举权，查封进步读物，全俄识字率仅 21.1%。这样的倒行逆施与现代化进程产生了深刻的矛盾，到了 20 世纪初，俄国的各种矛盾已经尖锐化到空前的程度。

首先是阶级矛盾，表现为少数地主剥削者和广大受压榨的农民、资本家和雇佣工人之间的矛盾。仅 1907 年各种形式的农民起义就高达 197 次，到了 1914 年更是升至 1046 次。工人的反抗斗争一样风起云涌，1914 年的经济罢工 1370 次，政治罢工 1034 次，参加者近 10 万之众。其次是民族矛盾，非俄民族占俄国总人口的 57%，沙皇政府一是推行大俄罗斯主义，压制少数民族的发展；二是挑动民族纠纷，防止各民族在反抗沙俄的统治中团结起来，这使得在波罗的海沿岸和南高加索地区不断爆发反对沙俄专制的民族斗争。最后是国际矛盾，俄国由于社会经济发展落后，日益成为外国资本的输出场所，外资几乎控制了俄国的矿山、铁路、银行等重要经济部门。继克里米亚战败后，沙皇政府在日俄战争中再遭惨败，俄帝国面临四分五裂的危险。

1914 年爆发的第一次世界大战是促使俄国革命爆发的导火线，沙皇不顾在战争中的严重失利，继续穷兵黩武，几乎造成国内经济的崩溃，人民生活境遇每况愈下。仅 1916 年，全国参加罢工者就高达 100 万之众，革命一触即发。俄国历法 1917 年 10 月 25 日（公历 11 月 7 日），在列宁的领导指挥下，布尔什维克党占领了冬宫，推翻了临时政府，建立了全俄工农兵苏维埃代表大会，取得了十月革命的胜利。

马克思、恩格斯曾认为社会主义会首先在西欧发达资本主义国家取得胜利，依赖其充分发展的社会生产力和生产关系，以向落后国家示范革命的发生过程。十月革命的爆发突破了马克思、恩格斯对于社会主义革命原有的预想。从世界历史的角度来看，十月革命爆发于第一次世界大战期间，帝国主义国家之间的战争为社会主义革命在落后国家取得胜利提供了空隙。首先，帝国主义时代资本主义发展不平衡加剧，各国为竞争原料地和市场不惜以军事冲突为代价，以战争的方式重新瓜分世界，造成帝国主义列强内部的冲突，从而形成资本主义统治战线的薄弱环节。其次，由于帝国主义战争的残酷性、破坏性，使得落后国家的社会矛盾更加尖锐化，人民大众的生活陷于水深火热之中，更加激起其革命反抗的诉求。最后，落后国家由于资本主义发展不充分，封建旧势力依旧强大，因此这些国家的资产阶级具有软弱性、动摇性，不可能独立完成民主革命的任务。与此同时，革命性极强的无产阶级逐渐发展壮大，并且能够与农民组成同盟军，从事长期的、艰苦的革命斗争。

十月革命催生了第一个社会主义国家——苏维埃共和国，对人类文明发展进程产生了巨大影响，标志着科学社会主义从理论变为了实践，理想变为了现实。十月革命不仅极大地丰富了科学社会主义的基本原理，而且为落后国家走上社会主义道路提供了有益的经验和教训，由此开辟世界无产阶级革命的新时代。同时，在十月革命的影响下，芬兰、德国、匈牙利、波兰、保加利亚等国的被压迫者爆发了一系列革命，从根本上震撼了资本主义世界。世界上从此形成了社会主义和资本主义两种社会制度和经济模式的既竞争又共处的新格局。此外，十月革命还有力推动了被压迫国家和民族争取独立、自由、解放的运动。1918—1923 年，中国、朝鲜、蒙古、越南、印度、印度尼西亚、土耳其、伊朗等国都兴起了规模空前、声势浩大的以反帝反封建为目标的民族民主革命运动，如中国的五四反帝爱国运动、朝鲜反对日本帝国主义的"三一"人民起义等。总的来说，十月革命筑起了一条被压迫民族反对世界帝国主义的革命战线，改变了世界历史的发展方向。

十月革命从根本上改变了中国社会的政治格局和发展前途，给半殖民地半封建社会的中国指明了方向。第一，在十月革命影响下，马克思列宁主义在中国的传播与发展，为中国革命提供了新的理论。自 1840 年鸦片战争起，先进中国人为寻求民族解放之路，前赴后继，流血牺牲。无论是太平天国运动、戊戌变法、义和团运动还是辛亥革命都失败了。只有在十月革命之后，"中国人从思想到生活，才出现了一个崭新的时期。中国人找到了马克思列宁主义这个放之四海而皆准的普遍真理，中国的面目就起了变化了"[①]。马克思列宁主义在中国的广泛传播，为人们探索改造社会的正确途径提供了科学的理论根据，为中国革命实践提供了新的理论指南。第二，在十月革命影响下中国共产党的诞生与壮大，为中国革命提供了新的组织载体。十月革命的胜利极大地鼓舞了世界各国人民，使得共产主义运动在世界范围内得到了迅猛发展。1919 年列宁领导创建了共产国际，并帮助落后国家团结工人阶级和劳动群众，促进了各国共产党的建立，中国共产党就是在这样的背景下建立的。从此以后，中国革命有了新的组织载体，中国革命有了新的领导力量。第三，在十月革命影响下中国有了新的奋斗目标，探索出了新的革命道路。无产阶级要打碎旧的国家机器，建立无产阶级专政，通常要采取暴力革命、武装夺取政权的方式，这是无产阶级革命的一般

---

① 《毛泽东选集》第 4 卷，人民出版社 1991 年版，第 1470 页。

规律，也是十月革命的一条基本经验。同时，十月革命的胜利证明了无产阶级可以带领人民群众建立起维护大多数人利益的崭新的社会制度。从此以后，中国革命朝着为人民群众谋福利的社会主义方向阔步前进。

（三）中国深处半殖民地半封建社会

19 世纪末 20 世纪初，中国面临百年未有之大变局。1840 年鸦片战争打开了中国古老封建帝国的大门，中国社会的发展脱离了原有的轨道。中国的社会性质发生了根本性的变化：一是独立的中国逐渐变成了半殖民地的中国；二是封建的中国逐渐变成了半封建的中国。

所谓半殖民，是指在政治地位上，一国虽然有自己的政府，能行使独立的主权，但是在实际的经济、政治和社会等各方面都受到帝国主义的控制和奴役；所谓半封建，是指在社会经济结构上，一方面封建统治和自然经济占主导，另一方面资本主义经济、政治与思想文化等因素不断发展壮大，自然经济不断瓦解。从二者的关系来看，半殖民是导致半封建的直接原因，半封建则是半殖民形成的社会基础。

总的来说，近代中国社会处于帝国主义和封建主义的双重压迫之下。

帝国主义入侵虽然促使了封建社会的逐步解体，但中国并没有进入以商品经济与工业经济为特征的资本主义社会。相反，中国成了帝国主义资本输出和商品倾销地。在外国资本的打压下，中国的民族资本根本无力与之抗衡，许多民族工业逃避不了破产或被兼并的命运。开平煤矿就是在中外合资的名义下被英国资本加以吞并的。帝国主义不仅操控了中国的财政和经济命脉，而且控制了中国的政治中枢和军事要地，利用不平等条约的特权控制中国的通商口岸、交通线和海关。帝国主义在中国实行分而治之的压迫政策，使中国长期处于分裂状态，造成经济、政治、文化发展的极端不平衡。毛泽东曾精辟地指出："没有独立、自由、民主和统一，不可能建设真正大规模的工业。没有工业，便没有巩固的国防，便没有人民的福利，便没有国家的富强。"[①]

封建制度虽然在晚清遭到重创，但封建所有制和地主对农民的剥削依然在中国社会生活中占支配地位。此外，官僚资本即买办的封建垄断资本，凭借国家政权的力量，对民族工业进行经济掠夺，严重阻碍了社会生产力的发展。辛亥革命虽然推翻了表现为皇帝和贵族官僚的专制政权，但取而代之的是封建军阀和大地主大资产阶级的专制统治。军阀混战、派系斗争造成了政治上动荡不安，革命起义不断。与此同时，封建复古思潮不断涌现，"三纲五常"等旧礼教依然牢牢束缚着人们的头脑，人民大众要获得经济、政治、文化上的解放，必须彻底推翻封建主义。

由于帝国主义和封建主义的双重压迫，中国社会生产力发展极为缓慢，经济异常落后，民众的贫困程度是世界罕见的。帝国主义是近代中国一切灾难和祸害的总根源。据不完全统计，从鸦片战争到八国联军侵华战争，帝国主义国家通过一系列战争，强迫中国签订的不平等条约300多个（包括各种损害中国人民利益的章程、合同或专条）。通过战争和不平等条约，中国被先后勒索赔款多达10亿两白银，被迫开放的沿海和内陆通商口岸约达50个，割让香港、台湾、澎湖等沿海岛屿；英、法、美、日、俄、德、比、意、奥等国先后在中国17个城市分别开辟数十处租界，中国的海关完全被外

---

① 《毛泽东选集》第3卷，人民出版社1991年版，第1080页。

国人掌握；帝国主义国家在中国划分出各自的势力范围，甚至在战略要地派驻军队，直接控制和操纵中国的政治和军事；这些国家还控制了中国的内外交通和对外贸易，并在中国各地办工厂、开矿山、修铁路、建银行，操纵中国的经济和财政命脉。此外，他们还利用办学校、发行报纸、传教和办慈善事业等方式进行精神渗透和文化侵略。帝国主义势力深入了中国各个领域，从经济、政治、军事、文化等方面牢牢控制了中国，成为阻碍中国社会进步的首要力量。

中国的封建主义为了维持自己的反动统治，同帝国主义侵略势力狼狈为奸、互相勾结，成为帝国主义统治和奴役中国的工具。封建主义在帝国主义的侵略和扩张面前屡战屡败，妥协投降，签订了一系列丧权辱国的条约，以出卖国家主权来换取帝国主义支持其反动统治。官僚买办资产阶级就是中国封建势力与帝国主义勾结出现的阶级群体。他们排挤和打击中国的民族资产阶级，阻碍和扼杀中国现代化的新生力量。在各帝国主义的操纵和支持下，各封建军阀连年混战，给中国人民和社会的发展带来了严重灾难。因此，中国近代社会的两大矛盾是帝国主义和中华民族的矛盾、封建主义与人民大众的矛盾。这些矛盾的斗争极其尖锐化，造成日益发展的革命运动。伟大的中国革命就是在这些基本矛盾之上发生和发展起来的。

中国共产党从诞生之日起就以马克思列宁主义为指导思想，非常关注中国革命所处的时代特点。马克思主义时代化是一个过程，只有搞清楚时代主题，才能准确判断革命性质，进而才能对革命领导权、革命对象、革命动力和革命前途等一系列问题作出科学的解答。近代中国是半殖民地半封建社会，这是中国共产党在马克思主义时代化过程中所得出的科学结论，成为推进党在战争与革命年代不断取得胜利的出发点，奠定了马克思主义理论在中国创新的基石。

二、马克思主义在民主革命时期面临的时代挑战

（一）中国革命的性质与前途

中国近代的革命从性质上来划分，可以分为民主主义革命和社会主义革命，其中民主主义革命又可划分为旧民主主义革命和新民主主义革命。从中国社会特定的历史条件来看，中国是一个半殖民地半封建社会国家，这导致了资产阶级本身具有两面性，即革命性与妥协性，因而不可能完成民主革命的任务。在资产阶级作为革命领袖的阶段，属于旧民主主义革命，即五四运动之前；当无产阶级作为领导者时，就进入了新民主主义革命，即五四运动之后。

事实上，革命阶段论源于马克思、恩格斯的著述，他们在《共产党宣言》中反复强调了一个最基本的原理："阶级斗争的历史包括有一系列发展阶段，现在已经达到这样一个阶段，即被剥削被压迫的阶级（无产阶级），如果不同时使整个社会一劳永逸地摆脱任何剥削，压迫以及阶级划分和阶级斗争，就不能使自己从进行剥削和统治的那个阶级（资产阶级）的控制下解放出来。"[1] 当时欧洲无产阶级面临着两大剥削压迫阶级，一是封建地主阶级，二是资产阶级。无产阶级必须首先完成推翻封建地主阶级的斗争阶段，进而才能发展到反对资产阶级斗争的历史阶段，而前者属于资产阶级革命

---

① 《马克思恩格斯选集》第 1 卷，人民出版社 2012 年版，第 385 页。

的历史范畴。所以，恩格斯在《共产党宣言》1892 年波兰文版序言中指出："1848 年革命打着无产阶级的旗帜，使无产阶级战士归根到底只是做了资产阶级的工作。"① 虽然马克思、恩格斯的不断革命论是针对 19 世纪 40 年代的德国提出的，但这一论断却为世界范围内的其他落后国家和地区的无产阶级开展民主革命提供了理论依据。1905 年，列宁在《社会民主党在民主革命中的两种策略》中系统地阐述了马克思、恩格斯的这个思想，并运用到俄国革命的实践活动中。他指出："把小资产阶级为完全的民主革命进行的斗争和无产阶级为社会主义革命进行的斗争混淆起来，有使社会主义遭到政治破产的危险。"② 在二月革命即资产阶级民主革命胜利后，列宁又继续领导推进了无产阶级社会主义革命。十月革命胜利后，俄国建立了世界上第一个无产阶级专政的社会主义国家，为人类历史开辟了一个新纪元，也为中国革命提供了一个光辉的榜样。

没有正确的革命纲领，就难有正确的革命行动。1920 年，列宁在共产国际二大上发表了《民族和殖民地问题提纲初稿》和《民族和殖民地问题委员会的报告》，指出在中国这类半殖民地半封建社会，无产阶级革命应该分两步走：第一步是资产阶级民主革命，主要任务是反帝反封建，建立一个独立的民主共和国；第二步是社会主义革命，为实现共产主义而奋斗。中国共产党代表完全接受了列宁的这一指导。

为了正确把握中国革命的性质和前途，中国共产党人经过了长时间的艰难探索。1921 年，党的一大通过了中国共产党的第一个纲领，这份纲领虽然没有提及中国革命的性质，但规定了革命的前

---

① 《马克思恩格斯选集》第 1 卷，人民出版社 2012 年版，第 395 页。
② 《列宁选集》第 1 卷，人民出版社 2012 年版，第 593 页。

途，即"革命军队必须与无产阶级一起推翻资本家阶级的政权，必须支援工人阶级，直到社会阶级区分消除为止"[1]。这个纲领完全是按照实现共产主义目标来规定的，这说明当时的党还不能灵活地运用马克思主义的理论来分析中国的国情。事实上，在当时掌握中国政权的并不是资产阶级，而是受帝国主义支持的封建军阀。因此，革命的第一阶段应当是推翻帝国主义与封建压迫的民族民主革命，而非消灭阶级差别的社会主义革命。

随后，中共二大根据世界革命的形势和中国社会的基本状况，对革命纲领做出了调整。会议通过了《中国共产党第二次全国代表大会宣言》，指出第一次世界大战和十月革命后，世界政治正发生着两个相反的趋势：一是帝国主义列强企图协同宰割全世界的无产阶级和被压迫民族的运动；二是全世界无产阶级的先锋队领导世界革命和被压迫民族的解放运动，且这两种运动的关系日益密切。因此，中国革命已经属于世界反帝国主义革命势力的一部分，同时中国革命也是世界社会主义革命的一部分。这证明二大已经对中国所处的国际环境有了更为清楚的认识。

在此基础上，二大宣言区分了党的最高纲领："组织无产阶级，用阶级斗争的手段，建立劳农专政的政治，铲除私有财产制度，渐次达到一个共产主义的社会"；以及最低纲领："消除内乱，打倒军阀，建设国内和平；推翻国际帝国主义的压迫，达到中华民族完全独立；统一中国本部（东三省在内）为真正民主共和国"。[2] 这一调整在中国近代民主革命史上有划时代的意义，它明确了民主革命的

---

① 中央档案馆编：《中共中央文件选集》第 1 册，中共中央党校出版社 1989 年版，第 3 页。

② 中央档案馆编：《中共中央文件选集》第 1 册，中共中央党校出版社 1989 年版，第 115 页。

具体对象和任务，为接下来的国共合作奠定了基础。同时，这也是马克思主义普遍原理和中国革命具体实践相结合的最早的理论成果之一。

此外，还初步划分了中国革命两个不同的阶段，并论述了民主主义革命与社会主义革命的关系。二大宣言指出："我们无产阶级有我们自己阶级的利益，民主主义革命成功了，无产阶级不过得着一些自由与权利，还是不能完全解放。而且民主主义成功，幼稚的资产阶级便会迅速发展，与无产阶级处于对抗地位。因此无产阶级便须对付资产阶级，实行'与贫苦农民联合的无产阶级专政'的第二步奋斗。如果无产阶级的组织力和战斗力强固，第二步奋斗是能跟着民主主义革命胜利以后即刻成功的。"[①] 到了中共四大，党明确了民主主义革命与社会主义革命的共同目标是推翻帝国主义，指出"前者成功固然影响于后者，后者胜利也有助于前者，两种革命运动都含有世界性，这两种革命运动汇合起来，才是整个的世界革命"[②]。此时，中共才逐渐将当前革命斗争的目标与长远的社会主义目标结合起来。

到了抗战时期，毛泽东对中国的革命前途作出了更具前瞻性和科学性的预测，有助于团结各方力量，实现民主建国的目标。在长期的实践和认识的基础上，毛泽东在《中国革命和中国共产党》《新民主主义论》《论联合政府》等著作中阐述了中国革命两步走的战略。毛泽东指出，中国共产党领导的整个中国革命运动，包括民主主义革命和社会主义革命两个阶段。这是两个性质不同却紧密联

---

① 中央档案馆编：《中共中央文件选集》第 1 册，中共中央党校出版社 1989 年版，第 116 页。

② 中央档案馆编：《中共中央文件选集》第 1 册，中共中央党校出版社 1989 年版，第 329 页。

系的革命过程，民主主义革命是社会主义革命的必要准备，社会主义革命是民主主义革命的必然趋势。只有完成了前一个革命过程才有可能去完成后一个革命过程。只有认清两个革命过程的区别和联系，才能正确地领导中国革命。

那么如何看待两个革命的联系呢？毛泽东给出了一个全新的答案，就是以新民主主义社会作为连接两个革命的中间站。毛泽东指出："这个革命的第一步、第一阶段，决不是也不能建立中国资产阶级专政的资本主义的社会，而是要建立以中国无产阶级为首领的中国各个革命阶级联合专政的新民主主义的社会，以完结其第一阶段。然后，再使之发展到第二阶段，以建立中国社会主义的社会。"两个革命不能混淆，"只能由一个革命到另一个革命，无所谓'毕其功于一役'……两个阶段必须衔接，不容横插一个资产阶级专政的阶段"。[1]

从中国共产党成立到新民主主义论的提出，中共经过了近20年的革命斗争，最终明确了中国革命的性质，划定了中国革命的前途。1949年新民主主义革命胜利在望，中共中央在西柏坡召开了七届二中全会，系统论述了新民主主义革命向社会主义革命转变的一系列理论、政策和具体措施，为新中国成立后党的工作重心转移以及国家建设的开展提供了坚实的基础。

（二）中国革命的主体与对象

中国革命的领导力量是谁？毫无疑问是无产阶级及其政党。中国的无产阶级不仅具有无产阶级的一般优点，而且还有自己的特殊优点。首先，中国的无产阶级深受帝国主义、封建主义和官僚资本

---

[1] 《毛泽东选集》第2卷，人民出版社1991年版，第685页。

主义的三重压迫，这些压迫的深重性与残酷性在历史上是少有的；其次，中国的工人阶级与农民具有天然的联系，他们大多来自破产的农民，便于和农民结成亲密的联盟；此外，无产阶级的人数虽然不多，但多集中于沿海城市以及大中城市，组织程度和阶级觉悟都很高。这些优点决定了中国无产阶级具有最彻底的革命性。

然而，中国不同于先进资本主义国家，在那里城市工业化程度高，工人阶级有较强的组织力、行动力，能够和资产阶级相抗衡。在中国，工人阶级虽十分革命但力量非常薄弱。中国是一个农业大国，农民占总人口的80%以上。马克思、恩格斯在《共产党宣言》中指出，农民作为私有者，要随着大工业的发展而日趋没落和灭亡，他们不是革命的，而是保守的。但后来，马克思、恩格斯对于农民在革命中的作用有了新的认识，认为无产阶级应当在斗争中联合广大农民。列宁继承了马克思、恩格斯关于农民是无产阶级同盟军的思想，提出了无产阶级必须领导农民进行革命。中国的无产阶级只有和农民阶级建立坚实的同盟关系，才能领导中国的革命。因此，如何认识、组织农民运动是中国革命能否取得成功的关键。

中国早期共产主义者在创建共产党的过程中，主要关注马克思列宁主义与中国工人运动的结合，因此很自然地以工人运动作为工作重点。但是早期共产主义者也开始了农民运动的实践。1923年，刚刚进入中国共产主义青年团的彭湃在广东成立了海丰县总农会，使其成为农民运动的模范地。1925年，随着国共合作内部领导权斗争日益复杂和尖锐，使得党内出现了两种错误倾向：一是以陈独秀为代表，只注意同国民党合作，忘记了农民，这是右倾机会主义；二是以张国焘为代表，只注意工人运动，同样忘记了农民，这是'左'倾机会主义。为了争取革命的同盟军，帮助党认识农民阶级的重要性，毛泽东撰写了《中国社会各阶级分析》。在文中，他分析了农民阶级中也有不同派别，比如富农带有更多的封建性，在土地革命中可能保持中立，中农既可以参加反对帝国主义的革命，又可以加入土地革命接受社会主义，因而可以成为无产阶级可靠的同盟者。贫农和雇农占农村人口的大多数，他们受压迫最深、受剥削最重，因而反抗也最激烈，是无产阶级天然的同盟者。此后，毛泽东在《国民革命与农民运动》《湖南农民运动考察报告》等文章中，进一步阐述了农民阶级在革命运动中的重要作用，提出了"农民问题乃国民革命的中心问题"[①] 的论断。

经过十几年的农村调查和农民工作，到了延安时期中共已经形成了较为成熟的关于农民问题的表述。一方面，农民问题是中国革命的基本问题，没有农民的支持，无产阶级不可能完成中国革命的任务；另一方面，没有无产阶级的领导，农民也不可能改变被压迫、被剥削的命运。毛泽东在《新民主主义论》中指出："中国的革命实质上是农民革命，现在的抗日，实质上是农民的抗日。新民主主义的政治，实质上就是授权给农民。新三民主义，真三民主义，实质上就是农民革命主义。大众文化，实质上就是提高农民文化。抗日战争，实质上就是农民战争。"[②] 可见，毛泽东把农民的地位和作用看得何等重要。

此外，其他进步阶级也在中国革命中发挥着不可忽视的作用。毛泽东曾高度评价知识分子和青年学生在中国革命中的作用，而且小资产阶级中也有不少同情革命的左翼力量，他们往往起到革命的先锋和桥梁作用。当然这个阶级也具有一些弱点，比如容易冒进或妥协。而民族资产阶级对于中国革命持有矛盾的态度：在外他们受

---

① 《毛泽东文集》第 1 卷，人民出版社 1993 年版，第 37 页。
② 《毛泽东选集》第 2 卷，人民出版社 1991 年版，第 692 页。

到帝国主义和军阀势力的压迫，因此有可能赞成反帝国主义反军阀的运动，但同时也十分畏惧这两股反动势力；在内他们则希望保持私有制，最大化资本积累，因此反对无产阶级的革命运动。这就是所谓的民族资产阶级的两面性——革命性和妥协性。在半殖民地半封建社会的中国，无产阶级、农民阶级、小资产阶级和民族资产阶级都受到帝国主义、封建主义的压迫和剥削，这就使得各方有可能结成最广泛的统一战线，完成反帝反封建的任务。

中国共产党不仅要明确革命的朋友，更要认识革命的敌人。中共一大时，党尚不能正确把握中国社会的性质，将资产阶级作为革命的主要对象。到了中共二大，党第一次明确了民主革命的敌人，即帝国主义与封建军阀，并确立了"消除内乱，打倒军阀"，"推翻国际帝国主义压迫"的革命纲领。从时代特征来说，中国处于殖民地半殖民地阶段，因此帝国主义是革命的主要对象；从社会发展来讲，中国处于经济落后的半封建阶段，大地主、大买办阶级完全是反动生产关系的附庸，因此是最大的民族压迫。

在近代中国，如果只进行反帝国主义的斗争，而不进行反封建主义的斗争，那么实现中华民族的完全独立和解放是不可能的。中国的新民主主义革命，既是对外推翻帝国主义压迫的民族革命，又是对内推翻封建主义压迫的民主革命，这两大任务是相互联系的。如果不推翻帝国主义的统治，就不能消灭地主阶级，因为帝国主义是封建地主阶级的主要支持者；反之，因为封建地主阶级是帝国主义统治中国的主要社会基础，而农民则是中国革命的主力军，如果不帮助农民推翻封建地主阶级，就不能组成中国革命的强大队伍进而推翻帝国主义的统治。

抗战爆发后，民族矛盾上升为首要矛盾，阶级矛盾下降为次要矛盾，如何建立最广泛的抗日民族统一战线是中国共产党开展工作的首要问题。中共根据抗战建国这一特殊的时代环境，重新分析了中国革命的现状，以是否赞成与拥护统一战线为标尺，划分了革命的对象。1935 年刚刚结束长征的中共中央在瓦窑堡召开政治局扩大会议，讨论全国的政治形势、党的路线和军事战略问题，通过了《中共中央关于目前政治形势与党的任务决议》。该决议指出，当前"党的策略路线，是在发动团聚与组织全中国全民族一切革命力量去反对当前主要的敌人：日本帝国主义与卖国贼头子蒋介石"[①]。1936 年底，西安事变和平解决，成为扭转国内政治时局的关键枢纽。在抗日的大前提下，国共两党实现了第二次合作，此时中国的主要任务是停止内战，集中国力，一致对外，其革命的主要对象是日本帝国主义侵略者及其在中国的代理人。随着抗战胜利，国内政治局势发生变化，阶级矛盾重新上升为主要矛盾。1948 年 4 月，毛泽东《在晋绥干部会议上的讲话》中重新总结了新民主主义革命路线，指出这个革命所要推翻的敌人是帝国主义、封建主义和官僚资本主义，而这些敌人的集中表现就是蒋介石国民党的反动统治。可见，中国革命的对象是随着中国革命的形势不断变化的，帝国主义与封建主义始终是中国人民最大的敌人。

（三）中国革命的领导权问题

明确了革命的性质、前途、主体和对象后，革命领导权问题就成为中国共产党展开斗争的重中之重，党为正确解决这一问题付出了艰辛的探索。早期的中国共产党是作为共产国际的一个支部存在的，需要听取共产国际驻中国代表的意见。1920 年，列宁在为共产

---

① 中央档案馆编：《中共中央文件选集》第 10 册，中共中央党校出版社 1991 年版，第 604 页。

国际二大起草的《民族和殖民地问题提纲初稿》中指出："对于封建关系或宗法关系、宗法农民关系占优势的比较落后的国家和民族，要特别注意以下各点：第一，各国共产党必须帮助这些国家的资产阶级民主解放运动。"① 1923 年 1 月，《共产国际执行委员会关于中国共产党与国民党的关系问题的决议》开篇便指出国民党是中国唯一重大的民族革命集团。同年 11 月，共产国际执委会主席团在《关于中国民族解放运动和国民党问题的决议》中再次要求中国共产党"必须全力支持国民党"。这些指示要求中国共产党将辅助国民党作为主要任务，为即将到来的国共合作奠定了基础。虽然共产国际也曾强调中国共产党"必须保持自己原有的组织和严格集中的领导机构"，"应当在自己原有的旗帜下行动，不依赖于其他任何政治集团"②，但是已经在事实上默认了国民党在国民革命中的领导地位。

为了明确国共合作的主要形式，中共三大主要讨论了与国民党建立革命统一战线的问题。陈独秀和马林认为，国民党是代表国民革命运动的党，应成为革命势力集中的大本营。因此全体共产党员、产业工人都应参加国民党，全力进行国民革命；凡是国民革命的工作，都应当由国民党组织进行，即所谓"一切工作归国民党"，确立了共产党员以个人身份加入国民党的合作方式。大会通过了《关于国民运动及国民党问题的决议案》，初步回答了中国革命由谁领导的问题。这个决议案公开承认了中国国民党的领导地位，而中共只是国民革命的协助者和追随者。中共对于领导权的误判在一定

---

① 《列宁选集》第 4 卷，人民出版社 2012 年版，第 218 页。

② 中共中央党史研究室第一研究部编：《共产国际、联共（布）与中国革命文献资料选辑（1917—1925）》第 2 卷，北京图书馆出版社 1997 年版，第 436—437 页。

程度上受到了共产国际对中国问题决策的影响。

随着国民大革命轰轰烈烈开展以及中国革命形势快速发展，中共面临着许多亟待解决的问题。1925 年 1 月，中共四大在上海召开，第一次提出了无产阶级在民主革命中的领导权问题。大会指出，对于这场革命，无产阶级"不是附属资产阶级而参加，乃以自己阶级独立的地位与目的而参加，如此无产阶级在参加民族运动中，方不致失其特性——阶级性与世界性"①。这一表述使无产阶级的革命地位确立了下来，但会议并未进一步明确无产阶级应如何取得领导权，于是为大革命后期右倾机会主义的滋生埋下了伏笔。

当然，中国共产党内对于革命领导权问题也有一些正确的分析。例如，瞿秋白在《自民权主义至社会主义》一文中提出劳动阶级在国民革命中日益取得指导权的观点。邓中夏在《我们的力量》中提出："只有无产阶级有伟大集中的群众，有革命到底的精神，只有它配做国民革命的领袖。"② 1926 年刘少奇在广州召开的第三次全国劳动大会上，作了题为《一年来中国职工运动的发展》报告，在报告中他分析了中国各阶级在革命运动中的基本态度和实际表现，并明确提出"工人阶级在国民革命运动中，能领导一切民众向帝国主义与军阀进攻"，"在各种奋斗事实中，足以证明工人阶级在国民革命运动中之领导地位，是确凿不移的"③。然而这些正确的意见并没有形成中共党内的共识，还只是部分党员的思考与探索。

事实上，自孙中山逝世之后，国民党内部派系斗争不断，右派通过"中山舰事件"和"整理党务案"，逐渐膨胀其势力，直至窃

---

① 中央档案馆编：《中共中央文件选集》第 1 册，中共中央党校出版社 1991 年版，第 330 页。

② 《邓中夏文集》，人民出版社 1983 年版，第 102 页。

③ 《刘少奇选集》上卷，人民出版社 1981 年版，第 1 页。

取了国民革命中的主导地位。严峻的革命形势要求中共必须对革命领导权问题进行深入的反思。然而，党内此时并没有形成完备而成熟的领导权理论，对大革命领导权问题的认识也是不够深刻和坚定的，在思想上存在着模糊和混乱的认识，并在理论与实践中存在着摇摆与反复的状况。此时的中共并未根本动摇对国民党领导地位的总体认识，也未改变共产国际对国民党的支持态度，在整体上缺乏对革命领导权和革命武装的重视。随着国民革命的推进，国民党反动势力开始疯狂反扑，中国共产党遭到了严酷的打击。

大革命的失败向中国共产党人的革命方略提出了严峻挑战，怎样运用马克思主义，重新认识中共的革命地位，事关中国革命的成败。1927 年，中共在八七会议中深刻反省了大革命失败的经验教训。在《告全党党员书》中明确指出，中央在处理同国民党的关系问题上，放弃了党的政治立场，实行了妥协退让政策；在具体实践中，没有积极支持领导农民革命运动；在革命的武装问题上，没有主动组织工农军队，甚至下令解散工人纠察队。基于以上认识，八七会议确立了中国共产党开展土地革命和武装斗争的革命总方针，这次会议对于挽救大革命失败所造成的危局、实现党的战略转变起了重要作用。至此，中共开始了独立领导中国革命、探索中国革命的新道路。

（四）中国革命的道路探索

大革命失败后，中国共产党必须对革命形势进行重新认识，把握时局特点，确立新的革命路线和方针。彼时，俄国十月革命的经验依旧是中共主要参考的对象，因此党的工作重心一直放在城市，并认为当前的革命处于两个高潮中的低谷，但是革命不会停止，而是继续向前发展。于是，四一二反革命政变后，从攻取大城市为主要对象的南昌起义、广州起义、秋收起义等均告失败。虽然攻占大城市的策略屡遭失败，但是却并未动摇党内的"左"倾势力。党内相继出现了以李立三为代表的"左"倾冒险主义错误和以王明为代表的"左"倾教条主义错误。这种错误的出现有其深刻的历史客观原因，说明当时的党未能正确认识中国革命的长期性和复杂性，没能把革命的进攻与退守有机结合起来。

首先是误判国内外革命形势。第一次世界大战后的帝国主义列强进入了相对稳定的发展期，他们积极干预中国革命，并把蒋介石看作国民党内"稳健派"的代表，拉拢、扶植其作为新代理人。同时，不少北洋军阀以及地方军阀的残余势力也投向蒋介石，使其实力迅速膨胀。在整个北伐过程中，帝国主义、封建军阀、土豪劣绅等一切反动势力以蒋介石为中心聚集势力，国民党内部虽然派系斗争不断，但其在名义上已经取得了统一中国的合法性。与此同时，1929 年资本主义世界爆发了经济危机，这次危机的损失虽远超第一次世界大战，但并未催生大范围的革命运动，世界局势以帝国主义的绥靖、媾和继续维持着脆弱的平衡。以上这些状况均表明敌强我弱这一革命力量对比的基本态势没有根本改变。

其次是盲目跟随共产国际的指示。1928 年 2 月共产国际执委会第九次扩大会议通过的《关于中国问题的决议案》，认为"许多征兆，都指示工农革命正在走向这种新的高潮"，因此中国"应当准备革命之新的浪潮之高潮。这一高潮，必须要党起来组织并实行群众的武装暴动之直接的策略任务"。① 随之，中共六大对这一意见表示了回应："有许多根据，指出新的广大的革命高潮是不可避免

---

① 中共中央党史研究室第一研究部编：《共产国际、联共（布）与中国革命文献资料选辑（1927—1931）》第 11 卷，中央文献出版社 2002 年版，第 107—108 页。

的"，"因此在总的新高潮之下，可以使革命先在一省或数省重要省区之内胜利"①，为了应对即将到来的革命高潮，必须使党做好武装起义的准备。基于以上共产国际对中国革命形势的判断，当时位居要职的李立三认为当时中国的革命形势是日益接近新高潮的，因此党当时的战略应当是争取群众，推翻帝国主义地主资产阶级国民党政权。王明也认为就全国的形势来看，革命运动日益高涨是不可争辩的事实。与此同时，以毛泽东为代表的中国共产党人也在努力探索着适合中国国情的革命道路。1927 年 9 月，毛泽东领导了秋收起义，在攻占长沙失败后，转而在井冈山建立了第一个农村革命根据地，实现了中国革命的战略转变，开辟了"工农武装割据"的新道路。井冈山革命根据地建立之初，其斗争环境异常艰苦，且处于白色政权的包围之中，不断遭到反动势力的"围剿"。在这种情况下，根据地内部产生了很多悲观的思想。面对这种情况，毛泽东撰写了《中国的红色政权为什么能够存在》《井冈山的斗争》《星星之火，可以燎原》等文章，第一次从理论上系统论证了中国红色政权能够存在、发展、壮大的原因和条件。

从客观上讲，中国是一个半殖民地半封建社会，政治经济发展不平衡，没有统一的资本主义经济，自给自足的地方性农业仍占主导地位，这就为红色政权的存在提供了必要的物质基础，而军阀割据混战又为红色政权的发展提供了空间缝隙。事实上，在大革命之后，中国的基本矛盾并没有解决，革命形势必将向前推进，这些都构成了红色政权存在的客观条件。从主观上讲，中共当时已具备相当力量的正式红军，能够巩固根据地的防卫体系。加之党的坚强领

---

① 中央档案馆编：《中共中央文件选集》第 4 册，中共中央党校出版社 1989 年版，第 179 页。

导，不断调整政策路线，积极开展土地革命，保障了根据地的生产发展。此外，湘、鄂、赣、粤受到国民革命的影响较深，当地群众革命热情高涨，具有较好的运动基础。相较于城市武装起义的革命道路，毛泽东认为中国更适合走"工农武装割据"的路线，这种路线是"有计划地建设政权的，深入土地革命的，扩大人民武装的路线"①，即党的领导、土地革命和武装斗争。三者相辅相成最终形成了"工农武装割据"思想，正确回答了中国革命的道路选择问题，是马克思主义时代化的典范。

此外，周恩来对农村包围城市这一理论的形成也作出过重要论述。1929 年 9 月，周恩来在委托陈毅起草由他审定的《中共中央给红军第四军前委的指示信》中，指出："先有农村红军，后有城市政权，这是中国革命的特征，这是中国经济基础的产物。"② 然而这些正确的观点并未上升为全党的共识，特别是党内的"左"倾冒险主义者顽固地坚持共产国际的教条，排斥反对农村包围城市的理论。周恩来后来回忆道："依据当时的实际情况与理论水平，要求'六大'产生一个以无产阶级为领导、以乡村作中心的思想是不可能的。当时虽然有了农民游击战争，但我们这种经验还不够，还在摸索。"③ 事实上，就历史来讲，在国内外都找不到农村包围城市的经验；就现实来讲，国民党刚刚完成北伐，开展农村革命运动也十分困难。

长征胜利结束后，毛泽东又先后发表了《中国革命战争的战略问题》《论新阶段》《中国革命和中国共产党》等文章，进一步论

---

① 《毛泽东选集》第 1 卷，人民出版社 1993 年版，第 98 页。
② 《周恩来选集》上卷，人民出版社 1980 年版，第 32 页。
③ 《周恩来选集》上卷，人民出版社 1980 年版，第 177 页。

述了根据地建设以及开展游击战的重要性，至此农村包围城市的理论再次升华。此外，虽然党此后将工作重心放在了农村，但也并没有忽视在国统区、敌占区的工作。在这些地区，党采取了"隐蔽精干，长期埋伏，积蓄力量，以待时机"的方针，巧妙地把公开工作与秘密工作结合起来。中共在城市开展的斗争工作与在农村的武装斗争紧密配合，形成了革命的另一条战线。

当然，要保障农村革命根据地的稳固，离不开坚实的武装力量。中国革命所面对的敌人是异常强大的，也是异常凶狠的，这就决定了中国革命必须是以武装斗争为主要形式。在建党之初，中共并不十分重视武装斗争，没有认真去训练军队和准备战争，而是把党的主要精力放在组织工会、发动工人罢工、开展民众运动上，即宣传组织工作。中共一大通过的纲领中指出："党的基本任务是成立产业工会"，"必须特别注意中国工人运动问题"。① 然而，"二七惨案"的发生说明了工人仅仅依靠罢工方式不可能取得根本的胜利。中国劳动组合书记部为此发文："劳动者若有武器，岂能任他们如此杀戮？"②

第一次国共合作后，中共参加了黄埔军校的建设工作，逐渐认识到军事力量的重要性。然而此时，为了不引起国民党以及帝国主义的猜疑和干涉，共产国际倾向支持发展国民党的武装力量，反对共产党建立自己独立的军事力量。当时中共的领导人陈独秀认为，无产阶级夺取政权的时机还没有到来，共产党可以在国民革命军中做政治工作，但不能担任军官，否则就有成为"新军阀"的危险，

---

① 中央档案馆编：《中共中央文件选集》第 1 册，中共中央党校出版社 1982 年版，第 5、7 页。

② 中华全国总工会工运史研究室、中国铁路总工会等合编：《二七大罢工资料选编》，中国工人出版社 1983 年版，第 206 页。

这一右倾思想在面对蒋介石发动的四一二反革命政变中付出了惨痛的代价。

为了回击国民党的一系列反革命行动，1927 年 8 月 1 日，中国共产党人领导了南昌起义，打响了武装反抗国民党反动派的第一枪，此次起义是中共独立领导革命战争和创建人民军队的开始。为了彻底清算并纠正党在大革命中所犯的右倾错误，重新确定政策路线，中共中央召开了八七会议，会上正式确定了土地革命和武装斗争的总方针。毛泽东在会上强调："我们党从前的错误，就是忽略了军事，现在应以百分之六十的精力注意军事运动，实行在枪杆子上夺取政权，建设政权。"[1] 中共在认识到武装斗争的重要性后，在全国各地领导武装起义上百余次，这些起义虽然大部分失败了，但是却保存了一部分武装，为创建并壮大党所领导的人民军队以及巩固农村革命根据地打下了坚实的基础。当然，坚持武装斗争并不意味着放弃其他形式的斗争，如文化宣传斗争、经济战线上的斗争等，将多种形式的斗争配合起来，才能保证革命的胜利。

三、面对时代问题的理论解答

（一）新民主主义理论

新民主主义理论是以毛泽东为代表的中国共产党人在科学掌握马克思列宁主义基本原理与中国革命具体实践的基础上，不断探索创新所形成的革命理论。它科学回答了"中国向何处去"的问题，

---

[1] 《毛泽东年谱》上卷，人民出版社 1993 年版，第 21 页。

并为人们指明了当前的奋斗目标和将来中国社会发展的正确方向，它是马克思列宁主义中国化历史进程中一次巨大的理论飞跃。大革命失败后，特别是土地革命战争时期，中国共产党对革命的客观形势、主体对象、方针策略以及领导权等问题进行了深刻的反思。在此期间，中共经历了巨大的挫折和考验，逐渐明确了中国革命的特点和前途，为新民主主义理论的形成奠定了坚实的基础。

新民主主义理论成熟于延安时期，此时的中国共产党已经历两次生死攸关的历史考验，从国民大革命的失败到土地革命的展开，从苏区第五次反"围剿"的失败到长征的胜利。在这两次转折过程中，中国民主革命反帝反封建的主要任务没有变化，中华民族救亡图存的时代主题也未改变。事实证明，中国的革命道路要走得通，必须准确认识和把握每一阶段、每一时代的主要矛盾。中共抵达延安后，需要重新理解和规划当前的革命道路。

首先，就国际局势来讲，第一次世界大战后帝国主义内部的政治和社会矛盾并未解决，反而由于经济危机的爆发而更加激化。1934年8月以希特勒为代表的德国法西斯政权建立，1936年3月以广田弘毅内阁建立为标志的日本法西斯专政建立，世界和平面临着严峻的隐患。此外，第一次世界大战后列强所缔结的《凡尔赛和约》，本身就是以抑制德国等新兴资本主义国家势力为目的，进一步刺激了法西斯国家争夺殖民地的野心，促使德、意、日三国形成轴心国同盟并开始了一系列的扩张侵略行为。1939年第二次世界大战爆发，这次大战无论是深度还是广度上都远超第一次世界大战，要取得这场战争的胜利，必须形成世界反法西斯统一战线。这一国际形势的特殊性使得中国共产党的马克思主义时代化需要从更高的时空维度进行探索。

其次，就国内局势来讲，九一八事变以来，国内就出现了民族矛盾与阶级矛盾错综复杂的局面，特别是随着日本对华侵略的深入，民族矛盾逐渐上升为主要矛盾。1935年华北事变后，中国共产党立即发表了《八一宣言》，号召全国人民团结起来，停止内战，抗日救国，组织国防政府和抗日联军。这份文件意味着中共结束关门主义的错误，呼吁抗日民族统一战线的建立。1936年12月，中国爆发了震惊中外的西安事变，中国共产党人从容应对，从民族大义出发，在多方力量的促成下，使事件得以和平解决，展现了惊人的睿智和气度。七七事变后，国民党迫于全国抗战舆论的压力相继发表《中共中央为公布国共合作宣言》和蒋介石的谈话，在事实上承认了中国共产党的合法地位，国共两党再次携手，以第二次国共合作为基础的抗日民族统一战线就此正式形成。

　　1940年前后，国民党不断地制造反共摩擦，并且在思想上大肆宣扬"一个主义、一个政党、一个领袖"，攻击共产主义，要"取消"共产党，幻想建立资产阶级共和国。此外，在共产党内和人民群众中间，对于抗战前途的认识也不一致。在这种情况下，从1939年10月到1940年1月，毛泽东相继发表了《〈共产党人〉发刊词》《中国革命和中国共产党》《新民主主义论》等重要著作，系统地提出了新民主主义理论，集中地向全党和全国人民回答了关于中国革命和中国前途的一系列基本问题。这些著作"使广大党员和人民群众清楚地看到中国革命的发展规律和前景，极大地鼓舞了他们的胜利信心，有力地指导和促进了抗日战争和中国革命的胜利发展"①。在这些文章中，毛泽东虽然没有使用"时代""当代"这样的字眼，但他却多次提及"现实"，例如"这就是现实中国革命的历史特点"

---

① 中共中央党史研究室：《中国共产党历史（1921—1949）》第1卷下册，中共党史出版社2011年版，第559页。

"中国现实社会的性质""中国现实的革命""这就是现实中国革命的最基本的特点""这就是现实中国革命的生动的具体的内容"等，具有极强的时代指向性。此外，新民主主义的过渡性也体现出其时代特点。这种过渡形式存在于两个稳定的社会形态之间，它是为适应特定的时代需要所产生的，当环境发生变化时，新民主主义社会也将继续朝前发展，社会主义的国家形式就会应运而生。这种过渡形式的存在不以人的意志为转移，而是建立在具体的时代条件之上的。

新民主主义理论创立于抗战时期，首先是直接为建立、维护和发展以国共合作为基础的抗日民族统一战线服务的。在世界反抗法西斯主义的时代潮流之下，抵抗外来侵略，争取民族独立是当务之急。新民主主义理论的内容和意义在其创立之时就具有超越抗战的宏大视野，是以中国社会历史发展为背景、以中国革命的整个历程为对象，是对中国革命历史经验的高度凝练。新民主主义理论的确立是一个动态的过程，它自中国共产党成立以来就在不断地因时因地而发展和调整。

1948 年 4 月，毛泽东《在晋绥干部会议上的讲话》中完成了新中国成立前中国共产党关于新民主主义理论的完整概括。他讲道："新民主主义的革命，不是任何别的革命，它只能是和必须是无产阶级领导的，人民大众的，反对帝国主义、封建主义和官僚资本主义的革命。这就是说，这个革命不能由任何别的阶级和任何别的政党充当领导者，只能和必须由无产阶级和中国共产党充当领导者。这就是说，由参加这个革命的人们所组成的统一战线是十分广大的，这里包括了工人、农民、独立劳动者、自由职业者、知识分子、民族资产阶级以及从地主阶级分裂出来的一部分开明绅士，这就是我们所说的人民大众。由这个人民大众所建立的国家和政府，就是中华人民共和国和无产阶级领导的各民主阶级联盟的民主联合政府。这个革命所要推翻的敌人，只是和必须是帝国主义、封建主义和官僚资本主义。这些敌人的集中表现，就是蒋介石国民党的反动统治。"① 这段话完整表述了新民主主义革命的性质、领导者、主体、对象以及目标。

新民主主义理论是中国共产党人在把握了中国革命的特殊性后，在揭示中国社会特点和革命规律，取得创造性的革命经验的基础上提出的具有中国特色的革命理论，是对中国革命的规律一次成功探索，确立了具有时代特征和中国特点的革命道路。这个理论的形成发展经历了艰难的历程，萌芽于党的创立和大革命时期，形成于 20 年代末 30 年代初，成熟于抗战时期和解放战争时期。随着革命所处时代环境和社会状况的变化，中国的革命主题与任务也必须随之调整，马克思主义理论才能切合时代的需求，真正发挥出理论的指导作用。这一命题的确立展现了中国共产党人非凡的理论功底和战略勇气。

（二）统一战线理论

马克思、恩格斯是马克思主义统一战线思想的奠基者。在马克思、恩格斯的时代，统一战线作为无产阶级解放运动的重要策略通常被表述为"联盟"，属于无产阶级世界革命的范畴，其含义主要是两个方面：一是工人阶级及其政党自身的内部统一、一个国家内部工人阶级各政治派别的团结统一、以及世界各国工人阶级的国际联合；二是争取同盟军，即同其他革命阶级及其政党的联合。列宁则从新的历史条件出发，把民族问题同帝国主义时代的殖民地问题

---

① 《毛泽东选集》第 4 卷，人民出版社 1991 年版，第 1313 页。

相联系，把反对帝国主义的斗争和社会主义革命相联系，极大地推动了东方殖民地半殖民地国家建立反对帝国主义的统一战线。他的理论集中表现在"全世界无产者和被压迫民族联合起来"这句口号中。至此，"统一战线"作为一个马克思主义的专门术语被正式确立了下来。

早在大革命时期，中国共产党人就认识到建立统一战线的重要性。1922年6月15日，中共中央发表《中国共产党第一次对时局的主张》指出："中国共产党的方法，是要邀请国民党等革命民主派及革命的社会各团体，开一个联席会议，在上列原则的基础上，共同建立一个民主主义的联合战线。"[①] 这是中共首次明确提出建立民主联合战线的主张。1922年7月中共二大召开，会议作出的关于民主联合战线的决议案，对民主联合战线的任务、党在民主联合战线中应坚持的策略原则，以及党在民主联合战线中的活动方式和有关政策都作出了规定，标志着中国共产党早期统一战线思想理论的初步形成。1923年6月召开的中共三大上，正式确立了共产党员以个人身份加入国民党，与国民党合作建立国民革命联合战线的方针。此后，如何正确认识建立统一战线的必要性、可能性以及原则是中国共产党迫切需要解决的问题。中国共产党人也在革命实践中进行了很多积极的探索，提出了相关理论和策略。

首先是建立统一战线的必要性，统一战线在中国革命中具有极其特殊的作用。中国革命的长期性和不平衡性，其敌人帝国主义与封建军阀又异常强大，这就决定了无产阶级要取得革命的胜利必须建立最广泛的统一战线，要利用一切可以利用的矛盾，争取一切可

---

① 中共中央文献研究室、中央档案馆编：《建党以来重要文献选编（1921—1949）》第1册，中央文献出版社2011年版，第98页。

以争取的力量，以便在长期斗争中逐渐壮大自己，削弱敌人，改变敌我力量对比。"大家联合起来建立'国民的联合战线'，推翻共同的敌人——帝国主义与军阀，这应该是人人所赞成的。解放中国也只有这条道路。"①

其次是建立统一战线的可能性，半殖民地半封建社会的中国具有多重矛盾：在内部，有地主阶级和农民阶级的矛盾，资产阶级和无产阶级的矛盾，资产阶级和封建阶级的矛盾；在外部，有帝国主义与中华民族的矛盾，帝国主义之间争夺中国的矛盾，他们的纷争造成了中国各种政治派别的分裂。这些矛盾的主次性在不同的历史时期有不同的表现，相互迁移变化，而其中帝国主义与中华民族的矛盾始终是中国社会的主要矛盾，这就决定了必须将中华民族绝大多数爱国者团结在一起。

最后是建立统一战线的基本原则：第一，必须坚持无产阶级的领导地位，这是统一战线中的根本问题，是由中国共产党的性质和中国革命的前途决定的。大革命时期，中共放弃了无产阶级领导权，失去了革命的武装，使国民党反动派轻易破坏了统一战线。第二，必须坚持以工农联盟为基础，这是因为农民占人口的大多数，在中国革命中具有决定作用。毛泽东指出："中国新民主主义的革命要胜利，没有一个包括全民族绝大多数人口的最广泛的统一战线，是不可能的。"② 第三，必须实行与资产阶级既斗争又联合的政策。所谓联合是指以独立自主的姿态与资产阶级组成统一战线；所谓斗争是指联合时，在政治上、组织上的"和平"的"不流血"的

---

① 中共中央文献研究室、中央档案馆编：《建党以来重要文献选编（1921—1949）》第 3 册，中央文献出版社 2011 年版，第 254—255 页。

② 《毛泽东选集》第 4 卷，人民出版社 1991 年版，第 1257 页。

斗争。而被迫分裂时，就转变为武装斗争。第四，也是最重要的一条原则就是要坚持独立自主。所谓独立自主，就是要无产阶级在政治上、组织上、思想上和军事上有自己独立的思想与政策。

九一八事变后，全国掀起了抗日民主浪潮，中国共产党积极调整策略，发表了《八一宣言》，虽然此时关门主义的政策还发挥着影响，但是中共已经意识到在反帝抗日的旗帜下，调整统一战线的方针策略问题。1935 年，中共中央政治局在瓦窑堡召开会议，通过了《关于目前政治形势与党的任务决议》，提出党的策略是要发动、团结和组织全中国全民族一切革命力量去反对当前的主要敌人——日本帝国主义。会议后，毛泽东作了《论反对日本帝国主义的策略》的报告，完整提出建立抗日民族统一战线的主张，表明共产党人关于建立抗日民族统一战线的理论已经基本成熟。西安事变的和平解决为国共联合抗日奠定了基础，推动了抗日民族统一战线的形成。1938 年 9 月，中共中央在延安召开扩大的六届六中全会，确定了坚持抗日民族统一战线的方针。毛泽东在会上作了《论新阶段》等报告，对抗日民族统一战线的相关理论与实践问题作了进一步的阐述。

此外，统一战线不仅是一种革命策略，同时也是一种新的社会组织形式。毛泽东在《新民主主义论》中曾提出"新民主主义的共和国"概念，并明确指出："在今天的中国，这种新民主主义的国家形式，就是抗日统一战线的形式。"① 即几个反对帝国主义的阶级联合起来共同专政的新民主主义国家，统一战线科学解释了各阶级在国家政权中的地位。为了长期合作，统一战线中各党派应实行互助互让的原则，使各抗日党派和阶级的力量都得到巩固和扩大。

---

① 《毛泽东选集》第 2 卷，人民出版社 1991 年版，第 676 页。

统一战线理论形成于中国共产党建立初期，并随着抗日民族统一战线的确立而不断发展完善。在政治上，坚持抗日救国十大纲领，实行全面抗战，建立敌后民主政权；在组织上，加强共产党的自身建设，发展成为一个全国性的大党；在思想上，坚持团结进步，反对投降分裂；在军事上，坚持共产党对人民军队的绝对领导，展开敌后抗日游击战争。中国共产党的统一战线理论是在长期的革命实践中巩固发展的，是中国共产党领导人民进行新民主主义革命的重要法宝。

（三）人民战争理论

中国共产党要独立领导武装斗争，同强大的敌人作斗争，首先要建立一支新型的人民军队。大革命失败后，为了挽救中国革命，中共中央召开了八七会议，会上确定了实行土地革命和武装斗争的方针。会议结束后，毛泽东以中共中央特派员的身份前往长沙，领导了湘赣边界的秋收起义。在毛泽东率领部队到达江西永新县三湾村时，部队不足千人，组织不健全，作战失利严重。为了巩固这支新生的革命军，适应革命斗争的需要，毛泽东主持了著名的"三湾改编"。政治上，在军队内部实行民主制度，健全军队民主，反对军阀参与，破除士兵雇佣思想，为密切党与兵民关系发挥了积极作用。组织上，在各级部队分别建立党的组织，使部队中的党有了扎实、严密的组织基础，为军队执行党的策略方针有了组织上的保证。此次改编是中共建设新型人民军队的重要开端。

为了总结红军的建军经验，纠正党内的各种错误思想，中共中央在福建上杭县召开了古田会议。这次会议规定了红军的性质、宗旨和任务，阐明了政治机关和军事机关的关系，强调了红军内部的思想政治教育的重要性，确立了党对军队绝对领导的根本原则。古田会议是人民军队建设史上一次极其重要的会议，解答了党领导建设新型军队的原则问题，使红军完全建立在马克思列宁主义基础之上。毛泽东指出："兵民是胜利之本"，"战争的伟力之最深厚的根源，存在于民众之中"。[①] 在与国内外反动派进行长期斗争的过程中，中共始终坚持以人民军队为骨干，紧紧依靠全国人民，陷敌于人民战争的汪洋大海之中。基于此，中国共产党号召全国人民总动员，主张开放民主，改善民生，广泛发动群众，武装群众，实行全体人民参加战争、支援战争的全面抗战路线，成为引领全民族抗战的指南。

中国革命的胜利不仅需要一支可靠的人民军队，同时也要有符合中国革命战争特点的战略战术。中共在领导武装斗争的过程中探索出了游击战的作战形式，这是由敌强我弱的基本事实决定的。在土地革命战争时期，国民党曾对红军进行过数次"围剿"，红军由于游击战的发展不断取得胜利。到了 1933 年，红军已发展到 10 多个军，约 7 万人，先后创立了湘鄂西、鄂豫皖、湘鄂赣等十几块革命根据地，为红军进行游击战创造了有利条件。

中国的游击战不是小规模的，而是大规模的。就战争范围来说，中国地大物博，人口众多，地形复杂，山区、农村交通不便，便于开展广泛的游击战争。通过充分地发动广大人民，在敌人的前方、后方、侧方造成全面的战场，在各方面分散敌人的兵力，消耗敌人的力量，以此来逐渐改变敌我的优劣态势。此外，开展游击战必须广泛而充分地发动群众的力量。在游击战中，农村人口众多，地形熟悉，隐蔽灵活，因此发动和组织农民参加武装斗争是在中国进行革命战争的必由之路。只有建立了坚实的群众基础，才能保证

---

① 《毛泽东选集》第 2 卷，人民出版社 1991 年版，第 511 页。

战争的胜利。

　　九一八事变后，由于日本帝国主义的侵略，致使国内各阶级、各政党在抗日问题上发生了新的变化。中共为做好对日作战的准备，积极发展巩固陕甘宁革命根据地，开始了抗战初期军事路线的转变，主要表现为两个层面：一是将国内革命战争时期的相对正规的军队变为抗日民族解放战争时期的更具有游击性的军队；二是将国内革命战争时期以运动战为主的打法变为抗日民族解放战争时期以游击战为主的打法。1937年洛川会议，中共通过了党的全面抗战路线，确定了我军在敌后进行持久战和游击战的战略任务和方针。游击战的确立是我党我军所处的环境和面临的任务所决定的。毛泽东将其表述为：独立自主的山地游击战争。抗日战争是一场敌我力量悬殊的民族解放战争。只有充分发动群众，使政府抗战与民众抗战相结合、正规战与非正规战相结合、正面抗战与敌后抗战相结合，才能最终战胜日本帝国主义。

　　抗日游击战的形式是在日本帝国主义侵略中国领土这一历史条件下产生的，它是一切爱国同胞最广泛、最深刻的一种斗争方式。抗战时期，以毛泽东为代表的中国共产党人把游击战争提高到战略地位上来认识和组织，对游击战所蕴含的伟大力量和历史作用作了充分的阐释，进一步确保了自主游击战战略方针的顺利贯彻。1938年，毛泽东发表了题为《抗日游击战争的战略问题》一文，运用辩证唯物主义与历史唯物主义的基本原理，结合抗战实际，对游击战争在整个抗日战争中的重要战略地位和作用进行了全面深刻的阐述，有力批驳了轻视和反对游击战争的错误思想。毛泽东论述了游击战存在的客观必然性，这是由战争的长期性和残酷性决定的。中国大而弱、日本小而强，必然导致敌人占地广大但兵力不足，难以控制占领区内广袤的空虚地方。因此，抗日游击战的主要任务就是在外线进行单独作战，并且需要一整套高层次的战略防御和战略进攻的指导体系。此外，毛泽东还论述了一系列关于游击战的具体策略，创造性地发展了马克思主义的军事理论，充分肯定了游击战争的战略地位和作用，科学回答了如何在广大敌后发动游击战争的重大问题，正确解决了抗日战争战略指导问题，彰显了中国共产党在抗日战争中的中流砥柱作用。

事实上，卢沟桥事变后，国民党政府也确定了"持久消耗战"的作战方针，以空间换时间。但国民党政府却没有为实现这一方针相应地制定出长期有效的具体方略。特别是在抗战所倚靠的主体力量上，不敢放手发动群众、武装群众，同时寄希望于英、美等国的援助，苦撑待变。随着战争的推进，对日作战的惨烈，国民党对抗战的前途多持悲观论调。相比之下，中共中央则在《确立全国抗战之战略计划及作战原则案》中，详细分析了中日战争敌强我弱，敌小我大，敌非正义失道寡助、我正义得道多助等基本特点，阐述了全面抗战所应采取的具体策略和作战原则。毛泽东在深入研究中日双方的国情特点后，从不同侧面阐释了持久战的原理，他发表的《论持久战》是这一战略思想的系统化，其正确回答了中国人民面对强敌如何进行反侵略的一系列问题，科学武装了全党和抗战军民，坚定了中国人民为争取民族解放而斗争的信心，起到了极大的动员、鼓舞和指导作用。

（四）党的建设理论

在中国这样一个半殖民地半封建国家中，建设一个马克思主义的无产阶级政党是极其艰巨的任务。中国的无产阶级人数很少而小资产阶级成分极多，中国共产党要壮大发展自己的组织，就不能不从农民以及其他小资产阶级中吸收先进分子入党。一方面，农民阶级是无产阶级可靠的同盟军，有着强烈的革命要求；另一方面，农民阶级也会把小资产阶级的思想和情绪带到党内来。大革命失败后，城市党组织遭到严重破坏，中共逐渐把工作重心转移到农村，使农村党组织得到很大的发展，随之而来的也有各种非无产阶级思想，势必影响到党的纯洁性和战斗力。为了保持无产阶级先锋队的纯洁性，以毛泽东为代表的中国共产党人通过继承和发展马克思列宁主义的建党理论，结合长期的革命实践创立了有中国特色的建党学说，确立了从思想上、组织上和作风上的党建体系。

首先是在思想上建党，其关键在于要使党员不仅在组织上入党，更要在思想上入党。大革命失败后，中共中央就提出了党的"布尔什维克化"问题，然而在相当长的一段时间内，党的思想建设并未受到重视。1928 年 11 月，毛泽东在《井冈山的斗争》一文中指出："我们感觉无产阶级思想领导的问题，是一个非常重要的问题。边界各县的党，几乎完全是农民成分的党，若不给以无产阶级的思想领导，其趋势是会要错误的。"① 无独有偶，同一时期，周恩来也指出："党的政治路线上许多不正确思想的来源，固然是客观环境的反映，然而党的组织还没有布尔什维克化，党内还存在许多非无产阶级的意识。"② 1929 年 12 月，红四军在福建省上杭县古田村召开第九次党的代表大会，史称"古田会议"。此次会议确定了看重从思想上建党和从政治上建军的原则。

思想上建党离不开正确的思想路线，中共曾经在相当长的时间内被主观主义所统治，几乎葬送了中国革命的事业，不论是陈独秀的右倾机会主义，还是王明的"左"倾机会主义，其思想根源都是

---

① 《毛泽东选集》第 1 卷，人民出版社 1991 年版，第 77 页。
② 《周恩来选集》上卷，人民出版社 1980 年版，第 8 页。

主观主义。1930 年，毛泽东在指导革命根据地干部工作时写下了《调查工作》即《反对本本主义》一文，形象生动地分析了这种错误倾向的表现，并提出了一个著名的论断：没有调查就没有发言权。1935 年长征结束后，毛泽东认真总结了革命失败的教训，写下了《实践论》《矛盾论》等一系列著作，奠定了党的思想理论基础。

延安时期，中共开始大量吸收各先进分子入党。为了严格党员要求，加强党性教育，毛泽东发表了《〈共产党人〉发刊词》《改造我们的学习》等著作，系统地阐述了党的建设理论。同时，延安还开展了整风运动。1942 年 2 月，毛泽东在《整顿党的作风》报告中，提出"反对主观主义以整顿学风，反对宗派主义以整顿党风，反对党八股以整顿文风"①的整风任务，以及"惩前毖后，治病救人"的整风方针。这次运动把"实事求是"提高到了思想路线的高度。

毛泽东指出在各种形式的主观主义思想方法中，教条主义对革命的危害最大，这种错误倾向只知生吞活剥地谈外国，从书本上讨生活，反而抑制了新思想的生长，磨灭了人们的创造性。党八股是主观主义在文风上的表现，不清除党八股则生动活泼的革命思想不能启发，实事求是的精神不能发扬。延安整风运动批判了主观主义特别是教条主义，发展了马克思列宁主义与中国革命实践相结合的思想，使广大党员的精神从主观主义特别是教条主义的束缚下解放出来。

其次是在组织上建党。实现全党的统一，仅有思想上的统一是不够的，还需要有组织上的统一。党的组织建设理论包括坚持和健全党的民主集中制，加强党员队伍建设、干部队伍建设等内容。延

---

① 《毛泽东选集》第 3 卷，人民出版社 1991 年版，第 812 页。

安整风运动中反对宗派主义，就是为了从组织路线方面保证全党的统一。毛泽东在《整顿党的作风》中列举了党内宗派主义的种种表现，其中危害性最大的就是"闹独立性"，这种思想与个人主义分不开，不愿使少数人的利益服从全党全人民的利益。为了消除宗派主义的不良影响，杜绝它的产生，中共中央提出必须贯彻执行民主集中制原则。民主集中制的基本思想是马克思、恩格斯确立的，列宁在建设俄国布尔什维克党的过程中第一次提出民主集中制的完整概念。1927 年 6 月中共五大通过了《中国共产党第三次修正章程决案》，第一次把民主集中制写入了党章。民主集中制的原则是：少数服从多数，个人服从组织，下级服从上级，全党服从中央。民主集中制是民主制与集中制的有机结合，是在民主基础上的集中与在集中指导下的民主的统一。实行民主集中制的目的是为了建立严密的组织系统，把全体党员、党的领导者和被领导者、党中央和党的各级组织有机结合起来，凝聚成为一个具有坚强战斗力的统一整体。

最后是党的作风建设。所谓作风，是一个阶级在对待人民群众、党的工作和党内关系上的行为表现。毛泽东第一次提出了"党风"概念，论述了党风建设的重要意义。他说："我们要完成打倒敌人的任务，必须完成这个整顿党内作风的任务。"[1] 1945 年，毛泽东在党的七大报告中指出："以马克思列宁主义的理论思想武装起来的中国共产党，在中国人民中产生了新的工作作风，这主要的就是理论和实践相结合的作风，和人民群众密切地联系在一起的作风以及自我批评的作风。"[2] 理论和实际相结合的作风，就是把马克思

---

[1] 《毛泽东选集》第 3 卷，人民出版社 1991 年版，第 812 页。

[2] 《毛泽东选集》第 3 卷，人民出版社 1991 年版，第 1093—1094 页。

列宁主义的基本原理同中国革命的具体实践相结合，实事求是。密切联系群众的作风，是指党的各级组织和党员干部要和党内外的群众结合在一起，将群众的意见集中起来，再到群众中去做宣传解释。批评与自我批评是正确处理和有效解决党内矛盾、克服缺点、纠正错误的方法。三大优良作风的提出，创造性地解决了在农民和小资产阶级占人口绝大多数的社会里，把党建设成为一个全国范围的、广大群众性的、思想上政治上组织上完全巩固的马克思主义政党的问题。把党的作风问题提到这样的高度来认识，在无产阶级政党建设史上还未曾有过。这是中国共产党在整风运动中的伟大创举。

在战争与革命年代的中国共产党人面对半殖民地半封建社会的中国，要真正运用马克思列宁主义来指导中国革命，必须紧密结合当时的中国国情和时代条件，寻找适合中国实际的革命道路和革命方略，并作出科学的理论概括。以毛泽东为代表的中国共产党人经过20多年艰苦的革命探索，总结出了新民主主义革命理论，这是以马克思主义解决时代问题所形成的卓著成果，也是无产阶级革命史上的里程碑。可见，马克思主义只有不断同时代的发展结合起来，才能破解时代的难题，更好地发挥马克思主义对现实的指导作用。正如习近平总书记所说："在革命、建设、改革各个历史时期，我们党运用历史唯物主义，系统、具体、历史地分析中国社会运动及其发展规律，在认识世界和改造世界过程中不断把握规律、积极运用规律，推动党和人民事业取得了一个又一个胜利……历史和现实都表明，只有坚持历史唯物主义，我们才能不断把对中国特色社会主义规律的认识提高到新的水平，不断开辟当代中国马克思主义发展新境界。"①

---

① 《习近平总书记系列重要讲话读本》，人民出版社2014年版，第175页。

第三章

东西方对峙时期的
马克思主义时代化

在马克思主义理论辞典中，东方、西方不但是地理概念，更是政治概念。以美国和苏联为首的东西方对峙，作为第二次世界大战后影响国际政治走向和时代发展的重大事件，既是资本主义和社会主义这两种根本对立的社会制度并存的产物，也反映了冷战时期以美苏为主角、诸多国家参与所构成的国际政治格局的内在矛盾。其中，中国与其他国家在东西方对峙下基于国家利益的分分合合，不但是这一时期马克思主义时代化的独特政治背景，更构成了马克思主义时代化的重要推动力量。

一、东西方对峙时期的时代审视

从 1949 年 10 月 1 日中华人民共和国成立到 1956 年基本完成社会主义改造，这是马克思主义中国化、时代化和大众化三位一体历史进程中的一段关键历史时期。我国相继实现了从一个深受帝国主义、封建主义和官僚资本主义三座大山压迫的半殖民地半封建社会到独立自主、民族解放和人民当家作主的新社会，从新民主主义社会到社会主义社会的历史性转变。20 世纪 50 年代中期，新中国进入社会主义建设时期，在"一穷二白"的东方大国建设社会主义，这是前无古人的事业，只能靠中国共产党领导全国人民披荆斩棘，艰辛探索。此时又正值两大阵营激烈对峙，亦是中苏关系急剧变动的时期。唯有认真审视东西方对峙时期的时代特征，方能全面认识这一时期马克思主义时代化的主要任务。

（一）中华人民共和国成立及其世界影响

1949 年 10 月 1 日，对中国人民来说，是一个意义非凡的日子。对世界社会主义运动来说，也是一个影响深远的历史里程碑。这一天，首都 30 万群众满怀喜悦激动的心情参加中华人民共和国中央人民政府成立的盛典，史称"开国大典"。下午 3 时许，毛泽东在天安门城楼上庄严地向全世界宣告："中华人民共和国中央人民政府今天成立了！"紧接着军乐团高奏《义勇军进行曲》，天安门广场中央徐徐升起了第一面五星红旗，全国人民热情欢呼新中国的诞生，世界被压迫的广大人民也为之欢欣雀跃。"这是一个伟大的胜利，是中国从古未有的大胜利，也是十月革命以后一个带世界性的大胜利。"① "这一伟大事件，彻底改变了近代以来 100 多年中国积贫积弱、受人欺凌的悲惨命运，中华民族走上了实现伟大复兴的壮阔道路。"② 中华人民共和国的成立，极大地改变了中国近现代历史发展的方向，成功地实现了国家的统一，大大地提高了中国在国际经济政治舞台上的地位，全面开启了中华民族伟大复兴的历史新纪元。中华人民共和国的成立，也深刻地影响了世界历史发展的进程。

就国内意义而言，中华人民共和国的成立，标志着中国人民取得了反帝反封建斗争的决定性胜利，这是 100 多年来近代中国历史进程中的一个具有伟大意义的里程碑，也是中华民族 5000 年来历史演进过程中的一个伟大的里程碑。它彻底结束了中国自鸦片战争以来所形成的半殖民地半封建社会，同时也破天荒地结束了极少数剥削者统治广大劳动人民的悲惨历史，让世界人民第一次看到一个独立、统一、人民当家作主的新中国屹立于世界民族国家之林。1949 年 9 月 21 日，毛泽东在中国人民政治协商会议第一届全体会议上的开幕词中自豪地指出："我们有一个共同的感觉，这就是我们的工作将写在人类的历史上，它将表明：占人类总数四分之一的中国人从此站立起来了。"③ 中华人民共和国的成立，标志着中国人从此站起来了，中国人民从此把命运牢牢掌握在自己手中，这是整个中国近代史上所有志士仁人所梦寐以求的。一部中国近代史，是帝国主义侵略、掠夺中国并给中国人民带来无穷灾难的历史。中华人民共和国的成立，彻底结束了近代以来帝国主义列强侵略压迫中国、欺

① 《毛泽东文集》第 6 卷，人民出版社 1999 年版，第 73 页。

② 习近平：《在庆祝中华人民共和国成立 70 周年大会上的讲话》，《人民日报》2019 年 10 月 2 日。

③ 《毛泽东文集》第 5 卷，人民出版社 1996 年版，第 343 页。

凌奴役中国人民的苦难历史。习近平总书记在庆祝改革开放 40 周年大会上的讲话中高度地评价道："建立中国共产党、成立中华人民共和国、推进改革开放和中国特色社会主义事业，是五四运动以来我国发生的三大历史性事件，是近代以来实现中华民族伟大复兴的三大里程碑。"①毫无疑义，中华人民共和国的成立，是中国近代以来最伟大的事件，也是 20 世纪影响世界历史进程的最伟大事件之一，它掀开了中国历史新篇章，从根本上改变了中国历史发展方向。

就世界影响来说，中华人民共和国的成立，在人类社会发展史上具有重大意义，它影响了世界历史发展进程，开启了人类历史发展的新阶段。中国革命的胜利和中华人民共和国的成立，是 1917 年俄国十月革命以来发生的最重大的政治事件，在世界范围内给帝国主义和一切反动派以沉重的打击，极大地壮大了世界社会主义阵营的力量，推动了国际共产主义运动的发展。中华人民共和国的成立，冲破了帝国主义的东方战线，彻底扫荡了帝国主义及其代理人在中国的势力，大大增强了世界和平民主的力量，改变了第二次世界大战后国际政治力量的对比，重塑了世界政治地图，鼓舞并支持了全世界被压迫民族和被压迫人民争取解放的斗争。毛泽东宣布，中华人民共和国"将联合一切爱好和平自由的国家、民族和人民，首先是联合苏联和各新民主国家，以为自己的盟友，共同反对帝国主义者挑拨战争的阴谋，争取世界的持久和平"②。中华人民共和国的成立，有力地推动了世界的和平与发展事业，增强了世界民主和

---

① 习近平：《在庆祝改革开放 40 周年大会上的讲话》，《人民日报》2018 年 12 月 19 日。
② 《毛泽东文集》第 5 卷，人民出版社 1996 年版，第 348 页。

平的正义力量，为人类和平、民主、正义、进步事业作出了历史性
的贡献。

中华人民共和国的成立，标志着马克思主义中国化、时代化和
大众化历史进程进入了一个全新的历史时期。这一历史事件在马克
思主义时代化过程中至少具有两层含义：其一，它是对中国革命的
一系列理论和实践的充分证明；其二，它同时也标志着马克思主义
时代化进程进入了一个新的历史阶段。

（二）社会主义阵营与资本主义阵营的两极对峙

一部资本主义的发展史就是一部殖民扩张史。资本主义从一开
始就把占领殖民地，抢夺原料来源和商品倾销市场作为自己的发展
武器。尤其是到了 19 世纪末 20 世纪初，资本主义已经从自由竞争
资本主义发展到了垄断资本主义，也就是帝国主义阶段，整个世界
被主要的帝国主义国家，如美国、英国、法国、德国、日本、俄国
等瓜分完毕，广大亚非拉地区深陷殖民地陷阱当中，长期受到帝国
主义的剥削。帝国主义国家之间的冲突演变酿成人类历史上前所未
有的两次世界大战，在世界性战争中，有的帝国主义国家衰落了，
有的帝国主义国家强大了，兼之资本主义的纵深发展，资本积累模
式日益走向灵活积累，殖民地半殖民地国家和人民的反抗，使得帝
国主义世界殖民体系日趋没落并最终崩溃。因此，正是在第二次世
界大战后，亚非拉广大地区的非殖民化过程真正开始，涌现了一大
批独立的民族国家，并建立起新兴的、独立的民族国家体系。这个
独立的民族国家体系包括 130 多个国家，占世界总面积的三分之二，
占世界总人口的四分之三，它的形成使世界的面貌发生了翻天覆地
的变化，具有十分深刻的历史和世界意义。

综观 20 世纪 40 年代后的国际形势，尽管时代主题仍是战争与

和平，但是和平的力量与时俱增，逐渐超过了帝国主义势力，并形成了世界反帝统一战线，促进了亚非拉广大地区的民族解放运动。在世界各国人民的共同努力之下，世界反法西斯战争取得最终胜利，亚洲国家的民族独立运动进一步纵深发展：朝鲜在 1945 年 8 月 15 日获得解放；印度尼西亚在 1945 年 8 月 17 日推翻了殖民统治并成立了印度尼西亚共和国；越南在 1945 年 9 月 2 日成立越南民主共和国；老挝在 1945 年 10 月 12 日独立。另外，在西亚地区，叙利亚人民在 1946 年 4 月 17 日获得了独立，外约旦在 1946 年 3 月 22 日废除了英国的委任统治，迫使英国承认外约旦的独立；在南亚和东南亚地区，印度在 1947 年 8 月 15 日宣布独立，巴基斯坦在 1947 年 8 月 14 日宣布独立并在 1956 年 3 月 23 日改自治领为共和国，缅甸在 1948 年 1 月 4 日宣告独立并建立缅甸联邦，斯里兰卡在 1948 年 2 月 4 日正式宣布独立并成为英联邦的自治领。这些国家都摆脱了帝国主义国家的殖民统治，最终取得了民族独立，具有十分积极的世界意义，对中国人民追求民族独立的解放斗争起着促进作用。1949 年 10 月 1 日，中华人民共和国的成立标志着亚洲民族独立国家体系的形成。进入 20 世纪 50 年代后，民族独立运动的高潮开始从亚洲向非洲、拉美转移。

然而，新中国成立初期，中国共产党和中国人民不仅面临着"一穷二白"的基本国情和严峻的国内形势，而且还面临着复杂多变的国际形势，特别是以美国为首的西方资本主义阵营对新生的中华人民共和国采取了一系列孤立和封锁政策，给新中国谋求和平、聚精会神搞建设促发展带来了不少挑战。危机亦是转机，以毛泽东为代表的中国共产党人勇于面对时代挑战，积极寻找有利于国家建设的各种条件。

众所周知，近代以来，中国长期饱受帝国主义侵略，国家主权、领地、领海、领空受到严重侵犯，广大人民群众的生命财产安全面临极大威胁。甚至在新中国成立前夕——辽沈战役、淮海战役和平津战役结束时，美帝国主义在中国的上海、青岛仍有驻军，美国、英国两国的军舰还在长江下游航行；一些帝国主义国家在北平、天津、上海等地还保留兵营，外国船舶照旧在中国内河自由航行；中国海关总税务司仍由外国人把持。外国侨民、法人、团体在中国境内享受所谓"国民待遇"。把帝国主义势力赶出中国，反对帝国主义行径，建立反帝统一战线，是中国人民和世界人民共同的愿望。1949年10月1日，毛泽东代表中央人民政府向全世界郑重声明：本政府为代表中华人民共和国的唯一合法政府，凡愿遵守平等、互利及互相尊重领土主权等项原则的任何外国政府，本政府均愿与之建立外交关系。同一天，周恩来就把毛泽东在开国大典上的公告以公函致送各国政府。然而，西方国家对中国释放出的外交合作信号置若罔闻。帝国主义者幻想着中国共产党的失败，预言新的人民政府会像旧的国民党政府一样软弱无能、脆弱不堪，无法也无力解决几亿人口的吃饭和发展问题。早在1949年8月5日，全国解放战争胜利前夕，美国政府为推卸其在中国失败的责任，发表了歪曲历史的《中美关系白皮书》，美国国务卿艾奇逊还大肆抹黑新中国，并预言新中国也必然因人口众多而无法解决吃饭问题，终将失败。新中国成立后，美国政府拒绝承认，还反对中华人民共和国在联合国的合法地位，对新中国采取了政治上孤立、军事上包围和经济上封锁的敌对政策。1950年1月20日，毛泽东在《驳斥艾奇逊的无耻造谣》一文中就一针见血地指出美国政府的中国政策之无理："用一切办法钻进中国来，将中国变为美国殖民地，这就是美国的基本政策。"① 美国不但政治上不承认新中国，在外交上孤立新中国，它还曾向英、法、荷、比、印、巴、澳等国政府发出照会，要求这些国家同它保持一致行动，拒不承认新中国。而且美国还在经济上搞"封锁"、搞"禁运"，不断给新中国制造麻烦，此等卑劣手段和丑恶做法受到世界人民的谴责。

1949 年 11 月，以美国为首的 15 个西方资本主义国家在巴黎发起了一个名为向共产主义国家出口统筹委员会的组织，这个组织用以专门检查和管制他们与苏联及其他社会主义国家贸易。1950 年 6 月，朝鲜战争爆发后，美国加紧了对新中国的"封锁""禁运"，各项措施不断升级。比如，美国颁布了《1950 年输出统制法令》，规定煤油、橡胶、铜、铅等 11 种货品除非有特别输出许可证，不得输往中国大陆和澳门。1950 年 7 月，美国政府正式宣布向共产主义国家出口统筹委员会对苏联和东欧集团的贸易管制范围扩大到中国和朝鲜。又如，美国商务部宣布撤废美货驶往中国的出口许可证，持有人须一律缴还重新审查。1950 年 8 月，美国颁布了《1950 年特种货物禁止输出令》，特种货物包括金属母机、非铁金属、化学药品、化学用器材、运输器材、电讯器材、航海设备等 16 种。1950 年 11 月，美国商务部将对中国管制的战略物资由 600 余种增加到 2100 余种。此后，美国更是变本加厉，加大对中国的"封锁""禁运"。更荒谬的是，1951 年 5 月，美国还操纵联合国通过对中国禁运案，表明联合国成为美帝国主义手中控制世界的一个政治工具。最后，在美帝国主义的拉拢引诱和强力压服之下，到了 1953 年 3 月，参加对中国"禁运"的国家竟然达到 45 个。

从客观上讲，以美国为首的西方资本主义国家集团对新中国实

---

① 《毛泽东文集》第 6 卷，人民出版社 1999 年版，第 44 页。

施的"封锁"和"禁运"政策，给新中国的经济恢复和外交活动造成极大的困难：首先，直接的后果是造成了新中国与一些国家的贸易中断或大幅削减。比如中国和英国之间的贸易减少90%以上，中国和法国之间的贸易减少95%，中国和德国之间的贸易彻底中断了，中国和日本的贸易也几乎完全停顿了。中国与周边国家特别是与东南亚各国的贸易同样受影响并遭遇到很多困难。其次，造成中国市场一定的动荡不安，物价大幅波动，出口产品几近滞销。一方面，"封锁""禁运"使进口原料和器材价格不断上涨，因为进口通道被截断，购买外国原料器材愈发困难，根据有关统计，1950年底到1951年7月，单单上海市场上进口原料器材价格就上涨了1～4倍，这就大大加重了国民经济负担；另一方面，"封锁""禁运"使部分过去出口到外国的土产品几近滞销，比如茶叶等。再次，给中国国家财产造成重大损失。由于资本主义国家采取对中国的财产冻结政策，造成当时中国在美国、日本的2700万美元的公私订货被无端扣留禁运，中国国家银行在美国的500万美元未到期汇票也被彻底冻结。中国在欧洲的订货途经美控海岸时也被扣押。最后，严重侵犯中国主权，集中表现在美国派遣第七舰队入侵台湾海峡的事件。台湾地处西太平洋，战略位置极为重要。中国革命胜利后，国民党势力退守台湾，美国更是想利用台湾作为西方帝国主义反共的前沿阵地，阻止解放军解放台湾，造成海峡两岸长期骨肉分离的局面，阻碍了中国统一的进程。1950年6月，朝鲜战争爆发，美国乘机出兵台湾并下令第七舰队进驻台湾海峡，公然以武力干涉中国内政，这是对中国领土、领海主权的严重侵犯。

　　尽管困难重重，广大亚非拉地区的民族独立运动和中华人民共和国的成立，仍极大地改变了世界经济与政治格局，资本主义不能一统天下，社会主义力量不断增长，世界社会主义运动蓬勃发展，社会主义阵营和资本主义阵营的两极对峙愈演愈烈，马克思主义也随之不断具体化和时代化。

第二次世界大战后期的一系列首脑会议，确立了以美、苏两个超级大国为中心的冷战新格局，即雅尔塔体系。为遏制苏联，实现称霸世界的目标，美国相继推行"杜鲁门主义""马歇尔计划"以及成立北大西洋公约组织三大冷战政策，形成了以美国为首的资本主义阵营；面对美国的冷战威胁，苏联与新成立的社会主义国家实施结盟，形成了以苏联为首的社会主义阵营。两大阵营的激烈对峙，体现了两种社会制度、两种意识形态之间的全方位对抗，这既是 20 世纪 50 年代中期的重要国际政治事件，也对马克思主义理论的时代化提出了新的挑战。

就范围而言，20 世纪 50—70 年代两大阵营之间的对峙是一种涵盖政治、经济、军事等全方位、多领域的对抗，呈现着愈演愈烈的趋势。第一，政治方面，两大阵营的对抗表现为扩张与反扩张的斗争。以美国为首的资本主义阵营打着防止共产主义扩张的旗帜，在世界范围内推行侵略政策和战争政策，加紧对亚非拉地区的争夺和控制，使得这些地区的矛盾激化。同时，以苏联为首的社会主义阵营高举维护世界和平、反对帝国主义侵略的大旗，支持被压迫民族、被压迫人民的民族解放运动，同帝国主义的侵略行径进行坚决斗争。第二，经济方面，两大阵营的对抗表现为封锁与反封锁的斗争。特别是 20 世纪 50—60 年代，资本主义阵营妄图以经济封锁的手段扼杀社会主义国家，尤其是以中国为代表的新兴社会主义国家。面对重重封锁，以中国为代表的新兴社会主义国家进行了坚决斗争，发展同社会主义国家、新兴民族独立国家之间的经济合作，探寻同西方国家的民间贸易，成功打败了西方资本主义阵营全面禁运的经济封锁阴谋。第三，军事方面，开展军备竞赛是两大阵营对峙的重要方面。以美国为首的西方资本主义国家多次与社会主义国家在欧洲、亚洲进行武装对峙、发动战争，遏制社会主义国家的发展。随着苏联实力的迅速增强，美苏之间的对抗逐步升级，两大阵营的军事争霸逐步升级，由欧亚大陆扩展到全球，越南战争、古巴导弹危机便是集中表现。

就发展态势而言，两大阵营的对峙呈现着此消彼长的阶段性发展特征。社会主义阵营与资本主义阵营的对峙，实质上是美苏两个超级大国争夺世界霸权的过程。20 世纪 50 年代中后期至 60 年代末，两大阵营的对峙表现为美攻苏守的态势。美国凭借第二次世界大战后自身的实力优势，通过北大西洋公约组织，以欧洲为前沿阵地，从政治、经济、军事、意识形态等方面遏制以苏联为首的社会主义阵营。面对美国的遏制攻势，苏联因在经济、军事等方面远不及美国，唯有处于防御态势。20 世纪 60 年代末至 70 年代，两大阵营的对峙表现为苏攻美守的态势。因在越南战争中实力遭到削弱，美国国内陷入了经济、金融和政治危机，尼克松上台后于 1969 年 7 月提出实行收缩战线的"尼克松主义"，变全方位冷战进攻为缓和政策，试图加强中美交流以共同牵制苏联。因此，1971 年 7 月，美国国家安全事务助理基辛格由巴基斯坦转道秘密访华，并就尼克松访华等问题交换了意见；次年 2 月，尼克松访华，中美两国关系逐步实现正常化。而苏联则利用美国内外交困的处境与机遇，迅速增强自身的经济和军事实力，总体上与美国处于均势地位，并开展了同美国争夺世界霸权的进攻态势。

就本质而言，两大阵营的对峙实为两种社会制度、两种意识形态的较量。在马克思主义经典作家看来，社会主义和资本主义两种社会制度、两种意识形态的斗争是不可避免、不可调和的。列宁也指出，帝国主义政府"都是口头上高谈和平和正义，而实际上却在进行掠夺性的强盗战争"①。面对两种不同意识形态的并存，杜鲁门直白地说道："在世界历史的现阶段，几乎每一个民族都必须在两种生活方式之中选择其一，这种选择大都不是自由的选择。"② 随着第二次世界大战后苏联成为世界超级大国，社会主义制度的影响也在全世界得到迅速扩展，一大批国家的共产党或左翼政党的力量不断壮大，或者建立了自己的政权，或者即将夺取政权，形成了一股强大的政治势力。在这一局面下，社会主义阵营得以壮大，国际共产主义运动态势向好。同时，以美国为首的西方资本主义国家多次公开叫嚣要遏制社会主义制度的"扩张"。早在 1946 年，美国驻苏代办乔治·凯南就美国对苏政策向美国国务院发回一份长达 8000 字的电报，强调苏联正在进行"共产党扩张"，主张美国对苏联采取"一种长期的、既有耐心而又十分坚定的、并时刻保持警惕的对俄国扩张倾向加以遏制的政策"③；同年 3 月 6 日，丘吉尔在富尔敦发表的"铁幕"演说更加清晰地说明了这一点。

总而言之，社会主义运动无疑总是同特定的时代紧密相连。马克思主义经典作家对时代主题的研判是基于特定历史时期生产力和生产关系的状况而作出的，也必将随着生产力和生产关系的发展而发生变化。20 世纪中叶以后，资本主义和当代社会的发展都发生了巨大变化，相应地，马克思主义理论应根据时代发展作出新的判断。冷战时期两种社会制度、两种意识形态的对抗与较量，体现了当时国际共产主义运动仍然停留在革命与战争的时代特性的判断上，未能将马克思主义与变化发展的时代形势结合起来。科学处理

---

① 《列宁选集》第 3 卷，人民出版社 2012 年版，第 343 页。

② 李乡状等：《马歇尔》，吉林大学出版社 2009 年版，第 288 页。

③ 顾海良、梅荣政主编：《科学社会主义理论与实践》，武汉大学出版社、湖北人民出版社 2006 年版，第 151 页。

两种意识形态之间的关系，必然要求马克思主义的时代化。

（三）中苏论战与中苏关系恶化

毛泽东曾说："十月革命一声炮响，给我们送来了马克思列宁主义。"[①] 十月革命胜利之后，马克思列宁主义开始成为指导中国民主革命的理论基础，苏联也为中国革命提供了许多帮助和支持。新中国成立后，苏联是第一个与新中国建立外交关系的国家，中苏之间开展了诸多方面的友好互助，因此，学习苏联经验开展社会主义建设便成为新中国成立初期中国共产党的不二选择。然而，由于每个国家的发展都有自己社会经济和文化历史等方面的特点，对什么是社会主义的认知也就难免出现差异。自 20 世纪 50 年代中期开始，尤其苏共二十大的召开成为双方关系的转折点，带来了中苏两党意识形态方面的论争与分歧，最终导致 60 年代中期中苏两党关系、两国关系的恶化与基本中断。

1. 中苏论战的缘起、过程及本质

1956 年 2 月，苏共二十大在莫斯科大克里姆林宫召开，大会听取、讨论了赫鲁晓夫所作的中央委员会的总结报告等，并对党章予以修改，通过了起草新党纲的决定。更重要的是，在此次会议上，赫鲁晓夫作了题为《关于个人迷信及其后果》的秘密报告，全盘否定了斯大林，揭露了苏共和国际共产主义运动中的诸多负面情况。归纳起来，赫鲁晓夫在秘密报告中主要批判了斯大林的以下罪状："第一，揭露和批判了斯大林搞个人迷信；第二，揭露和批判了斯大林违反法制、进行大清洗的错误；第三，揭露和批判了斯大林在卫国战争中的错误；第四，揭露和批判了斯大林在民族问题上的错

[①] 《毛泽东选集》第 4 卷，人民出版社 1991 年版，第 1471 页。

误；第五，揭露和批判了斯大林在处理苏联同南斯拉夫关系方面的错误；第六，揭露和批判了斯大林在经济工作中的错误；第七，揭露和批判了斯大林违背集体领导原则，实行个人专断的错误。"①

赫鲁晓夫的这份秘密报告对斯大林予以了全盘否定，迅速在国内外掀起轩然大波。正如毛泽东所说，赫鲁晓夫对斯大林个人崇拜的批判"揭了盖子"，又"捅了娄子"。当年，波兰和匈牙利分别发生了"波兹南事件"和"匈牙利事件"。同时，由于中苏之间在评价斯大林问题上的分歧，苏共二十大成为毛泽东与赫鲁晓夫之间、中共与苏共之间产生矛盾的导火索。毛泽东认为，由于实现社会主义是空前伟大而又空前艰巨的事业，所以斯大林犯错误是难免的，问题在于共产党能够通过批评和自我批评克服自己的错误。② 毛泽东先后主持起草了《关于无产阶级专政的历史经验》与《再论无产阶级专政的历史经验》两篇文章发表在《人民日报》上，在对斯大林的功绩予以肯定的同时，也对其后期的错误进行了分析。之后，中苏之间的矛盾日益加大。1958 年，双方在共建长波电台和建立共同核潜艇舰队的问题上又产生了争执，中苏两国在战略利益上的巨大差异日益暴露，矛盾逐渐公开化。1959 年初，苏共二十一大进一步明确了以和平共处、和平竞赛、和平过渡为核心的对美缓和战略。当年 6 月，苏共中央致信中共中央拒绝提供原子弹教学模型和技术资料；9 月，苏联塔斯社就中印边界冲突公开发表声明支持印度的领土要求。针对以上情况，毛泽东提出，"修正主义是否已经成了系统"，并把造成中苏矛盾的原因归纳为四个方面："父子关

---

① 肖德甫：《二十世纪的政治遗产》，中央文献出版社 2011 年版，第 182—183 页。

② 参见中共中央党史研究室：《中国共产党历史》第 2 卷上册，中共党史出版社 2011 年版，第 378 页。

系""不愿学生超过先生""留一手""搞颠覆活动"。① 这一系列事件的发生使得中苏关系每况愈下，中苏分歧已从最初的意识形态领域扩展到国家利益领域。

1960 年 4 月，在纪念列宁诞辰 90 周年之际，《红旗》杂志与《人民日报》编辑部分别发表了题为《列宁主义万岁》《沿着伟大列宁的道路前进》的文章，中宣部部长陆定一在纪念列宁诞辰大会上作了题为《在列宁的革命旗帜下团结起来》的报告。这三篇文章随后被合订成题为《列宁主义万岁》的小册子出版，集中阐明了中国共产党关于时代、战争与和平、无产阶级专政、反对现代修正主义等一系列重大问题的观点，点名批判了南斯拉夫的"现代修正主义"，间接反驳了赫鲁晓夫的一系列观点。苏联报刊立即做出激烈反应。当年 6 月下旬，苏共在布加勒斯特会议上对中共代表团带头开展围攻，随即拉开了中苏论战的序幕。7 月 16 日，苏联突然照会中国政府，单方面决定召回全部在华苏联专家，一个多月内撤回了在华担负重要任务的 1390 名专家，同时撕毁了两国政府签订的 12 项协定和两国科学院签订的 1 个议定书以及 343 个专家合同与合同补充书，废除了 257 个科学技术合作项目；9 月，中共中央书记处总书记邓小平在中苏两党高级会谈中指出："中国共产党永远不会接受父子党父子国的关系。你们撤退专家使我们受到了损失，给我们造成了困难。中国人民准备吞下这个损失，决心用自己双手的劳动来弥补这个损失，建设自己的国家。"② 11 月 10 日至 12 月 1 日，81 个国家的共产党和工人党代表在莫斯科举行会议。会议前夕，苏

① 中共中央党史研究室：《中国共产党历史》第 2 卷下册，中共党史出版社 2011 年版，第 138 页。

② 《邓小平年谱（1904—1974）》下，中央文献出版社 2009 年版，第 1774 页。

共在向各兄弟党代表散发的长达 6 万余字的苏共中央答复中共中央信件中，再次粗暴地攻击中国共产党，挑起争论，整个大会出现极不正常的气氛。大会结束前夕，中苏双方各让一步达成了暂时一致，于 11 月 30 日开展中苏两党代表团会谈。会后，苏方邀请刘少奇访问苏联，中苏关系一度有所缓和。

然而，在 1961 年 10 月苏共召开的第二十二次代表大会上，赫鲁晓夫在大会报告中采取"打阿射华"的手法，公开批判不赞成苏共观点的阿尔巴尼亚劳动党，影射中国共产党，并在之前提出的"和平共处、和平竞赛、和平过渡"方针之外，又提出了"全民国家""全民的党"。以周恩来为首的中国代表团在同赫鲁晓夫等苏共领导人进行 9 小时长谈后，双方未达成一致意见，周恩来于 10 月 23 日晚提前回国。此次会议开创了利用党的代表大会公开攻击兄弟党的恶劣先例，两国关系又重新紧张起来。1962 年，毛泽东批判苏联在古巴导弹危机中的退缩行为，苏联则认为中共的立场过于强硬会导致战争。在同年的中印边境自卫反击战中，苏联公开支持印度，继续加深了中苏两党的隔阂。

1963 年 3 月 30 日，苏共中央在给中共中央的来信中特别提出了苏共的"三和""两全""三无"的国际共产主义总路线。6 月 14 日，中共中央在给苏共中央的复信中提出了与苏共根本对立的总路线。7 月 5—20 日，中共代表团和苏共代表团在莫斯科举行会谈，会谈期间，苏共中央发表了《给苏联各级党组织和全体共产党员的公开信》，对中共的复信进行全面系统的攻击。为此，自 1963 年 9 月 6 日至 1964 年 7 月 14 日，毛泽东亲自主持发表了 9 篇评论苏共中央公开信的文章，即"九评苏共"，点名批判了赫鲁晓夫的修正主义，两党之间的论战达到顶峰。中共认为，在苏联，资本主义已经复辟，中国应与苏联及华沙条约国家的共产党划清界限。其间，毛泽东于 1964 年 1 月在同美国记者安娜·路易斯·斯特朗的谈话中说道：同修正主义斗争的转折点是 1963 年 7 月 14 日苏共公开信对中国的攻击。"从那时起，我们就像孙悟空大闹天宫一样。我们丢掉了天条！记住，永远不要把天条看得太重了，我们必须走自己的革命道路。"①

正值中苏论战白热化阶段，1964 年 10 月，苏共中央撤销了赫鲁晓夫苏共第一书记的职务，勃列日涅夫就任苏共第一书记。中共本希望趁苏联更换领导人之际与苏共改善关系，但是，以勃列日涅夫为首的苏共中央表示其将延续赫鲁晓夫的对华政策。11 月 21 日，《红旗》杂志发表了题为《赫鲁晓夫是怎样下台的》的社论，对赫鲁晓夫进行强烈谴责，中苏关系就此急剧恶化。1965 年 2 月，毛泽东在接见苏联部长会议主席柯西金时再次说道：除非苏共收回公开信，收回苏斯洛夫攻击中共的报告，取消二十大和二十二大的路线。否则，就要争论一万年……。② 1965 年 3 月 1—5 日，以勃列日涅夫为首的苏共中央不顾中共反对，在莫斯科召开共产党和工人党国际会议，期望以此维护苏共的权威地位。1965 年 3 月，《人民日报》刊登了莫斯科三月会议公报，并发表题为《评莫斯科三月会议》的重要文章，对苏共新领导进行全面彻底的"批判"。此后，中共又连续发表了《列宁主义的伟大胜利》《把反对赫鲁晓夫修正主义的斗争进行到底》等文章，对"没有赫鲁晓夫的赫鲁晓夫主义"进行了继续批判。

莫斯科三月会议之后，中苏除意识形态论战之外，又在越南战

---

①　陈晋：《毛泽东与文艺传统》，东方出版社 2014 年版，第 145 页。

②　参见吴冷西：《十年论战：1956—1966 中苏关系回忆录》下册，中央文献出版社 1999 年版，第 911、915—916 页。

争、蒙古问题等方面发生了争执，两国关系恶化到极其严重的地步。1966 年 3 月苏共二十三大即将召开，中共接到苏共的邀请后经反复考虑，决定不派代表参会。自此，中苏论战结束，两党关系中断。

综观 20 世纪 50 年代中期至 60 年代中期的中苏论战，虽涉及马克思主义基本原理的方方面面，但核心问题是"什么是马克思主义、怎样对待马克思主义""什么是社会主义、怎样建设社会主义"这一系列时代课题，特别是两党在社会主义发展道路问题方面的分歧。中苏论战作为国际共产主义运动史上的重大事件，对中苏关系及当时的国际政治发展均产生了深刻影响，既是两国围绕国家利益开展斗争的集中体现，也是中苏两党政党意识形态分歧尖锐化的结果。概言之，中苏论战本质上是国家之间控制与反控制的斗争，也是在意识形态方面一场关于马克思列宁主义的"正统"之争。①

2. 中苏论战的国际及国内影响

作为国际共产主义运动史上的重大事件，持续十年之久的中苏论战，不仅影响了两国发展的历史进程和历史面貌，对国际共产主义运动也产生了深远影响。

就国际层面而言，中苏论战造成了国际共产主义运动的严重分裂，中苏关系恶化直接导致了社会主义阵营的解体，给世界工人阶级政党队伍带来了分歧和矛盾。资料显示，到 20 世纪 60 年代后期，全世界 89 个共产党中有 78 个支持苏共，中共基本处于孤立无援的境地，国际共产主义运动逐步走向了低潮。另外，中苏论战证明，苏共将自己置于其他兄弟党之上的"父子党"的做法是行不通的，是有悖于正常的党际关系原则的，各国政党之间应当本着平等、协

---

① 参见李捷：《中苏论战与中苏关系》，《东欧中亚研究》1999 年第 5 期。

商的原则开展合作；中苏论战一定程度上推动了各国党独立自主的发展潮流。

就中国而言，中苏论战对中国全面开展社会主义建设产生了重要影响，对中共党内"左"倾思想的发展起到了推波助澜的作用，导致了对马克思列宁主义基本论断的教条化和片面化理解。这些理解在国内的直接运用，促使以毛泽东为代表的党中央重提阶级斗争，提出"要警惕中央出修正主义""要整党内走资本主义道路的当权派"等观点，并逐步发展为"无产阶级专政下继续革命"的理论，最终导致了"文化大革命"的发生。① 然而，中苏论战打破了长期以来苏联模式一统天下的局面，促使以中国为代表的各社会主义国家开始认真思考国际共产主义运动中的重大问题，推动了马克思主义理论同各国具体实践相结合的历史进程。

总的来说，中苏论战对国际共产主义运动及中国社会主义建设的负面影响是深远的、深刻的。马克思主义是时代发展的产物，需要体现时代的发展、把握时代的变化、体现时代的精神。只有将马克思主义与时代发展相结合，才能真正推动马克思主义理论的发展，显示其与时俱进的理论品质。中苏论战中，中共因未科学认识到时代的变化，仍然固守列宁所提出的"帝国主义和无产阶级革命的时代"的判断，坚持认为"不是战争引起革命，就是革命制止战争"，未认识到战后资本主义由于新科技革命所发生的变化，对苏共提出的"三和"等路线一律予以驳斥，同时对赫鲁晓夫批判斯大林模式的改革笼统地斥为"修正主义"。这些做法都体现了中苏论战期间中共在推进马克思主义时代化问题上的相对滞后，是一个深刻的历史教训。

---

① 参见李捷：《中苏论战与中苏关系》，《东欧中亚研究》1999 年第 5 期。

（四）社会主义建设的良好开端及其曲折发展

旧中国一穷二白、积贫积弱、民生凋敝、满目疮痍，战争的创伤更未远去，百废待兴。如何给四万万同胞一个安定环境进而过上不愁吃、不愁穿的幸福日子，也就是如何建设一个崭新的中国，这是摆在中国共产党人面前的全新课题，也是中国人民迈向幸福生活的时代课题。

不难想见，新中国建设面临的困难和挑战乃是空前的。从经济上看，中国共产党从国民党手中接管的是一个破败不堪的烂摊子，十分落后，生产萎缩或中断，交通梗阻或瘫痪，人民生活没有任何保障，失业人口众多。特别是在原国民党统治下的区域，经济处于崩溃境地，财政经济极其困难，出现了长期的恶性通货膨胀。物价飞涨，投机倒把行为比比皆是，市场混乱无序，这给国民经济的恢复和进一步发展带来了极大的困难和严峻的挑战。况且旧的文化教育事业、城市工矿企业的民主改革还有待进行。简言之，一系列问题有待解决。根据有关统计，1949 年我国的人均国民收入只有 27 美元，不仅低于邻国印度当时人均国民收入 57 美元的一半，而且也远远低于当时整个亚洲各国 44 美元的人均国民收入。1950 年我国工农业总产值是 100 亿美元，而当时经济最发达的美国工农业总产值是 2800 亿美元，这就是说，当时中国的工农业总产值只有美国的二十八分之一。另外，还有约 3.1 亿人口（占全国人口总数的三分之二）的新解放区尚未进行土地制度的改革，广大农民的生产生活问题也亟待解决。

除了一系列难题要面对，一大堆硬骨头需要啃。新中国成立初期还面临着生产力落后的情况，其中典型表现就是工业化水平很低，与世界发达国家差距相当大。毛泽东曾针对我国落后的社会生产力这样直白地说过："现在我们能造什么？能造桌子椅子，能造茶碗茶壶，能种粮食，还能磨成面粉，还能造纸，但是，一辆汽车、一架飞机、一辆坦克、一辆拖拉机都不能造。"① 也就是说，与发达国家相比，我们的生产力落后人家大几十年，能建造的都是一些低端低级产品，甚至大部分是手工产品，而先进国家能够造飞机、坦克、拖拉机、汽车等先进工业产品。一句话，新中国成立初期，中国的工业化水平真的太低了。

新中国一穷二白的基本国情给中国共产党人提出了严峻挑战，中国共产党要在全国人民面前、在世界人民面前，表明自己不仅仅可以打天下，取得政权，而且还可以守天下，建设新国家，巩固新政权，再造新社会。1949 年 10 月 24 日，毛泽东深切地表示："我们不但要学会搞政治斗争，还要学会搞经济工作，这是一个战略问题。"② 这种一穷二白的现实局面，如果不来个彻底改变，中国革命的胜利果实就不能得到巩固，社会生产力就不能得到解放，广大人民群众的生产积极性就不能得到充分释放，新中国制定的工业化目标就不可能实现，人民的幸福安康就更难保障。因此，新中国面临的一穷二白基本国情，是一切工作的立足点和出发站，是新的历史时期提出的时代课题。在这个课题面前，直接面对而不是回避，敢于挑战兼之勇于创新，是中国共产党人一以贯之的本色、情怀和担当。

自 20 世纪 50 年代中期起，随着社会主义基本制度的建立，党和国家的工作重心转移到发展生产力这一方面上来。面对社会主义改造中存在的生产关系不完善、所有制单一、高度集中的计划经济

① 《毛泽东文集》第 6 卷，人民出版社 1999 年版，第 329 页。
② 《毛泽东文集》第 6 卷，人民出版社 1999 年版，第 15 页。

体制等问题，如何进一步完善社会主义生产关系？如何加快发展社会主义经济、政治与文化？这些都成为亟待解决的重大问题。面对如何开展社会主义建设这个全新的时代课题，中国共产党开展了一系列艰辛探索，有成就也有曲折，有继承也有创新。

苏共二十大对斯大林的批判和苏联社会主义模式弊端的暴露，使中国共产党不得不重新思考什么是社会主义这一问题，也为探索社会主义建设道路提供了新的可能。因此，1956 年 4 月 4 日，毛泽东在中央书记处会议上明确提出，要把马克思主义的基本原理同中国实际进行第二次结合，强调要从中国的国情出发，开动脑筋，发挥创造性，在结合上下功夫，努力找出在中国这块大地上建设社会主义的具体道路。[①]

在此思想指导下，毛泽东结合 1955 年底至 1956 年春各中央领导人进行的大量调查研究，于 1956 年 4 月 25 日在中央政治局扩大会议上作了题为《论十大关系》的讲话。这一讲话充分反映了毛泽东关于如何走出一条中国自己的社会主义建设道路的思考，也是对当时国际形势与时代问题的有力回应。

1956 年 9 月 15—27 日，中国共产党第八次全国代表大会在北京召开，50 多个外国共产党、工人党代表团以及国内各民主党派和无党派民主人士代表应邀参会。毛泽东在大会上致开幕词，刘少奇代表中央委员会作政治报告，邓小平作关于修改党章的报告，周恩来作关于发展国民经济第二个五年计划的建议的报告。大会通过了各项报告和《中国共产党章程》，选举出第八届中央委员会。

党的八大正确分析了国内形势和国内主要矛盾的变化，指出当

---

① 参见吴冷西：《十年论战：1956—1966 中苏关系回忆录》上册，中央文献出版社 1999 年版，第 23—24 页。

前国内的主要矛盾已经是人民对于建立先进的工业国的要求同落后的农业国的现实之间的矛盾，已经是人民对于经济文化迅速发展的需要同当前经济文化不能满足人民需要的状况之间的矛盾。因此，党和全国人民当前的主要任务就是要集中力量发展生产力，把我国尽快从落后的农业国变为先进的工业国。

这次大会坚持和肯定了1956年5月党中央提出的既反保守又反冒进，即在综合平衡中稳步前进的经济建设方针。大会总结了执行"一五"计划和反冒进的经验，强调要根据需要和可能，合理地安排国民经济的发展速度，在规定计划的同时要本着积极又稳妥可靠的原则，从而保证国民经济的均衡发展。另外，陈云在发言中提出了改进我国经济管理体制的"三个主体、三个补充"的思想：在工商业生产经营方面，国家经营和集体经营是主体，附有一定数量的个体经营作为补充；在生产的计划性方面，计划生产是工农业生产的主体，按照市场变化而在国家计划许可范围内的自由生产作为补充；在社会主义的统一市场里，国家市场是主体，附有一定范围内国家领导的自由市场作为补充。这一思想是对毛泽东《论十大关系》的丰富和发展，并为中共八大的决议所采纳。

大会上，邓小平在作关于修改党章的报告中，突出强调了党在全国执政后如何加强自身建设的问题。一方面，报告提出要反对党内主观主义、宗派主义、官僚主义，批评党内存在的脱离实际、脱离群众的思想作风；另一方面，报告强调要坚持民主集中制和集体领导制度，反对个人崇拜，反对突出个人，反对对个人歌功颂德，指明了完善党内规范制度的方向，为党内政治生活的健康发展奠定了基础。

总的来说，党的八大是一场解放思想、民主开放的成功的大会，它提出了许多富于创造性、前瞻性的新方针和新设想，是党探索社会主义建设这一时代新课题过程中取得的重要成果，是新中国全面开展社会主义建设的良好开端，是马克思主义时代化进程中的重要里程碑。

党的八大后，党对如何建设中国的社会主义开展了积极探索，不仅体现在经济领域，而且体现在政治和思想领域。为解决社会主义改造中生产关系等方面的历史遗留问题，党中央根据"三个主体、三个补充"的方针对经济关系予以调整，并对农业集体经济的内部关系进行调整，取得了初步进展。在行政领域，党中央逐步展开以简政放权为内容的机构改革，合理调整中央和地方的关系。到了 1957 年底，我国全面完成了国民经济发展的第一个五年计划，取得了举世瞩目的成就，初步改变了新中国成立初期工业总产值中以农业为主的局面，为实现社会主义工业化奠定了初步基础，1957 年也成为我国经济建设进行得最好的年份之一。

根据党的八大精神和党内外的现实状况，中共中央于 1957 年 4 月 27 日正式发出《关于整风运动的指示》，决定在全党进行普遍、深入的反对官僚主义、宗派主义和主观主义的整风运动，并采取"开门"形式，希望通过整风"造成一个又有集中又有民主，又有纪律又有自由，又有统一意志、又有个人心情舒畅、生动活泼，那样一种政治局面"[1]。然而，随着整风运动的开展，各方面人士在各种座谈会和报刊上，对党的工作提出了许多批评意见，甚至出现了将共产党的领导地位攻击为"党天下"、要求"轮流坐庄"等颠覆性的言论，这引起了党中央的高度警惕。5 月中旬，毛泽东写作《事情正在起变化》一文，第一次提出了"右派猖狂进攻"的问题，标志着整风运动的重点开始由党内整风转向反右派斗争。但由于当

---

① 《毛泽东年谱（1949—1976）》第 3 卷，中央文献出版社 2013 年版，第 192 页。

时没有充分的思想准备和应对复杂局面的政治经验，并受当时国际形势的影响，党对阶级斗争的形势作了过于严重的估计，走上了开展对敌斗争的老路，反右派斗争被严重地扩大化，动摇和修改了党的八大关于我国社会主要矛盾的正确判断。1957 年 10 月，党的八届三中全会提出："无产阶级和资产阶级的矛盾，社会主义道路和资本主义道路的矛盾，毫无疑问，这是当前我国社会的主要矛盾。"①

为了尽快改变新中国贫穷落后的现实面貌，1958 年，党中央正式制定了"鼓足干劲、力争上游、多快好省地建设社会主义"的总路线，并发动了"大跃进"和人民公社化运动，当时合称为"三面红旗"。打出"三面红旗"，充分反映了党力图探索中国社会主义建设道路新局面的努力，但其中"左"的倾向也背离了党一向倡导的实事求是的原则，脱离了中国的社会生产力发展水平，对社会主义经济建设产生了消极影响。

1958 年秋冬，中共中央开始发现"大跃进"和人民公社化运动中出现的问题，并从当年 11 月第一次郑州会议至次年 7 月庐山会议前期陆续采取了一系列措施，努力纠正已经察觉到的"左"的错误。但是，由于 1959 年庐山会议发生了从纠"左"到反右的逆转，打断了党中央尝试纠"左"的进程，"大跃进"的错误进一步得到了发展，这对国家的社会主义建设和党内政治生活均产生了负面影响。

面对"大跃进"和人民公社化运动造成的严重困难，中共中央逐步清醒过来，决心通过调查研究纠正错误。1959 年 12 月至 1960年 2 月，毛泽东组织读书小组，潜心阅读苏联《政治经济学教科

---

① 中共中央党史研究室：《中国共产党的九十年（社会主义革命和建设时期）》，中共党史出版社 2016 年版，第 493 页。

书》，对社会主义建设的相关问题作了系统思考。1961 年 1 月，党的八届九中全会正式决定对国民经济实行"调整、巩固、充实、提高"的八字方针，并号召全党恢复实事求是、调查研究的作风，将1961 年定为"实事求是年""调查研究年"。随后，党中央在各个领域大兴调查研究之风，对农业、工业、城乡手工业、科学、教育等各个方面的工作开展调整，"农业六十条""工业七十条"等陆续出台。为进一步统一认识、增强团结，1962 年 1 月 11 日至 2 月 7日，党中央在北京召开扩大的中央工作会议（史称"七千人大会"），比较系统地初步总结了"大跃进"以来社会主义经济建设工作的基本经验教训，中央领导人带头作自我批评，充分发扬民主，开展党内批评，取得了重要成果。

随着调整工作的深入进行，党中央领导层在具体工作的指导方针方面的分歧日益扩大，加之中苏论战加剧、国际形势日益紧张，结果，党的八届十中全会重提阶级斗争，"左"倾错误进一步发展，随后在城乡发动了社会主义教育运动，在思想文化和意识形态等领域开展大规模的阶级斗争。这一系列"左"倾错误的逐步发展最终导致了 1966 年"文化大革命"的发动。"文化大革命"这场十年内乱，使党、国家和各族人民遭受了新中国成立以来历时最长、范围最广、损失最大的挫折。

正如邓小平所说："中国的社会主义道路与苏联不完全一样，一开始就有区别，中国建国以来就有自己的特点。"[①] 中国共产党在解决"什么是社会主义、如何建设社会主义"这一新的时代课题过程中，抵住了来自各方的重重压力，付出了成倍艰辛，克服重重困难，在一穷二白的基础上建立起了独立的、比较完整的工业体系和

①　《邓小平文选》第 2 卷，人民出版社 1994 年版，第 235 页。

国民经济体系，积累了许多有益的经验。当然，社会主义建设的探索之路是曲折的，也留下了深刻的教训。

二、马克思主义面临的时代挑战

中国背景下的马克思主义时代化是一个在实践中不断进行辩证运动的矛盾系统。从外部矛盾来看，如何处理中苏关系和中美关系，意味着中国共产党人必须结合新的时代特点对马克思主义的思想武器加以创造性地运用。苏联是世界上第一个运用马克思主义理论治国理政的社会主义国家，苏联经验与苏联逻辑是中国共产党人推进马克思主义时代化的重要理论范本和实践参考，处理中苏关系必然涉及中苏两国共产党对于马克思主义的理解问题。美国是西方世界头号资本主义强国，中美关系是中国共产党人运用马克思主义思想武器应对资本主义挑战所涉及的最重要、最复杂、最多变和最敏感的两国关系。从内部矛盾来看，中国是世界上唯一的本土历史脉络从未梗断的悠久文明古国，马克思主义时代化需要在传承中华优秀基因、挖掘本土资源和改造历史传统的过程中，结合时代潮流和实践经验，对马克思主义加以创新发展。所以，在马克思主义时代化的历史演进与创新发展过程中，内部矛盾的张力调适与外部矛盾的利益博弈问题始终是时代出卷人所提出的根本问题，这需要作为答卷人的中国共产党人认真思考并妥善解决。

（一）如何实现新中国成立初期的社会转型

新中国成立后有什么样的时代定位？向哪个方向发展？中国共产党应当如何矗立于时代潮头再接再厉继续开辟新时代？在一系列

时代挑战中，如何实现社会转型是党面临且必须应对的一个新挑战，既包括从新民主主义社会向社会主义社会的过渡，又包括城市和农村的社会转型与建设。以毛泽东为代表的党中央第一代领导集体，正是以极大的政治勇气和责任担当，推进马克思主义时代化，积极在实践中回应了严峻的时代挑战。

1. 从新民主主义社会向社会主义社会的过渡

走社会主义道路，是近代中国历史发展的必然选择，也是中国共产党领导革命的明确目标。中华人民共和国的成立，确立了社会主义的发展方向和共产主义的远大目标。毛泽东曾明确地表示，共产党从不隐瞒自己的目的是实现社会主义和共产主义，但共产党一贯重视从实际出发，从现时代出发，从新的历史条件出发，不断纵深推进马克思主义时代化。以毛泽东为代表的中国共产党人把马克思主义普遍原理与中国革命实际相结合，形成了新民主主义理论，指引中国通过新民主主义走上社会主义的发展道路。因此，新中国的成立首先标志着中国新民主主义革命的基本胜利，这一胜利同时为社会主义革命的进行和成功创造了有利的条件。也就是说，新民主主义革命胜利为中国走上社会主义道路创造了根本的政治前提。新民主主义革命取得胜利的重大成果就是使中国进入了一个崭新的社会——新民主主义社会，这一社会形态呈现出新中国在向社会主义社会过渡时期的各种特点。质言之，新民主主义社会成为一个具有鲜明中国特色的过渡时代特征的社会形态。新民主主义社会按其性质来说，它是属于"社会主义体系的和逐步过渡到社会主义社会去的过渡性质的社会"[①]，是一个社会主义因素不断生成、资本主义

---

① 中共中央党史研究室：《中国共产党历史（1949—1978）》第 2 卷上册，中共党史出版社 2011 年版，第 185 页。

因素不断被消除，朝着社会主义方向发展的历史过程。

针对新民主主义社会如何可能以及如何发展的问题，毛泽东曾明确地指出："只有经过民主主义，才能到达社会主义，这是马克思主义的天经地义。"① 毛泽东分析认为，中国革命必须分为两个步骤：第一步是进行新民主主义革命，这个革命的社会性质是新式的资产阶级民主主义的革命，它还不是无产阶级社会主义革命，但这个革命早已成为无产阶级社会主义的世界革命的一部分；第二步是进行社会主义革命，以建立中国的社会主义的社会为目标。在第一步和第二步之间的就是新民主主义的共和国，也就是新民主主义社会，它是一个过渡的社会，毛泽东进一步指出："这种新民主主义共和国，一方面和旧形式的、欧美式的、资产阶级专政的、资本主义的共和国相区别，那是旧民主主义的共和国，那种共和国已经过时了；另一方面，也和苏联式的、无产阶级专政的、社会主义的共和国相区别……"② 新民主主义共和国有其特殊性，它是一定历史时期的过渡的形式，并且是必要的不可移易的形式。然而，新民主主义社会虽然是过渡性社会，但这一过渡社会有其政治、经济和文化等各方面的表现和时代任务，中国共产党人要在过渡社会当中顺利完成过渡任务才能有力地促进新民主主义社会向社会主义社会过渡。毛泽东也曾为此绘就了宏大的蓝图，他根据中国革命实际情况，为新民主主义社会制定了政治、经济和文化的纲领，并且指出新民主主义的政治、经济和文化相结合，这就是新民主主义共和国，这就是我们要造成的新中国样态。可见，新民主主义社会不仅是个社会转型现实，也有着充分的理论思考过程。

---

① 《毛泽东选集》第 3 卷，人民出版社 1991 年版，第 1060 页。

② 《毛泽东选集》第 2 卷，人民出版社 1991 年版，第 675 页。

从新民主主义理论到革命实践，从新民主主义革命胜利到新民主主义社会建立，其中的重要时间节点毫无疑义是新中国成立前后。如果说毛泽东的《新民主主义论》《论联合政府》等文章较为充分地论证了新民主主义社会形态及其各方面的表现，进而为新民主主义社会的建设在理论上指引了前进的方向和新时代的自我定位，那么新中国成立前夕制定的《中国人民政治协商会议共同纲领》就是新民主主义社会的施政纲领，就是这个社会的建设方案和实践指南。《共同纲领》从国家治理的角度，宣告并确立了新民主主义社会的性质及内容。这就是说，《共同纲领》以共同认可的形式确立了新民主主义社会的过渡性质和过渡时期的时代任务，这样做，十分有助于引领社会各阶级、各阶层投入到人民民主共和国的伟大建设事业当中。

也正是在《共同纲领》的指导下，在新中国成立后的短短三年多时间里，党和政府在全国范围内基本完成了土地改革等重大社会改革，确立了新民主主义社会的政治经济新秩序。根据有关统计，1952 年工农业总产值比 1949 年增长 79.5%，比 1936 年增长了 20%，三年内平均年递增率为 21.1%。[①] 在工农业产量产值不断增加的基础上，新民主主义社会的国民经济结构也发生了深刻的变化，其中社会主义工业在工业中的比重、工业在整个国民经济中的比重都有较大提升。这表明经济的恢复，不仅有数量的发展，而且有性质上的变化和提高。社会生产力得到相当程度的提高，整个社会呈现出一片积极向上的新气象。由此充分显示出新民主主义社会的优越性。不过，不容忽视的是，作为一个过渡性的社会，新民主主义社会最终需要向社会主义社会转变，这是共产党人的历史使

---

① 参见胡绳主编：《中国共产党七十年》，中共党史出版社 1991 年版，第 294 页。

命。对此，毛泽东早有理论的思考，他在《论人民民主专政》一文中曾明确指出："我们现在的任务是要强化人民的国家机器，这主要地是指人民的军队、人民的警察和人民的法庭，借以巩固国防和保护人民利益。以此作为条件，使中国有可能在工人阶级和共产党的领导之下稳步地由农业国进到工业国，由新民主主义社会进到社会主义社会和共产主义社会，消灭阶级和实现大同。"[①] 从新民主主义社会到社会主义社会，再发展到未来的共产主义社会之间，是前后相续、一脉相承的，从新民主主义社会向社会主义社会迈进，是当代中国历史必由之路和时代必经之道。

2. 城市和农村的社会转型与建设

城市和农村的社会转型与一个时代的社会发展状况和工作重心转移是紧密相关的。中华人民共和国的成立，在一定意义上意味着社会经济政治工作的重心从农村转到城市，而如何进行城市管理建设，对中国共产党来说是一个新的时代课题，它首先是一个需要不断积累经验的过程，与此同时，农村的社会转型也成为一个突出的时代问题。以毛泽东为代表的中国共产党人积极主动地从时代的新特点、新形势出发，着力建设新中国的城市与农村。

历史时针拨回到1949年2月召开的中共七届二中全会，这次会议是党的城市政策、中国城乡关系转变的新的时代出发点，也是新中国成立初期城乡关系建设的基本原则和实践布局的重要起点。毛泽东在这次会议上明确向全党同志提出了一个时代重点任务："从一九二七年到现在，我们的工作重点是在乡村，在乡村聚集力量，用乡村包围城市，然后取得城市。采取这样一种工作方式的时期现

---

① 《毛泽东选集》第4卷，人民出版社1991年版，第1476页。

在已经完结。"① 这里的"现在",也就是从党的七届二中全会开始,党的工作重心由乡村转移到了城市,从而进入到由城市到乡村并由城市领导乡村的时期。这就是说,新中国的城乡关系是,"城乡必须兼顾,必须使城市工作和乡村工作,使工人和农民,使工业和农业,紧密地联系起来"②。也就是说,不能出现只顾城市不顾乡村的错误做法。毛泽东同时还认识到:"但是党和军队的工作重心必须放在城市,必须用极大的努力去学会管理城市和建设城市。必须学会在城市中向帝国主义者、国民党、资产阶级作政治斗争、经济斗争和文化斗争,并向帝国主义者作外交斗争。"③ 可见,新中国成立初期的城市管理是一个重中之重的课题。

在城市方面,从工作任务转变上看,1947—1950 年这段时间属于接管城市工作的时期。党在接管城市过程中初步提出和逐渐完善的一系列政策措施,是党的工作重心顺利由农村向城市转移的关键和表现。在此基础上,党进一步着手恢复城市经济生产,建设城市,制定和实施了一系列相关政策,经历了一个从无到有、从不成熟到比较成熟的摸索过程。我们知道,新中国成立初期,在全国许多城市,特别是在新解放区的城市中,一大批不法投机商猖獗活动,他们投机倒把,进行各种炒作,造成物价上涨,经济秩序混乱,另有一些私营企业面临种种困难,大批工人失业。大部分城市基础设施年久失修,供给不足,问题丛生。针对平、津、沪等一些城市解放时市场秩序极度混乱的局面,党和政府果断采取措施,通过打击金融投机、平抑市场物价等手段,迅速稳定了城市中的社会

---

① 《毛泽东选集》第 4 卷,人民出版社 1991 年版,第 1426—1427 页。

② 《毛泽东选集》第 4 卷,人民出版社 1991 年版,第 1427 页。

③ 《毛泽东选集》第 4 卷,人民出版社 1991 年版,第 1427 页。

经济秩序，并由此开始逐步恢复经济生产。此外，党和政府还集中力量整治城市环境，改善市民居住条件，整修道路和增加公共交通，提升供水能力。从 1950 年开始，党和政府大规模布点和兴建城市，1954 年召开的第一次城市建设会议确定了有差异的城市建设方针，其中在东部地区有重点地建设一批枢纽城市，在广大中西部地区新建一批工业城市，同时以苏俄为样板，关注建设工业化的生产和集聚中心，在东北老工业区的基础上，还相继建设了包头、大庆、加格达奇等资源性城市。据统计，1949—1957 年我国城镇人口占总人口的比重由 10.6% 上升到 15.4%，年平均递增率高达70.5%。要言之，新中国成立初期，党和政府适时并且迅速推进了中国城市化进程，为当代中国城市发展奠定了重要基础。

在农村方面，中国长期历史演进的小农经济不利于农村的现代化，也不利于推进社会主义所有制的建立。新中国成立初期，农村发展道路的目标是走社会主义道路，典型样板是类似但又不同于苏联的集体农庄。党和政府稳步推进土地改革，恢复农业生产。1950年 6 月颁布《中华人民共和国土地改革法》并贯彻执行，由此使 3亿多农民分到 7 亿多亩（1 亩≈666.67 平方米）土地。农民种地的热情空前高涨，农民对土地的投入增加了，产量迅速提高。根据有关统计，1952 年全国农业总产值为 461 亿元，比 1949 年增长41.4%；1952 年的粮食总产量为 16391.1 万吨，比中华人民共和国成立前最高年产量高出 9.28%，比 1949 年增长 5.1%；1952 年的棉花总产量为 130.37 万吨，比中华人民共和国成立前最高年产量高出 53.6%，比 1949 年增长 193.7%，年均增长 42.2%；其他农副产品产量也有较大幅度增长。农业的发展，为顺利完成国民经济的恢复打下了基础，促进了工业的发展。总而言之，在党的坚强领导之下，新中国各项事业进展顺利，人民群众生活水平得到显著提高，党的执政合法性得到有效巩固。1955 年 7 月 31 日，在农业合作化问题的谈话中，毛泽东指出："我们必须相信：（1）广大农民是愿意在党的领导下逐步地走上社会主义道路的；（2）党是能够领导广大农民走上社会主义道路的。这两点是事物的本质和主流。"[①] 党和政府实施正确的农村建设方针有力地推进了农村社会转型。

（二）如何认识苏联社会主义建设的经验和教训

苏联在运用和发展马克思主义过程中居于历史先行地位，热衷于在社会主义阵营中推行"模式输出"的做法。中国共产党人在进行社会主义改造、探索并实施社会主义建设的过程中所必然面临的问题就是：是否要"以苏为师"、以怎样的"苏"为师，以及怎样实现从"以苏为师"到"以苏为鉴"的转变。因此，辩证分析苏联逻辑、理性对待苏联模式、合理借鉴苏联经验就成了中国共产党人在探索马克思主义时代化过程中所要解决的重大问题。

1. 是否要"以苏为师"

对于是否要"以苏为师"的问题，中国共产党人的解答并非绝对的、单一的和僵化的。以毛泽东为代表的中国共产党人从马克思主义的立场、观点和方法出发，在中国革命与建设的历史实践进程中，依据时代变迁之新情势，结合时代设定之新课题，回应时代提出之新挑战，对该时代之问进行了辩证回答。中国共产党人的这种时代辩证解答可以从以下几方面进行认识：

首先，"以苏为师"要根植于马克思主义视角下的国情考量。苏联作为世界上第一个也是当时世界上最强大的社会主义国家，其社会主义建设的成功经验无疑是新中国在"一穷二白"状态下引以

① 《毛泽东文集》第 6 卷，人民出版社 1999 年版，第 430—431 页。

为师、据以为样的最重要参考。对此，毛泽东早在《论人民民主专政》中就指出："苏联共产党就是我们的最好的先生，我们必须向他们学习。"① 新中国成立后，对于如何开展社会主义建设的问题，毛泽东曾指出，建设社会主义是个未被认识的必然王国。他认为，"对于社会主义建设，我们还缺乏经验"，"带着很大的盲目性"，② "因为我们没有经验……我们只得照抄苏联"③。基于我国社会主义建设初期"人口多、底子薄、经济落后"的现实国情，面对经济建设经验相对不足的客观瓶颈，中国共产党人采取"以苏为师"的策略向苏联学取"真经"，在当时是必要的也是可行的。

其次，"以苏为师"要出自于对马克思主义的科学运用。作为被无产阶级革命实践所证明了的科学真理，马克思主义将工人运动的经验总结、人类解放的思想理念、共产主义的理论学说以凝练载体和学术样本的形态呈现在世人面前。为了避免理论形态的马克思主义被误读或曲解为教条本本，马克思、恩格斯在《共产党宣言》1872 年德文版序言中指出："这些原理的实际运用，正如《宣言》中所说的，随时随地都要以当时的历史条件为转移。"④ 马克思主义的基本原理经过苏联的应用和发展，在苏联社会主义建设中形成了镌刻苏联国别化烙印、镶嵌联共（布）政党标记、具有列宁斯大林个人印记的苏联版本。承载民族化个性色彩、具有国别化应用痕迹的苏联逻辑，有其科学正确的可取之处，但也并非放之四海而皆准的绝对真理。毛泽东指出："每个民族都有它的长处"，"我们的方针是，一切民族、一切国家的长处都要学"，"但是，必须有分析有

---

① 《毛泽东选集》第 4 卷，人民出版社 1991 年版，第 1481 页

② 《毛泽东文集》第 8 卷，人民出版社 1999 年版，第 300 页。

③ 《毛泽东文集》第 8 卷，人民出版社 1999 年版，第 305 页。

④ 《马克思恩格斯文集》第 2 卷，人民出版社 2009 年版，第 5 页。

批判地学，不能盲目地学，不能一切照抄"。①

最后，"以苏为师"要立足于中苏关系的国家利益考虑。在中苏两国的交往关系中，国家利益、意识形态和民族情感均是重要的衡量砝码，其中，国家利益是最为关键、最为核心的博弈理据。"以苏为师"并不仅仅只是源于社会主义阵营的意识形态同质性，更为重要的缘由在于国家利益最大化的理性权衡。新中国成立后，经历社会主义改造后的社会主义建设处于国内经济百业待兴、外部敌对势力封锁的内忧外患处境。为了突破外部西方势力的敌视围困，创造有利于新生的社会主义中国稳健成长的国际环境，向同属社会主义阵营的苏联争取支持和援助无疑是正确选择。毛泽东当时的考虑是："我们是新起的国家，困难多，万一有事，有个帮手。"②所以，"以苏为师"也是中国共产党人争取苏联外援、保障国家利益的一个必然举措。

2. 以怎样的"苏"为师

作为马克思主义苏联化的理论成果和实践总结，蕴含本土经验和国情逻辑的苏联马克思主义，是指导苏联社会主义建设的重要思想武器、理论指引和行动指南。苏联经验有其科学有效的正面之处，但苏联逻辑也存在理论上脱离马克思主义、实践中偏差失误的负面之处。所以，应以怎样的"苏"为师，需要将其作为矛盾体来辩证看待。

第一，正面的苏联经验。

鉴于十月革命所缔造的苏维埃政权及苏联社会主义建设中所取

---

① 《毛泽东文集》第 7 卷，人民出版社 1999 年版，第 41 页。

② 逢先知、金冲及：《毛泽东传（1949—1976）》上，中央文献出版社 2003 年版，第 56 页。

得的成绩，苏联模式自然成为意识形态同质性背景下各国共产党和各社会主义国家所效仿的典范。在列宁新经济政策推行并取得一定的有效成果之后，因其不适应新形势发展需要的弊端逐渐显现，斯大林在执政后终止了新经济政策并实施了一系列新型的政策措施，逐步创建形成模式化形态的苏联逻辑。在思想理论上，以马克思主义基本原理为基础，斯大林对列宁思想进行了一定程度的继承、应用和发展，创造了具有斯大林印记的理论成果，并建立了高度集中的文化教育体制；在政治上，实行中央高度集权的政治体制和领导体制，构建了覆盖全国的具有强大组织动员能力的运行机制；在经济上，建立较为单一的生产资料公有制和指令性计划经济管理体制。客观而言，这种经验模式产生了正面的积极效应并具有时代化的历史意义。在物质生产方面，苏联以工业建设为抓手推动国民经济技术改造，实现了社会经济发展总值的迅猛增长；在精神文化方面，苏联进行教育管理体制改革，推广文化教育普及，加大科学研究投入，文化科技水平迅速提升；在军事力量方面，苏联国防军备力量充实，国防科技实力达到国际领先水平。总体而言，苏联综合国力实现了从追赶西方国家到赶超西方国家的跨越式飞跃。

第二，反面的苏联经验。

对于苏联社会主义建设中的成功经验和正确模式，新生的社会主义中国当然应以之为师、以之为范。正如马克思在《资本论》第二版跋中曾指出的："辩证法不崇拜任何东西，按其本质来说，它是批判的和革命的。"[①] 马克思主义原理的运用应以当时的历史条件为转移。对于斯大林苏联模式中存在的弊端和负面教训，中国共产党人当然应以批判的眼光对待之。随着情势的变迁和社会形势的演

---

① 《马克思恩格斯文集》第 5 卷，人民出版社 2009 年版，第 22 页。

化，这种苏联模式不适应新时代实践要求的负面效应逐渐出现。在政治上，中央高度集权的领导体制走向了个人集权的偏执化极端，权力游走于法制的监督和制约之外；在经济上，高度集中的指令性计划经济管理体制未能灵活适应经济规律的多变性要求，扼杀了经济活力，过于片面依赖重工业的经济布局导致了经济结构的失衡；在文化上，政治权力和个人意志过分渗透、粗暴干涉和野蛮控制文化教育学术事业，导致思想领域出现严重的个人崇拜问题。

3. "以苏为师" 还是 "以苏为鉴"

基于苏联模式所存在的弊端以及在实践中所引致的消极后果，在斯大林去世之后，苏共方面对由斯大林主导构建的苏联模式进行了反思。1956 年的苏共二十大对斯大林个人崇拜问题及其错误进行了深入批判和彻底清算。苏共二十大的这种批判做法客观上帮助各社会主义国家与共产党跳出了迷信苏联模式的教条主义桎梏，并独立自主地推进马克思主义的民族化和时代化。在此背景下，无论是斯大林领导的苏联模式还是斯大林之后的经验模式，均不能再绝对地、片面地冠以 "以苏为师" 之名。同时，苏共二十大对斯大林的批判在矫枉过正的力量推动下走向了全盘否定的极端，抹杀了斯大林苏联模式所起到的积极作用和历史贡献。所以，否定绝对的 "以苏为师"，但不能否定借鉴苏联成功经验、吸取苏联失败教训的 "以苏为鉴" 的做法。

作为马克思主义中国化概念的提出者和倡导者，毛泽东早在新民主主义革命时期在寻乌调查时就对教条主义问题进行了理论上的批判，并写作《反对本本主义》。在社会主义改造时期，对于列宁的过渡时期总路线政策和斯大林苏联模式，中国共产党人有较多的学习和引进，但对于全盘照搬的苗头和倾向，毛泽东也有所警觉。在苏共二十大赫鲁晓夫发起对斯大林的批判之后，毛泽东指出：

"苏联一般来说，总的是好的"，"对斯大林的批评……打破了神化主义，揭开了盖子，这是一种解放"。[①] 针对教条本本，他指出："照抄是很危险的，成功的经验，在这个国家是成功的，但在另一个国家如果不同本国的情况相结合而一模一样地照搬就会导向失败。照抄别国的经验是要吃亏的，照抄是一定会上当的。这是一条重要的国际经验。"[②] 以毛泽东为代表的中国共产党人对苏联经验的反思，为从"以苏为师"转变为"以苏为鉴"奠定了方法论的思想基础。

经过对斯大林苏联模式的批判性思考，中国共产党从社会主义改造时期照搬苏联经验，到社会主义建设时期开始转变为探索如何突破苏联模式的桎梏寻找中国的独立自主建设模式。毛泽东在1956年4月发表了《论十大关系》，指出苏联暴露了他们在社会主义建设中的缺点和错误，我们要引以为戒。[③] "我们要学的是属于普遍真理的东西，并且学习一定要与中国实际相结合……我们的理论，是马克思列宁主义的普遍真理同中国革命的具体实践相结合。"[④] 该著作作为马克思主义时代化的重要思想结晶和理论成果，标志着中国共产党开始走上自主探索如何建设社会主义的道路。在政治上，吸取斯大林时代民主法制被破坏的教训，提出建设社会主义民主政治，为中国共产党领导下的多党合作和政治协商制度奠定基础，提出加强和完善社会主义法制建设；在经济上，提出改革原先仿照苏联所建立的高度集权的经济管理体制，提出中央与地方分权、扩大企业权力、尝试社会主义经济的灵活性和多样性；在文化上，突破

---

① 《毛泽东文集》第 7 卷，人民出版社 1999 年版，第 126 页。

② 《毛泽东文集》第 7 卷，人民出版社 1999 年版，第 64 页。

③ 参见《毛泽东文集》第 7 卷，人民出版社 1999 年版，第 23 页。

④ 《毛泽东文集》第 7 卷，人民出版社 1999 年版，第 42 页。

苏联文化体制闭环，提出"百花齐放、百家争鸣"的方针。这种思想解放尝试冲破苏联僵化模式的束缚，为马克思主义与中国实际第二次结合创造了良好的时代起点，但后来的"左"倾冒进和阶级斗争扩大化导致这次结合未能在当时的时代环境下取得成功。

（三）如何处理新中国与其他国家的关系

中国革命的胜利，彻底推翻了帝国主义这座大山，极其有力地冲破了帝国主义的东方战线，使得新中国以独立自主的崭新面貌屹立于世界，这就为结束旧中国百余年的屈辱外交，在平等、互利、互相尊重主权和领土完整的基础上同世界各国建立新的外交关系创造了前提。与此同时，新中国一开始就面临着一系列新的国际形势和新的挑战，特别是受到了以美国为首的西方资本主义国家对新中国的孤立和封锁，比如：对朝鲜实施侵略战争，侵袭中国东北领地，严重威胁中国国家安全；出兵进驻台湾，制造中国领土分裂，破坏中国国家统一；为达赖反叛集团提供支持，煽动反动势力在西藏进行武装动乱；组建西方资本主义同盟，对新中国进行围困和制裁；等等。如何开拓创新以形成新的外交工作新局面，如何妥善处理中国与以美国为首的资本主义国家之间的关系，对于中国共产党人来说是一个巨大的时代挑战。

1．开拓外交工作新局面

新中国成立前后，以毛泽东为代表的中国共产党人从清除旧中国丧权辱国的外交遗留问题着手，努力开拓外交工作新局面，在《中国人民政治协商会议共同纲领》和第一部《中华人民共和国宪法》（即1954年宪法）等文件中，均对新中国的外交政策作出了规定。《共同纲领》规定：中华人民共和国外交政策的原则，为保障本国独立、自由和领土主权的完整，拥护国际的持久和平和各国人民间的友好合作，反对帝国主义的侵略政策和战争政策。对于国民党政府与外国政府所订立的各项条约和协定，中华人民共和国中央人民政府应加以审查，按其内容，分别予以承认，或废除，或修改，或重订。凡与国民党反动派断绝关系、并对中华人民共和国采取友好态度的外国政府，中华人民共和国中央人民政府可在平等、互利及互相尊重领土主权的基础上，与之谈判，建立外交关系，等等。又，1954 年宪法明确规定：中华人民共和国的武装力量属于人民。全国人民代表大会决定战争和和平的问题。全国人民代表大会常务委员会决定驻外全权代表的任免；决定同外国缔结的条约和重要协定的批准和废除；规定军人和外交人员的衔级制度和其他专门衔级制度；在全国人民代表大会闭会期间，如果遇到国家遭受武装侵犯或者必须履行国际共同防止侵略的条约的情况，决定战争状态的宣布。国务院管理对外事务，同外国缔结条约和协定，等等。

以毛泽东为代表的中国共产党人着眼于对国际形势的辩证分析，根据《共同纲领》和 1954 年宪法，进一步制定实际的正确的外交方针、政策与策略，积极主动、稳步地打开新中国的外交局面。1949 年 10 月 2 日，也就是在中华人民共和国诞生的第二天，苏联外交部致电中国外交部部长周恩来，表示苏联决定与中华人民共和国建立外交关系并互派大使，随后两国建立正式外交关系。1950 年 2 月 14 日，中苏两国签署了《中苏友好同盟互助条约》，以法律形式确立了中苏之间的同盟关系，为中苏两国在政治、经济、军事、文化等各个领域的全面合作打开了方便之门，也为新中国的对外政策提供了一个有利的外部环境。同时，中苏关系的发展也促进了中国同其他社会主义国家友好合作关系的发展。截至 1950 年 1 月，新中国得到所有社会主义国家的承认，并与除南斯拉夫外所有社会主义国家建立了正式外交关系，这不仅有利于维护世界的和平，也有利于巩固新生的共和国政权。

新中国成立初期，周边环境并不稳定。周边许多国家对新中国存有各种各样的疑虑。为了消除周边国家的不安情绪，创造和平稳定的周边环境，新中国将改善和发展中印关系、中缅关系作为外交战略转向的突破口，积极实行和平共处五项原则，丰富了社会主义国家的外交实践。1954 年 4 月，解决朝鲜问题、印度支那问题的国际会议在日内瓦举行，中国应邀出席会议，这是新中国首次以大国身份出现在多边国际舞台上。中国代表团利用西方国家间的矛盾，争取多数，着重应对美国，为印度支那问题和平解决作出了积极贡献。周恩来代表新中国在会上正式倡议将和平共处五项原则作为国际关系的准则，赢得了国际社会的称赞，树立了新中国爱好和平、维护和平的良好形象。1954 年 10 月、12 月，毛泽东在分别接见访华的印度总理尼赫鲁、缅甸总理吴努时，再次代表中国政府与印度政府、缅甸政府倡导和平共处五项原则。中印、中缅在和平共处五项原则指导下进行的外交谈判及达成的协议，都成为中国同周边国家处理双边关系的良好典范，为和平处理争议问题和解决历史遗留问题提供了指导原则。毛泽东还主张应当把和平共处五项原则推广到国际关系的处理当中去，为亚洲和其他地区的国家之间的关系处理提供了持久和平的利益发展的处理方向。1955 年 4 月，第一次亚非会议在万隆举行，共有 29 个国家参加。新中国参会的指导方针是争取扩大世界和平统一战线，促进民族独立运动，力求通过国际协商缓和并消除国际紧张局势。周恩来代表中国政府发表声明，再次强调和平共处五项原则。为了消除因政治制度、宗教信仰和意识形态等因素造成的与会各国之间的隔阂、矛盾与不信任，周恩来在补充发言中提出了著名的"求同存异"方针："中国代表团是来求团结而不是来吵架的""中国代表团是来求同而不是来立异的""从解除殖民主义痛苦和灾难中找共同基础，我们就很容易互相了解和尊重、互相同情和支持，而不是相互疑虑和恐惧、互相排斥和对立"。① 新中国的真诚态度，赢得了与会国代表普遍的尊重和支持。会议在和平共处五项原则的基础上制定了处理国际关系的"十项原则"，而会议及其文件所体现的和平、独立、合作、团结、协商、求同，就是被后来誉为"万隆精神"的主要内容。

简而言之，经过卓有成效的工作，新中国外交局面初步打开，尤其是同苏联和各社会主义国家建交并发展友好合作关系，为新中国第一个十年的社会主义革命和建设事业的顺利进行构建了一个有力的国际力量支撑点，由此大大地冲破了美国等资本主义国家对新中国的"封锁"、"禁运"、军事干涉和战争威胁。另外，新中国通过抗美援朝、抗法援越以及在我国东南沿海的解放战争，赢得了朝鲜停战、印度支那和平以及解放东南沿海岛屿的胜利，创造了相对稳定的周边和平环境，还通过日内瓦会议、万隆会议两个重要的国际舞台，树立了新中国维护和平、公平正义的国际形象。

2. 如何处理与以美国为首的资本主义国家之间的关系

出于国家利益等多种复杂因素的考量，美国对华外交态度和施政策略在不同的历史时期和国际背景下出现诸多摇摆和反复，这也引致中美关系的左右摇摆。美国作为西方资本主义集团的领头羊，其制定的对华政策直接影响了其他西方国家的对华态度。为此，处理中美关系是中国共产党人应用马克思主义应对意识形态异质方的资本主义力量、处理国际关系时代化挑战的最敏感问题。

总体而言，以美国为首的西方资本主义集团之所以采取对华隔离和对峙政策主要出于三方面的原因：一是由于双方意识形态的异

---

① 《周恩来外交文选》，中央文献出版社 1990 年版，第 121 页。

质性和对抗性。美国作为西方资本主义世界的霸主，意识形态价值观的输出是其实施思想殖民、推行西方文化霸权的一种新型霸权主义战略。新中国坚持以马克思主义为建国的指导思想，马克思主义作为无产阶级的思想武器与美式的资产阶级意识形态从根本上来说具有异质性的对抗面。毛泽东揭露了西方阵营的意识形态反共举动，他指出，美国与澳大利亚及新西兰签订条约，"声明说是为了反对共产党"①。二是出于地缘政治的势力布局和利益考量。美国和苏联两国分别作为当时资本主义阵营和社会主义阵营的最强大国家，双方在东亚地区部署各自的政治军事力量。美国长期以来通过海洋霸权战略以追求实现其海权利益最大化，新中国采取"一边倒"的外交政策，即旗帜鲜明地与苏联同守社会主义阵营，自然成了美国地缘政治霸权政策的打击对象。毛泽东指出："美国在北美洲处在这个中间地段的那一边，苏联和中国处在这一边。美国的目标是占领处在这个广大中间地带的国家，欺负它们，控制它们的经济，在它们的领土上建立军事基地。"② 三是美国在华的特权利益被取缔。为了确保新中国社会主义建设独立自主地开展，中国共产党人采取"打扫干净屋子再请客"的外交方针，原帝国主义在华的各种特权被剔除，这也招致了美国等西方国家的敌视举动。

1956 年以后，新中国进入全面建设社会主义时期，美国等西方国家对中国仍然延续了之前的敌对封锁态度，其做法主要有：一是在政治上继续孤立中国。美国在国际舞台上仍然拒绝承认中华人民共和国，继续反对中国恢复在联合国的合法席位；同时，重申对所谓"中华民国"的认可，推行所谓"两个中国""一中一台"的分

---

① 《毛泽东外交文选》，中央文献出版社 1994 年版，第 159 页。
② 《毛泽东外交文选》，中央文献出版社 1994 年版，第 159 页。

裂政策。二是在军事上对华继续挑衅。在中国取得抗美援朝战争胜利之后，不甘失败的美军派出大批军事力量聚集在台湾海峡一带，并多次入侵我国领海领空。三是在经济上将对华贸易"禁运"政策进行制度化和长期化。美国对华贸易"禁运"的做法原本是作为配合朝鲜战争的战时举措，但之后将"禁运"范围进一步扩大至非战略领域。在朝鲜战争结束后，美国将贸易"禁运"做法由战时举措转变为平时政策。四是在文化上加强开展心理战和宣传战力度，在中国台湾、中国西藏、韩国等地开展各种反动宣传攻势，并利用广播电台进行抹黑报道。

针对以美国为首的西方敌对势力的封锁，中国共产党人积极有效地采取了各种应对举措。在政治上，坚持维护国家主权，反对霸权主义。既通过外交手段有理有节地进行和平会谈，也依据国际法运用军事力量有理有据地维护国家权益。由于美国等西方国家的封锁，中国与国际社会的联系交往渠道较少，中国共产党人并没有因此采取闭关锁国的消极政策，而是向其他愿意与中国交往的国家积极争取合作关系。在经济上，坚持"自力更生为主、争取外援为辅"的原则，积极发展对外经济贸易，甚至与美国以外的部分资本主义国家拓展友好交流关系。对此，毛泽东指出："我们的门是开着的，几年以后，美、英、西德、日本等都将与我们做生意的。他们有技术，我们需要技术。"① 为此，20 世纪 50 年代从东欧、苏联等社会主义国家进口技术设备；60 年代，因中苏关系恶化，又从日本、英国、法国、联邦德国、意大利、瑞士等西方资本主义国家进口了大批技术设备，成功突破了美国在经济和技术方面的封锁。在文化上，提出向外国学习。在外部封锁的情况下，中国共产党人清

---

① 《毛泽东年谱（1949—1976）》第 2 卷，中央文献出版社 2013 年版，第 639 页。

醒地认识到进行社会主义建设必须学习吸收国外的先进技术和成功经验，不仅要向同属社会主义阵营的苏联学习，而且也应向西方资本主义国家学习。毛泽东指出，"要善于向世界各国人民学习"①，"资本主义在经营上有许多地方比我们好，我们也要学习他们的好东西"②。在军事上，针对美国入侵越南以及多次侵扰我国广西、海南、云南等地的强盗行径，中国对越南人民提供了支持；对于美国在台湾海峡地区制造事端、煽动"台海危机"的意图和举动，中国共产党人决定对金门等岛屿进行惩罚性炮击，通过多次警告抗议和军事回击，迫使部分美军从台海撤离，粉碎了美军挑衅意图，也使美国"在远东无限期统治"③的地缘政治企图落空。

由于中国共产党和中国人民不屈不挠的斗争有力打击了美帝国主义的霸权气焰，在实施了长达20多年时间的敌视政策之后，美国开始重新反思其对华政策的正确性和合理性，并有意识地逐步调整对华战略思路。

第一，美国在对华政策方面改变敌对封锁态度的原因。

美国改变对华态度、调整对华策略，除了前面所述的中国共产党人的顽强斗争导致美国对华封锁政策破产之外，其他因素在于：一是苏联综合国力迅速增长，形成了对美国势均力敌的牵制，尤其是苏联在军事力量方面实现了质和量的双重飞跃，导致美军一家独大的优势地位不复存在。二是西方资本主义阵营的其他国家经济实力与政治实力与日俱增，对美国的依附性和服从性日益降低，尤其在对外经济贸易交往中，英、法等欧洲国家和日本自主独立性增

① 《毛泽东文集》第7卷，人民出版社1999年版，第117页。
② 《毛泽东年谱（1949—1976）》第2卷，中央文献出版社2013年版，第639页。
③ 蒋相泽、吴机鹏：《简明中美关系史》，中山大学出版社1989年版，第296页。

强，与美国的利益争夺逐渐增多并有所升级，不再盲目跟从于美国的对华封锁政策。三是亚非拉国家纷纷摆脱殖民统治，争取民族独立自决、反抗霸权主义的斗争力度、广度和深度均在不同程度上得到发展壮大。尤其是美军在越南战场节节败退，其单边霸权行径难以为继。四是美国国内的一些主客观因素，比如：美国因多年来在海外布局实施霸权主义，损耗较大财力；美国国内经济低迷，遭遇经济危机，需要拓展中国这个大市场；美国人民反对美国政府海外军事举动的呼声越来越强烈，尤其是反对越南战争的民意和民调占据主流地位；等等。国内外的各种因素叠加迫使美国政府反思和改变之前的对华政策。

第二，中国推动中美两国关系正常化的原因。

中美两国关系正常化进程的启动，是中美双方基于平等协商、双向努力、相互妥协的结果。除了美方进行对华政策的调整之外，中国共产党人也基于国际形势、本国国情和国家利益的考虑，就对美政策做出相应改变：一是中国在联合国合法席位的恢复。在新中国成立后，中国共产党人就恢复中国在联合国合法席位的问题进行了长期的斗争努力。在这一过程中，尽管美国进行了各种阻挠和破坏，并且其阻止企图也最终破产，但恢复席位的中国此时选择缓和中美关系，展现了宽阔胸怀，树立了良好形象。二是中苏关系的恶化。由于苏联一直以来以社会主义阵营"老大哥"自居，长期推行大国沙文主义并粗暴干涉中国内政。20世纪60年代，苏联撤走专家，撕毁两国合约，开展中苏论战，并在珍宝岛和新疆地区对华进行武装挑衅，导致两国关系逐步走入冰点。三是越南逐步反华排华。在美军入侵越南之时，中国曾经给予越南巨大支持和帮助。自中苏关系恶化之后，越南甘愿充当苏联对外进行霸权扩张的工具，在越南国内掀起排华浪潮，并在中国边境做出军事冒犯举动。中国需要借助美方力量牵制苏联，并创造回击越南的有力外部环境。①四是中国社会主义建设的需要。美国具有先进的科技水平和技术项目，中国需要学习外国包括资本主义国家的先进经验，中美之间具有较为广阔的合作空间。

第三，中美启动两国关系正常化历史进程的举措。

20世纪60年代末，中美之间采取了一系列互动举措致力于推动两国关系正常化，并共同完成了这一改写中美历史轨道、影响国际关系时代走向的战略创举。在政治上友好试探，美国尼克松总统释放缓和信号，在中苏关系问题上做出对华友好暗示，多次在外交场合以言行做出承认新中国的表示。作为对美方友善示意的回应，中国共产党人认为在中苏关系问题上，苏联因忌惮于美国而未敢对华动武，在1969年12月，中美两国同意恢复大使级会晤，这表明两国之前的对抗关系开始有所缓和，并向对话磋商和良性接触迈出了具有历史意义的重要一步。在经济文化上互动交流，经济贸易上开始适度解冻，美国开始允许海外子公司开展对华非战略性物资的贸易交易，并逐步取消对华贸易"禁运"。作为中美关系破冰之旅的重要探索，中国共产党人以"乒乓外交"为载体打开中美交往新局面。在民间交往方面，美国将民间团体和公民个人赴华旅游限制予以取消。

尽管中美双方对中美苏三国关系问题和台湾问题仍有争论，但利益共识大于意见争端。在历经政治、经济、文化、民间的多番互动、多轮试探和多次沟通之后，美国外交家基辛格多次访华，为开展双方高层及各层级交往奠定了前期基础。1972年时任美国总统尼克松访问中国，中美双方在承认区别、宣明分歧、正视纷争、求同

---

① 参见杨值珍：《中国开放战略与中美关系》，知识产权出版社2014年版，第135页。

存异的情况下达成了《上海公报》的共识，标志着两国关系正常交往的历史车轮正式迈入正轨。

（四）如何处理马克思主义与中国传统文化的关系

新中国成立初期，历史遗留下来的旧文化严重阻碍着社会的发展和新文化的建立，兼之战乱频仍、国弱民穷、公共文化设施短缺，文盲率高达 80%，当时全国仅有 55 个公共图书馆、896 个文化馆（站）、21 个博物馆，艺术表演团体 1000 个、场馆 891 个，[①] 而且大多集中在大城市、口岸城市或省会城市。因此，如何提高广大人民群众文化水平并确立马克思主义在新中国文化领域的指导地位这一艰巨的任务，摆在了新生的人民政权面前。在文化改造上，就基本内容而言，"主要是以马克思主义为指导，用无产阶级思想清除地主买办阶级的反动思想，同时批判资产阶级思想"[②]。政务院下设文化教育委员会，作为国家领导文化教育建设的机构，指导文化部、教育部、卫生部、科学院、新闻总署和出版总署的工作，并建立了从中央到地方的各级文化领导管理体制和文化生产体制，为新文化建设提供了制度保障和实践基础。

在党和政府的高度重视之下，新中国的教育文化事业迅速发展。1949 年 12 月 23 日，第一次全国教育工作会议在北京召开。这次会议提出了学校必须向工农开门的方针，确保了广大人民受教育的权益。在全国各地，以扫盲为起点和重点的学文化运动在全国形成热潮，无论城市还是农村，各种识字班、读报组都纷纷建立起

---

① 参见国家统计局国民经济综合统计司：《新中国六十年统计资料汇编》，中国统计出版社 2010 年版，第 78 页。

② 当代中国研究所：《中华人民共和国史稿》第 1 卷，人民出版社、当代中国出版社 2012 年版，第 206 页。

来，男女老少都来学识字，出现了夫教妻、子教父等感人场面，一些地区还出现"三代同学习、一门双模范"的家庭和"父子同窗""夫妻竞赛"等学文化的新气象。此外，党和政府把取缔娼妓制度、开展禁毒运动作为社会改造和文化建设的重要内容重点推进。1949年11月21日，北京市第二届各界人民代表大会通过了《关于封闭妓院的决议》，旋即全市224家妓院被封闭，1300多名妓女获得解放。此后，全国其他城市先后取缔当地所有妓院，经过短短一年多时间，全面废除娼妓制度，大大净化了社会文化环境。同时，党和政府广泛开展禁毒运动，经过短短两年时间，迅速清除了在中国延续百年的吸毒贩毒顽疾，创造了世界禁毒史上的一个奇迹。

此外，马克思主义的研究宣传教育也更加系统化、科学化。党和政府注重发展高等艺术院校、中等艺术学校，大力培养艺术人才；进行学校课程改革，重视用马克思主义理论教育引导广大青年学生，高校开设"辩证唯物论与历史唯物论""新民主主义论""政治经济学"等课程，后改为"马列主义基础""中国革命史"课程。1953年1月29日，毛泽东签批了关于成立中共中央马恩列斯著作编译局的决定，一大批马克思主义经典著作得到有计划地翻译出版。1954年，中共中央批准成立中国科学院社会科学部，大力发展马克思主义指导下的哲学社会科学。组织编译马克思、恩格斯、列宁、斯大林全集，出版了《毛泽东选集》。据统计，自1949年到1952年底，马克思、恩格斯重要著作中译本共出版33种，合计313.7万册。马克思主义相关著作的出版，对于促进党员干部学会用马克思主义立场和观点来分析和解决问题、及时应对治国理政过程中出现的各种复杂情况，有着极其重要的指导作用。此外，根据有关统计，从1949年10月到1955年12月，共计翻译出版各国书籍12155种18853.8万册。其中苏联的有10017种，人民民主国家的有 620 种，美国的有 562 种。值得注意的是，奥斯特洛夫斯基的《钢铁是怎样炼成的》译成中文后，一版一次就印行 50 万册，后来多次再版。《卓娅和舒拉的故事》《拖拉机站站长和总农艺师》的印数曾分别达到 134 万册和 124 万册，这在一定程度上反映了当时国民对苏联社会主义文化的极大兴趣。1953 年，《新华字典》第一部出版。1956 年 6 月，标点本《资治通鉴》正式出版。凡此等措施，大大促进了新民主主义文化建设。

除了逐步确立马克思主义在新中国文化领域的指导性地位，如何批判地继承历史文化遗产也是中国共产党人在探索马克思主义时代化过程中所遇到的一个重要问题。该问题的产生、认识和对待在当时具有其独特的历史背景。

首先，中国共产党人对马克思主义民族化道路探索的延续。自近代以来，如何对待历史文化遗产的问题就存在所谓的"中国本位文化论"和"全盘西化论"之争。这也是中国共产党自诞生之日起，在中国革命、建设的历史实践中进行马克思主义民族化探索时所面对的一个问题。所谓马克思主义民族化，就是要将马克思主义的基本原理用民族思维进行思考，用民族语言进行表达，用民族形式进行演绎。毛泽东早在 1938 年 10 月发表的《中国共产党在民族战争中的地位》一文中就指出："马克思主义必须和我国的具体特点相结合并通过一定的民族形式才能实现。"[1] 新中国成立后，当时戏曲界围绕京剧存废问题发生了争论。毛泽东提出了"百花齐放、推陈出新"的说法。[2] 在社会主义过渡时期，郭沫若和范文澜两位

---

[1]　《毛泽东选集》第 2 卷，人民出版社 1991 年版，第 534 页。

[2]　参见张启华、张树军：《中国共产党思想理论发展史》下，人民出版社 2011 年版，第 980 页。

史学家在运用马克思主义研究中国古代历史的问题上各执己见、意见相左，毛泽东针对历史学研究提出了"百家争鸣"的观点。这些都是中国共产党人在新民主主义革命和社会主义革命时期，就如何对待历史文化遗产的问题所作的马克思主义民族化探索。进入全面建设社会主义时期后，这方面的探索基于当时的历史背景和时代需要以新的方式出场。

其次，全面建设社会主义的历史新时期对文化建设提出了新要求。经历了1953—1956年的社会主义改造，社会主义革命取得伟大胜利，社会主义制度在我国正式确立，我国迎来了集中全党全国人民力量进行全面建设社会主义的历史新时期。自新中国成立到社会主义建设时期的开启，我国面临的现实国情是群众文化水平普遍偏低、科技文化基础薄弱、文化发展远远滞后于社会主义经济、政治和社会建设现实需要。从工具论的角度来看，社会主义文化建设为全面建设社会主义提供了认知规律、传承知识、启化民智的重要智力支持，夯实了凝聚人心、教化民众、淳化民风的思想文化基石。实际上，社会主义文化建设本身也是全面建设社会主义的重要内容。面对新中国文化底子薄、文化基础弱的困境，如何正确对待历史悠久的文化遗产，充分挖掘并有效利用本土民族文化资源，也就成了这时期开展社会主义文化建设所要面对并解决的重要命题。

最后，社会主义建设时期对苏联文化体制模式的反思。中国共产党人对苏联经验和模式的学习态度之所以会从"以苏为师"转变为"以苏为鉴"再发展为对苏联弊病的批判，其中一个重要缘由是：苏联在对待马克思主义方面出现了机械搬用、盲目套用、教条乱用甚至歪曲利用，苏联在社会主义建设中未能很好地将俄罗斯民族传统文化有机地融合到马克思主义苏联化的过程中。在思想文化领域，苏联实行严格管控的体制模式，文化权力高度集中于领导个人，在文化导向方面强调阶级对抗性和斗争性，在文化管理方面实行格式化和教条化，在文化内容方面坚持政治挂帅。尤其在斯大林时代，意识形态领域保持较为严重的高压态势，苏联的历史文化遗产未能在马克思主义苏联化过程中得到很好的保护、开放和利用。鉴于苏联文化体制方面的弊端，中国共产党人在反思苏联教训的基础上，需要思索自己的社会主义民族文化建设道路。

经过新民主主义革命时期和社会主义革命时期关于民族文化建设方面的历史积累和经验探索，社会主义建设时期中国共产党人提出了一系列关于如何对待历史文化遗产方面的新举措，可以概括为：

第一，坚持"双百方针"，尊重文化学术发展规律。

在新中国成立初期和社会主义过渡时期，毛泽东对京剧、史学等涉及历史文化遗产的问题多次提出过"百花齐放""百家争鸣"的观点。进入社会主义建设时期，面对科学技术水平低、人民群众文化素养弱的历史遗留瓶颈，中国共产党人对如何发展科技、如何正确对待知识分子、如何推动文化繁荣等现实命题进行了深入探讨和科学总结，特别注意对苏联文化体制方面政治打压式做派和简单粗暴式作风所引发的负面效应和惨痛教训有所警觉，为此，适时提出了符合科学性文化规律的"双百方针"。1956年4月28日召开的中央政治局扩大会议，对毛泽东之前所倡议的相关论点进行了充分研究讨论，毛泽东在会上表示："'百花齐放、百家争鸣'，我看这应该成为我们的方针。艺术问题上百花齐放，学术问题上百家争鸣。讲学术，这种学术可以，那种学术也可以，不要拿一种学术压倒一切。"① 毛泽东认为："百家争鸣是诸子百家，春秋战国时代，两千年前那个时候，有许多学说，大家自由争论，我们现在也需要这个。"② 这就正式确立了指导我国文化建设的"双百方针"，为正确对待历史文化遗产问题提供了科学路径和方向指引。

第二，坚持"古为今用"，批判继承传统文化。

对于中国自古以来的历史文化遗产，以毛泽东为代表的中国共产党人坚持用"双百方针"认识和处理，主张用辩证的态度分析和研究古代文化思想和观点内容，既反对全盘迷信、完全吸收，也不主张绝对否定、一味排斥，而是提出辩证继承、有效利用、积极创造。为此，毛泽东在 1960 年曾指出过对待历史文化遗产的科学态度应该是："充分地利用遗产，要批判地利用遗产。所谓中国几千年的文化，是封建时代的文化，但并不全是封建主义的东西，有人民的东西，有反封建的东西。要把封建主义的东西与非封建主义的东西区别开来。"③ 对于利用历史文化遗产的有效方法应该是："我们应当善于进行分析，……应当批判地利用封建主义的文化，我们不能无批判地加以利用。……至于充分利用它们，我们现在还没有做到。古典著作多得很，现在是分门别类地去整理，重新出版，用现代科学观点逐步整理出来。"④ 1964 年毛泽东在给中央音乐学院学生的回信中，就对待历史文化遗产的问题作出了"古为今用，洋为中

---

① 李捷、于俊道主编：《实录毛泽东 3 重整旧山河（1945—1957）》，北京联合出版公司 2018 年版，第 568 页。

② 李捷、于俊道主编：《实录毛泽东 3 重整旧山河（1945—1957）》，北京联合出版公司 2018 年版，第 568 页。

③ 龚育之、逄先知、石仲泉：《毛泽东的读书生活》，生活·读书·新知三联书店2009 年版，第 200—201 页。

④ 龚育之、逄先知、石仲泉：《毛泽东的读书生活》，生活·读书·新知三联书店2009 年版，第 200—201 页。

用"的精辟概括，为中国共产党人将马克思主义与中国优秀传统文化的结合指出了方向性路径。

第三，坚持"洋为中用"，在学习外国的同时坚守中国文化主体性。

对于来自国外的思想文化成果，自近代以来出现过主张全盘西化的民族虚无主义和历史虚无主义的思潮。中国共产党人历来反对文化界这种一味效仿国外的自我矮化与自我殖民的文化投降主义和文化自卑主义。即使是学习和运用从国外传入的马克思主义基本原理，中国共产党人也主张要与中国革命、建设的具体实际相结合，并提出要形成基于民族特点、民族形式、民族内涵的中国特色、中国风格与中国气派。为了将国外文化成果更好地服务于中国人民的需要，就需积极有效挖掘和利用中国历史文化遗产中的有益成果，运用其中的民族品格与民族特性对外来文化进行中国化的转化和本土化的改造。1964 年毛泽东在给中央音乐学院学生的回信中，特别将"洋为中用"与"古为今用"并提，这与他在《同音乐工作者的讲话》中所指出的"向外国人学习是为了今天的中国人"[1]，以及在《论十大关系中》所提出的对于外国文化"必须有分析有批判地学，不能盲目地学，不能一切照抄，机械搬用"[2] 的观点，是完全一致的。

第四，文化建设实践中的曲折。

在社会主义建设时期，中国共产党人在以上方面对历史文化遗产作了卓有成效的马克思主义民族化探索，但与此同时，思想文化领域也出现了"左"倾激进主义思潮。在中共八大前后，中国共产

---

① 《毛泽东文集》第 7 卷，人民出版社 1999 年版，第 82 页。

② 《毛泽东文集》第 7 卷，人民出版社 1999 年版，第 41 页。

党人原本启动了诸多涉及政治、经济、文化和社会领域的建设性探索，但政治领域的整风运动和反右派斗争愈演愈烈并逐渐突破了初衷的边界范围而带来了较为严重的负面后果。这种政治领域"左"的举动也蔓延至思想文化领域，导致了文化虚无主义和文化复古主义交叉肆虐的现象。从文化虚无主义的表现来看，思想文化界出现了对传统文化的过度批判，马克思主义民族化进程受到干扰，文化学术园地教条主义和庸俗主义横行，"一花独放"取代了"百花齐放"。从文化复古主义的表现来看，封建文化中的一些腐朽糟粕死灰复燃。对此，邓小平批评说："从一九五八年批评反冒进、一九五九年'反右倾'以来，党和国家的民主生活逐渐不正常，一言堂，个人决定重大问题，个人崇拜，个人凌驾于组织之上一类家长制的现象，不断滋长。"①

　　总之，在对待历史文化遗产问题方面，中国共产党人进行了积极有益的探索和努力，提出了符合马克思主义基本原理、体现民族特色、富有时代创见的工作思想和工作方针。尽管在这一过程中，对"左"的错误的纠正不够彻底，但中国共产党所提出的"双百方针"以及"古为今用、洋为中用"的理念，是在时代挑战下所作的政策创新和理论创新，具有跨越时空的真理性和科学性。

三、面对时代问题的理论回答

　　以毛泽东为代表的党中央第一代领导集体从新的时代形势和时代特征出发，在新的实践基础上，坚持理论和实践相结合，大胆地

---

　　① 《邓小平文选》第 2 卷，人民出版社 1994 年版，第 329—330 页。

进行理论创新，与时俱进地提出了一系列马克思主义新理论，回应和指导了社会主义改造、调动一切积极因素建设社会主义、走中国工业化道路、正确认识和处理社会主义社会矛盾和新中国的外交战略等一系列时代新问题，大力地推进了马克思主义时代化，使中国马克思主义保持旺盛的生命力、创造力。

（一）社会主义改造理论

为了促进从新民主主义社会向社会主义社会过渡，并为之创造有利条件，以毛泽东为代表的中国共产党人创造性地提出了社会主义改造理论。这一理论旨在进一步适应新时代、新形势、新要求，以推动中国社会转型和建立社会主义社会，是对马克思主义社会发展理论的重要创新，是中国马克思主义者积极主动推进马克思主义时代化的重要成果。

新中国成立初期，在新民主主义社会理论的指导之下，经过三年多的努力，我国政治、经济、社会各方面都发生了巨大变化。据统计，1949 年新中国成立时，人均国民收入为 66 元，经过三年的恢复和发展，到 1952 年时，人均国民收入增长到了 102 元，增长率为 62.5%。[①] 与此同时，新民主主义社会中的社会主义因素快速增长，超过原来的预期，公私经济所占比重发生根本性变化，国营工业的发展远远超过私营工业。中国资本主义工商业虽发展很快，但由于其自身力量的弱小，发展困难，党和国家为帮助其克服困难而采取了国家资本主义的措施，实际上也就开始了对其进行改造的过程，加深了它们同社会主义国营经济之间的联系。社会主义工业和

---

① 参见国家统计局：《中国统计年鉴（1984）》，中国统计出版社 1984 年版，第 20—25 页。

商业发展更快。1952 年， "工业中，私营占 32.7%，国营占 67.3%，是三七开；商业零售是倒四六开"①。这样，新民主主义社会已经进入一个新的发展阶段即准备向社会主义过渡的阶段。这时，党和政府顺应了这个历史趋势，毛泽东及时因势利导，正确引导过渡，保证了社会主义革命进一步发展的明确方向。1953 年 12 月，中共中央宣传部起草了关于党在过渡时期总路线的学习宣传提纲，毛泽东在审阅修改时，将过渡时期总路线的完整表述最后确定下来："从中华人民共和国成立，到社会主义改造基本完成，这是一个过渡时期。党在这个过渡时期的总路线和总任务，是要在一个相当长的时期内，逐步实现国家的社会主义工业化，并逐步实现国家对农业、对手工业和对资本主义工商业的社会主义改造。"② 之后，中共中央批准了中央宣传部制定的《为动员一切力量把我国建设成为一个伟大的社会主义国家而斗争——关于党在过渡时期总路线的学习和宣传提纲》。党中央适时提出过渡时期总路线在很大程度上调动了广大人民群众进行社会主义改造的积极性，这也是社会主义改造能够加快进行、提前完成的重要社会基础。

在对农业的社会主义改造方面，党和政府高度重视农村、农业和农民。中国作为农业大国，农业的社会主义改造直接关系到广大农村农民的根本利益，关系到社会主义革命的成败与否。改造的核心问题是所有制。1953 年 10 月 15 日，毛泽东在关于农业互助合作的一次谈话中指出："个体所有制的生产关系与大量供应是完全冲突的。个体所有制必须过渡到集体所有制，过渡到社会主义"，"总

---

① 薄一波：《若干重大决策与事件的回顾》上，中共中央党校出版社 1993 年版，第 213 页。

② 《毛泽东文集》第 6 卷，人民出版社 1999 年版，第 316 页。

路线也可以说就是解决所有制的问题"。[1] 为此，一切从实际出发，坚持走群众路线，进行农业社会主义改造。首先，积极引导农民组织起来，走互助合作道路。其次，遵循自愿互利、典型示范和国家帮助的原则，以互助合作的优越性吸引农民走互助合作道路。再次，正确分析农村的阶级和阶层状况，制定正确的阶级政策。最后，坚持积极领导、稳步前进的方针，采取循序渐进的步骤。农业社会主义改造大体上经历了互助组、初级社和高级社三个发展阶段。1953 年 6 月 15 日，毛泽东在中央政治局会议上强调，发展互助合作运动，不断地提高农业生产力，这是党在农村中工作的中心。1955 年 5 月 17 日，毛泽东在中央召开的十五省市委书记会上关于农业合作化问题的讲话中强调，发展合作社的原则是自愿互利，同时要加强对农业社会主义改造的领导，"对于农村的阵地，社会主义如果不去占领，资本主义就必然会去占领"[2]，"要主动，不要被动；要加强领导，不要放弃领导"[3]。

在对手工业的社会主义改造方面，党和政府采取了积极领导、稳步前进的方针。在方法步骤上，从供销合作入手，逐步发展到走生产合作的道路。具体来说，手工业的社会主义改造经历了由小到大、由低级到高级的三个步骤：第一步是办手工业供销小组，第二步是办手工业供销合作社，第三步是建立手工业生产合作社。当时首先组织起来的，是以革命积极性最高的手工业失业工人和贫苦的独立手工业劳动者为主体，选择同国计民生关系最密切的棉织、针织、服装鞋帽、铁木农具、建筑材料、木材加工、食品加工、造纸

---

[1] 《毛泽东文集》第 6 卷，人民出版社 1999 年版，第 301 页。
[2] 《毛泽东文集》第 6 卷，人民出版社 1999 年版，第 299 页。
[3] 《毛泽东文集》第 6 卷，人民出版社 1999 年版，第 439 页。

等行业为重点，组织了第一批手工业合作社。根据有关统计，到
1954 年底，全国手工业合作社（组）发展到 4.1 万多个，拥有社
（组）员 113 万多人［另有自发组织的社（组）员 113 万人，相当
于合作社（组）员的总数］，全年产值 11.6 亿元。毛泽东于 1955
年 7 月 31 日在省、市、自治区党委书记会议上的报告、于 10 月 4
日在党的七届六中全会（扩大）上的讲话，促使手工业改造也逐步
掀起了高潮。1955 年 6—12 月半年内，全国手工业合作组织从 4.98
万多个发展到 6.46 万多个。社（组）员从 143.9 万多人发展到
220.6 万多人，增加了 53.3%。1956 年底，全国组织起来的手工业
合作社（组）经过调整为 9.91 万个，社（组）员达到 509.1 万人，
占全部手工业从业人员的 92%。1956 年产值比 1955 年增长
15.61%，其中集体手工业产值比 1955 年增长 2.68 倍。至此，中国
手工业基本上实现了从个体经济到集体经济的伟大变革，初步建立
起了新型的社会主义集体工业经济。

在对资本主义工商业的社会主义改造方面，党和政府高度重视
妥善处理与民族资产阶级的关系。对资本主义工商业的社会主义改
造经历了三个步骤：第一步主要实行初级形式的国家资本主义，第
二步主要实行个别企业的公私合营，第三步是实行全行业的公私合
营。国家资本主义是一种灵活的形式，是为了确立社会主义全民所
有制而采用的一种灵活的形式。1953 年 7 月 29 日，毛泽东在中央
政治局扩大会议上指出，在过渡时期，我们对私营资本主义工商业
的改造必须通过国家资本主义逐步过渡到社会主义。在他看来，国
家资本主义不是只有公私合营一种形式，而是有各种形式。一个是
"逐步"，一个是"各种"。这就是逐步实行各种形式的国家资本主
义，以达到社会主义全民所有制。公私合营、全部出原料收产品的
加工订货和只收大部分产品，是国家资本主义在私营工业方面的三

种形式。总的来说，"经过国家资本主义完成对私营工商业的社会主义改造，是较健全的方针和办法"①。邓小平高度评价道："我国资本主义工商业社会主义改造的胜利完成，是我国和世界社会主义历史上最光辉的胜利之一。"②

1956年底，对农业、手工业和资本主义工商业的三大改造基本完成。据统计，1956年6月，全国1.2亿农户中，加入农业生产合作社的已经有1.1亿户，占农户总数的91.7%，其中有3500万户加入了初级合作社，有7500万户即大多数加入了高级合作社。全国个体手工业者参加了各种不同形式的生产合作组织，加入手工业生产合作社、生产小组或者供销生产合作社的，已经占个体手工业从业人员总数的90%。全国资本主义工商业也已基本实现了全行业的公私合营。另据统计，到1956年底三大改造完成时，国民收入总额已经比1949年新中国成立时增加了13.9%，农业增加值达8.2%，工业增加值达27.1%，居民生活水平得到显著改善和提高。③ 我国的社会主义改造取得了历史性的胜利，但也出现了一些失误和偏差，比如在指导思想上急于求成、不够谨慎，在工作方法上过于简单化。但是，必须指出的是，党在实际工作过程中曾对这些问题有所觉察，对某些失误和偏差也做过纠正。总的来说，瑕不掩瑜，我们不能因为出现这些失误和偏差而否定整个社会主义改造的伟大意义。邓小平对此高度评价道："建国头七年的成绩是大家一致公认的。我们的社会主义改造是搞得成功的，很了不起，这是毛泽东同

---

① 《毛泽东文集》第6卷，人民出版社1999年版，第291页。

② 《邓小平文选》第2卷，人民出版社1994年版，第186页。

③ 参见孙健：《20世纪的中国——走向现代化的历程（经济卷1949—2000）》，中国统计出版社1984年版，第170页。

志对马克思列宁主义的一个重大贡献。"① 社会主义改造的伟大胜利为当代中国的一切发展奠定了重要基础。

（二）调动一切积极因素建设社会主义的思想

1956 年 4 月 25 日，毛泽东在中央政治局扩大会议上作了《论十大关系》的重要讲话，这标志着中国共产党独立探索中国社会主义建设道路的良好开端。《论十大关系》是在中共中央政治局广泛听取了中央工业、农业、运输业、商业、财政等 34 个部门工作汇报的基础上，由毛泽东集中概括而成的伟大著作，是党中央领导集体的智慧结晶。顾名思义，文如其题，《论十大关系》分别论述了十个问题。对此，文章开宗明义地指出，这十个问题都是围绕着一个基本方针而展开的，这就是"要把国内外一切积极因素调动起来，为社会主义事业服务"②，而这也意味着调动一切积极因素建设社会主义这一思想的正式提出。

首先，提出调动一切积极因素建设社会主义的思想有其历史经验。在提出调动一切积极因素为社会主义事业服务的这一方针后，《论十大关系》紧接着提到："过去为了结束帝国主义、封建主义和官僚资本主义的统治，为了人民民主革命的胜利，我们就实行了调动一切积极因素的方针。现在为了进行社会主义革命，建设社会主义国家，同样也实行这个方针。"③ 由此可见，"调动一切积极因素"是党在新民主主义革命实践的过程中就已逐渐形成的历史经验。早在中国共产党成立之时，党的第一个纲领就明确要"把工农劳动者

---

① 《邓小平文选》第 2 卷，人民出版社 1994 年版，第 302 页。
② 《毛泽东文集》第 7 卷，人民出版社 1999 年版，第 23 页。
③ 《毛泽东文集》第 7 卷，人民出版社 1999 年版，第 23 页。

和士兵组织起来，并承认党的根本目的是实行社会革命"①；其后，中共二大确立了中国革命分两步走的战略，取消了不与其他党派建立任何联系的规定；中共三大则进一步以"党内合作"的方式，形成了以国共合作为基础的统一战线。党在新民主主义革命阶段，正是这样一步一步地团结一切可以团结的力量，调动一切有利因素，不断结成更广泛的统一战线，壮大革命的队伍，孤立革命的敌人，并最终赢得革命的胜利。可以说，调动一切积极因素建设社会主义的思想，是在新的历史条件下对革命时期统战工作经验的合理继承。

其次，提出调动一切积极因素建设社会主义的思想有其现实需要和条件。随着中国人民梦寐以求的社会主义制度的确立，我国的阶级关系发生了根本性的变化。不仅作为剥削阶级的官僚资产阶级和封建地主阶级早已被消灭，而且民族资产阶级在经过社会主义改造之后也成为社会主义劳动者，"至此从总体上中国已经没有了剥削阶级，也由此消除了阶级之间的对立"②。一方面，作为领导人民掌握全国政权并长期执政的党，所要面对的是包括过去作为革命对象而要将其推翻的阶级成员在内的全体民众，这就要求党不能仅仅停留在"破"的革命思维，继续一味地强调阶级斗争，而应当从"立"的建设目的出发，团结一切可以团结的力量，充分发挥社会主义制度组织人民、凝聚人民的磅礴力量，同心勠力为建设一个强大的社会主义新中国而奋斗。另一方面，从当时党所占据的统治地位和人民的拥护程度来看，党已经具备绝对的政治动员优势，这就

---

①　中共中央党史研究室、中央档案馆编：《中国共产党第一次全国代表大会档案文献选编》，中共党史出版社 2015 年版，第 3 页。

②　罗平汉：《从"调动一切积极因素"到"构建和谐社会"——中国共产党从革命党到执政党的角色转换》，《新视野》2008 年第 5 期。

使得面对党的压倒性政治优势的反动力量，亦较有可能从消极的因素转化成为建设社会主义的积极因素。也就是说，调动一切积极因素为社会主义服务不仅必要，而且可能。

最后，提出调动一切积极因素建设社会主义的思想还与总结苏联的经验教训有关。毛泽东在发表《论十大关系》重要讲话的半个月以前，审阅了《人民日报》编辑部的文章《关于无产阶级专政的历史经验》，并对其加写了几段文字。加写的文字中提到："我们中国共产党人深信，经过苏联共产党二十次代表大会这一次尖锐的批判之后，过去被某些错误政策所严重地压抑了的一切积极因素，必将普遍地活跃起来，苏联共产党和苏联人民将比较过去更好地团结一致，为了建设一个人类从来没有看见过的伟大的共产主义社会和争取全世界的持久和平而奋斗。"[1] 在《论十大关系》正式提出调动一切积极因素为社会主义事业服务的这一方针后，毛泽东亦在文中强调道："特别值得注意的是，最近苏联方面暴露了他们在建设社会主义过程中的一些缺点和错误，他们走过的弯路，你还想走？过去我们就是鉴于他们的经验教训，少走了一些弯路，现在当然更要引以为戒。"[2] 将这两个表述和"把国内外一切积极因素调动起来，为社会主义事业服务"这一方针结合起来看，显然可见，正是由于苏联在建设社会主义过程中犯了一些错误，使得一些积极因素"被某些错误的政策所严重地压抑了"，中共通过苏共二十大深刻地认识到这一经验教训，进而提出了调动一切积极因素建设社会主义的思想。

对于何为国内外的积极因素，毛泽东在《论十大关系》中作了

---

① 《毛泽东文集》第 7 卷，人民出版社 1999 年版，第 21 页。
② 《毛泽东文集》第 7 卷，人民出版社 1999 年版，第 23 页。

具体说明："在国内，工人和农民是基本力量。中间势力是可以争取的力量。反动势力虽是一种消极因素，但是我们仍然要作好工作，尽量争取化消极因素为积极因素。在国际上，一切可以团结的力量都要团结，不中立的可以争取为中立，反动的也可以分化和利用。"① 在毛泽东看来，社会主义建设中的积极因素和消极因素是一对矛盾，双方呈现出既对立又统一的辩证关系。通过毛泽东对各种矛盾的具体分析，并根据矛盾双方的特点，我们可以看到有三类不同的情况：

其一，矛盾双方都是积极的因素。例如，重工业和轻工业及农业、经济建设和国防建设、中央和地方，这些矛盾双方都是社会主义建设所需要的积极的因素，但又彼此存在着差别和对立。在这种情况下，就要妥善处理二者之间的对立关系，充分发掘并调动双方的积极作用，使其相互促进、相得益彰，一同服务于我国的社会主义建设事业。

其二，矛盾双方有一方是积极因素，另一方是消极因素。例如，革命和反革命、是和非（正确和错误）、社会主义和资本主义，这些矛盾双方主要是通过斗争和转化而向前发展的。对于这类矛盾，要调动一切积极因素为社会主义服务，主要有两个途径：一是通过斗争尽可能地克服消极因素，发扬积极因素，从而促进社会主义事业的发展；二是努力促使消极因素转化为积极因素，并且尽力防止积极因素向消极因素逆转。

其三，矛盾双方都是消极因素。例如反动势力之间的矛盾。对于这类矛盾，则可以采取"分化和利用"的办法。1956 年毛泽东在同参加中共八大的拉丁美洲一些党的代表谈及中国共产党的历史经

① 《毛泽东文集》第 7 卷，人民出版社 1999 年版，第 23 页。

验时就指出，要利用帝国主义之间的矛盾去对付买办集团，"我们在抗日战争的时候，就利用英、美和日本的矛盾，首先打倒日本侵略者和依附于它的买办集团。然后，再去反对美、英侵略势力，打倒亲美、亲英的买办集团"①。同年，在省、市、自治区党委书记会议上，毛泽东又提到："帝国主义之间闹，互相争夺殖民地"，"我们可以利用他们的矛盾，这里很有文章可做"。②

调动一切积极因素建设社会主义的思想是在新的历史起点上对马克思主义的统一战线思想、群众路线思想、对立统一思想等思想理论的继承和发展，是党在推进马克思主义时代化进程中所形成的新的思想成果。

第一，如前所述，调动一切积极因素为社会主义服务的思想是对党在革命时期统战工作经验的合理继承，二者有着重要的渊源关系。不过，二者又并不等同。这主要体现在：在话语表述上，相较于形成于革命时期的统一战线思想，讲调动一切积极因素更具有建设时期的时代气息。在对象上，统一战线的对象主要是中间派，其本质是由人构成的阶级、集团、集体，而调动一切积极因素的范围则极广，不限于国内，还包括国外；不限于中间势力，而且对于反动势力这一消极因素仍然要努力使其转化为积极因素；其本质属性亦不限于"人"，而且包括社会主义建设所涉及的各个方面、各类力量、各种条件。

第二，调动一切积极因素建设社会主义的思想是对党的群众路线思想的发展。可以说，尽管在不同的历史时期，中国共产党人所建立的统一战线具有不同的时代内涵，但其在根本上，都是党将人

---

① 《毛泽东文集》第 7 卷，人民出版社 1999 年版，第 134 页。
② 《毛泽东文集》第 7 卷，人民出版社 1999 年版，第 189 页。

民群众组织起来的一种政治形式。调动一切积极因素，团结一切可以团结的力量，其首先要调动的就是人民群众的积极性、创造性，首先要团结的就是人民群众的宏伟力量。在党的第八次全国代表大会预备会议第一次会议上，毛泽东就强调："单有党还不行，党是一个核心，它必须要有群众。我们的各项具体工作，包括工业、农业、商业、文化教育等等工作，百分之九十不是党员做的，而是非党员做的。所以，要好好团结群众，团结一切可以团结的人一道工作。"①

第三，调动一切积极因素建设社会主义的思想还是矛盾对立统一思想在社会主义建设问题上的具体运用。正如上文所分析的那样，为建设和巩固社会主义而需要调动的诸多积极因素中，一种积极因素和另一种积极因素、积极因素和消极因素，双双构成了对立统一的矛盾关系。为了更好地调动一切积极因素为社会主义服务，既要在对立中把握统一，利用矛盾双方相互依存、相互转化的同一性，使积极因素和其他积极因素可以共同发展、相得益彰，同时使消极因素向积极因素转化；又要利用斗争性，把握矛盾双方彼此对立、彼此分离的属性和趋势，克服消极因素，发扬积极因素，并且阻止积极因素向消极因素逆转。

时至今日，调动一切积极因素建设社会主义这一思想仍然具有重要的当代价值。2013 年元旦，习近平总书记在全国政协新年茶话会上指出，要发挥人民政协的重要作用，"最大限度调动一切积极因素，共同致力于实现中华民族伟大复兴"②。在十八届三中全会第二次全体会议上，习近平总书记又提出，我们要"最大限度集中全

---

① 《毛泽东文集》第 7 卷，人民出版社 1999 年版，第 88 页。

② 习近平：《在全国政协新年茶话会上的讲话》，《人民日报》2013 年 1 月 2 日。

党全社会智慧，最大限度调动一切积极因素"①，实现改革的目标任务。在中央党校（国家行政学院）中青年干部培训班开班式上，习近平总书记强调要增强斗争本领，"要团结一切可以团结的力量，调动一切积极因素，在斗争中争取团结，在斗争中谋求合作，在斗争中争取共赢"②。上述这些重要讲话，可以说是调动一切积极因素建设社会主义这一思想在统一战线思想、群众路线思想、对立统一思想等具体思想意涵下的时代化发展。

（三）走中国工业化道路的思想

对世界上的绝大多数国家来说，工业化毫无疑义是衡量一个国家现代化程度的重要标准。同样毫无疑义的是，工业化道路问题对新中国的发展至关重要。从历史上看，中国特色社会主义工业化道路的设想萌芽于土地革命战争时期。在抗战胜利前夕，也就是在中共七届二中全会上，党明确提出了要把中国稳步地从农业国建设成为工业国的伟大设想。特别是在新中国成立后，党在借鉴世界各国工业化经验教训特别是苏联工业化建设经验的基础上，逐步探索出一条符合自身实际情况的社会主义工业化道路，并在其后的社会主义现代化建设实践中不断调整、完善和发展，进而为当代中国特色社会主义伟大事业的一切发展奠定了重要基础。

近代以来，"落后就要挨打"的惨痛历史教训无时无刻不在提醒国人：要实现民族独立、国家富强和人民幸福安康，工业化是必须且不可回避的道路抉择。1945 年，毛泽东在《论联合政府》中明确地指出："没有工业，便没有巩固的国防，便没有人民的福利，

---

① 《习近平关于全面深化改革论述摘编》，中央文献出版社 2014 年版，第 41 页。
② 《习近平谈治国理政》第 3 卷，外文出版社 2020 年版，第 227 页。

便没有国家的富强。一八四〇年鸦片战争以来的一百零五年的历史，特别是国民党当政以来的十八年的历史，清楚地把这个要点告诉了中国人民。"① 即认为工业化关乎国家富强、人民福利，为此就需要全国上下一心，共同发展工业。理所应当，中国共产党把工业化纳入自己的社会建设和发展任务当中。毛泽东进一步指出："在新民主主义的政治条件获得之后，中国人民及其政府必须采取切实的步骤，在若干年内逐步地建立重工业和轻工业，使中国由农业国变为工业国。"② 及至 1949 年 3 月 5 日，毛泽东在中共七届二中全会上的报告中进一步指出："在革命胜利以后，迅速恢复和发展生产，对付国外的帝国主义，使中国稳步地由农业国转变为工业国，把中国建设成为一个伟大的社会主义国家。"③ 也就是正式把实现工业化纳入议事日程，纳入国家发展目标上来，把工业化界定为伟大社会主义国家的一个重要标志。可见，新中国成立后，我们面临的一项迫切任务就是如何加快工业化的步伐，把中国建设成为一个伟大的社会主义国家。但是国民经济的严峻现实不容忽视，并且必须从"一穷二白"的国情出发。根据相关统计，1949 年的中国主要工业产品的产量不仅远低于发达的美国，甚至低于发展中的印度。尤其是朝鲜战争爆发后，国家安全受到严重威胁，重点发展工业特别是重工业，加快工业化步伐的愿望、危机感和紧迫感就更加强烈了。试想没有强大的工业作为国民经济后盾，怎么能够更好地维护国家安全、保护人民呢？

在中国社会主义工业化建设起步时期，刚开始主要是借鉴参照

---

① 《毛泽东选集》第 3 卷，人民出版社 1991 年版，第 1080 页。
② 《毛泽东选集》第 3 卷，人民出版社 1991 年版，第 1081 页。
③ 《毛泽东选集》第 4 卷，人民出版社 1991 年版，第 1437 页。

苏联的社会主义建设经验特别是他们的工业化发展模式。当时中国共产党人清醒地意识到，苏联的经验对新中国有积极和直接的示范意义，苏联的工业化及其社会主义建设所取得的巨大成就，充分彰显了社会主义制度集中力量办大事的优越性，尤其是通过优先发展重工业，迅速建立起以强大的重工业为重要特征的工业体系，进而为工农业生产提供各种必要的装备，使现代工业成为整个国民经济的主导和支柱，这对于推进新中国的工业化和国家现代化都具有重要的价值。特别是，由于重工业不仅是一个大国完整工业体系的重要基础，而且是国家安全的重要保障，优先发展重工业也是为了保卫国家、保卫人民的需要。1951 年春，新中国着手编制国民经济的第一个五年计划时，就已经开始研究实施优先发展重工业的方案，因为从直观上看，优先发展重工业的一个好处就是能够迅速撑起这个国家工业体系的主轴。1951 年 12 月，毛泽东对优先发展重工业的方针问题提出了初步设想："从一九五三年起，我们就要进入大规模的经济建设了，准备以二十年时间完成中国的工业化。完成工业化当然不只是重工业和国防工业，一切必要的轻工业都应建设起来。为了完成国家工业化，必须发展农业，并逐步完成农业社会化。但是首先重要并能带动轻工业和农业向前发展的是建设重工业和国防工业。"① 即认为发展重工业有利于促进轻工业、农业现代化。1952 年 9 月，经过多次研究论证，中共中央最终确定了以发展重工业为重点的指导思想。这年 12 月 22 日，中共中央在《关于编制一九五三年计划及五年建设计划纲要的指示》中指出："工业化的速度首先决定于重工业的发展，因此我们必须以发展重工业为大规模建设的重点。"根据这一指示，中央制定的"一五"计划最终

① 《毛泽东文集》第 6 卷，人民出版社 1999 年版，第 207 页。

确定了优先发展重工业的战略方针，在优先发展重工业的同时，力求使工业和农业、重工业和轻工业之间的发展保持适当比例。1953年，我国正式确立了优先发展重工业的战略。1953—1957年，新中国实行了"一五"计划，这是我国工业化战略实施和发展的重要开端。"一五"计划的重要目标就是要优先发展重工业，争取早日实现工业化。"一五"计划推动工业较快发展，奠定了中国工业化的基础。按照不变价格计算，"一五"时期中国工业生产的年均增长速度为19.8%，这个速度与苏联在第一个五年计划全部工业平均每年递增的速度差不多，但比其他社会主义国家要高。据统计，以1950年为基数，其他社会主义国家到1955年的每年平均增长速度为：波兰16.2%、捷克10.5%、匈牙利15%、民主德国13.6%、罗马尼亚16.6%、保加利亚13.8%，这些国家的年均增速均低于中国"一五"时期的工业发展速度。再拿中国与资本主义国家比较，"一五"计划实施时期，我国工业生产的增长速度也要快得多。以钢铁工业为例，根据有关统计，中国达到年产500万吨钢用了5年，而美国用了12年、英国用了23年、法国用了26年。中国重要工业产品在世界所处的位次也有了显著的提升，迅速缩小了与世界工业大国的差距，极大地提高了我国的综合国力。

值得注意的是，"一五"计划执行的头几年总体是顺利的，但是也开始暴露出一些问题，主要是农业、轻工业发展滞后。从1956年2月中旬到4月下旬，毛泽东在一个多月的时间里广泛听取了34个部门负责人的工作汇报，对我国社会主义建设的实际情况进行了一次较为深入的调查研究。在进行广泛调查研究之后，毛泽东于同年4月25日在中央政治局扩大会议上作了《论十大关系》的报告。《论十大关系》的发表，标志着中国独立探索社会主义建设道路的良好开端。毛泽东在文中多次提到苏联的经验教训，或以苏联为对比，强调我们要和苏联有所区别，走自己的路。后来，他在《十年总结》中谈道："前八年照抄外国的经验。但从一九五六年提出十大关系起，开始找到自己的一条适合中国的路线。"①《论十大关系》一共论述了十个问题，分别是：（1）重工业和轻工业、农业的关系；（2）沿海工业和内地工业的关系；（3）经济建设和国防建设的关系；（4）国家、生产单位和生产者个人的关系；（5）中央和地方的关系；（6）汉族和少数民族的关系；（7）党和非党的关系；（8）革命和反革命的关系；（9）是非关系；（10）中国和外国的关系。与《关于正确处理人民内部矛盾的问题》相对侧重论述政治和思想文化方面的问题不同，《论十大关系》所侧重的是经济领域的问题，其前五个部分都是在讨论如何从经济工作的各个方面调动各种积极因素建设社会主义。毛泽东在后来也表示："在十大关系中，工业和农业，沿海和内地，中央和地方，国家、集体和个人，国防建设和经济建设，这五条是主要的。"② 而这五点，可以说实际上也是在思考如何开辟一条有别于苏联的社会主义工业化道路的问题。

走中国工业化道路，必须处理好重工业和轻工业、农业的关系。重工业和轻工业、农业的关系不仅是《论十大关系》中首先论述的第一大关系，而且在《关于正确处理人民内部矛盾的问题》一文中，毛泽东明确提出中国工业化道路的问题时也指出："工业化道路的问题，主要是指重工业、轻工业和农业的发展关系问题。"③ 首先，要把重工业作为我国经济建设的重点，优先发展生产资料的生产，逐步建立独立的、比较完整的基础工业体系和国防工业体

---

① 《建国以来毛泽东文稿》第 9 册，中央文献出版社 1996 年版，第 213 页。

② 《毛泽东文集》第 7 卷，人民出版社 1999 年版，第 370 页。

③ 《毛泽东文集》第 7 卷，人民出版社 1999 年版，第 240—241 页。

系，这是维护国家独立、统一和安全的必然要求。其次，又不能片面地发展重工业而忽视轻工业和农业的发展。兼顾轻工业和农业的发展，不仅能保障人民生活的需要，而且从长远来看，也能使重工业发展的基础更加稳固。再次，要以农业为基础，以工业为主导。把农业作为国民经济的基础，是毛泽东探索中国工业化道路的重要立足点。毛泽东从六个方面揭示了农业对于工业的基础化意义：第一，农业关系到农村 5 亿人口的吃饭问题；第二，农业也关系到城市和工矿区人口的吃饭问题；第三，农业是轻工业原料的重要来源；第四，农村是重工业的重要市场；第五，现在出口的物资主要是农产品；第六，农业发展起来可以为工业提供更多资金。① 最后，安排国民经济要以农、轻、重为序。1959 年，针对"大跃进"片面发展钢铁工业导致国民经济比例失调的问题，毛泽东提出："过去安排是重、轻、农，这个次序要反一下。"②

走中国工业化道路，要处理好沿海工业和内地工业的关系。由于旧中国具有半殖民地的性质等因素，过去我国工业的 70% 集中在沿海城市地区，内地仅占 30%。而在国民经济恢复和"一五"计划期间，由于朝鲜战争和国际局势的相对紧张，我国新规划建设的工业项目则又大多数安排在内地。基于上述两方面的情况，第一，新建的工业项目大部分应该摆在内地，以使国内的工业布局进一步平衡，并且利于备战。第二，也要好好利用沿海工业的原有基础。由于新的战争在短时间内估计打不起来，所以可以考虑充分利用沿海的工业基地，这样也可以使我们更有力量来支持内地工业的发展。

走中国工业化道路，要处理好经济建设和国防建设的关系。经

---

① 参见《毛泽东文集》第 7 卷，人民出版社 1999 年版，第 199 页。

② 《毛泽东文集》第 8 卷，人民出版社 1999 年版，第 78 页。

济建设和国防建设，是关系国家安全与发展的一对重要矛盾。新中国成立初期，由于面临外部帝国主义和反动势力的威胁，出于巩固新生政权的需要，我国十分重视在国防建设上的投资，"一五"计划期间，军政费用就占了国家预算全部支出的30%。但是从长期来看，国防建设要想取得长远且稳定的进步，就必须依靠经济建设的长足发展。因此，在新的战争短时间内打不起来这样相对缓和的国际局势下，就应当把军政费用降到一个合适的比例，增加经济建设的费用。这样就可以多开一些工厂、多造一些机器，经过一段时间，"我们就不但会有很多的飞机和大炮，而且还可能有自己的原子弹"①。

走中国工业化道路，要处理好国家、生产单位和生产者个人的关系。根据当时的生产单位可主要划分为工厂和合作社，相应地生产者个人可分为工人和农民这一状况，国家、生产单位和生产者个人这三者之间的关系，具体而言又包括国家和工厂、国家和工人、工厂和工人、国家和合作社、国家和农民、合作社和农民这6对二者之间的关系。要处理好这些关系，总的原则就是统筹兼顾，"不能只顾一头"，"无论只顾哪一头，都是不利于社会主义，不利于无产阶级专政的"②。

走中国工业化道路，要处理好中央和地方的关系。这里具体又包括解决好中央和地方的矛盾、解决好地方之间的矛盾。对于中央和地方的矛盾，在我国社会主义建设刚起步的当时，应该注意的是在巩固中央统一领导的前提下，扩大一点地方的权力，给地方更多独立性、自主性，这样才能发挥中央和地方的"两个积极性"。至

① 《毛泽东文集》第7卷，人民出版社1999年版，第27页。
② 《毛泽东文集》第7卷，人民出版社1999年版，第30—31页。

于地方和地方的关系问题又包括两个方面：一是类似于省市和地、县、区、乡之间这样的地方的上下级关系，二是类似于省市和省市之间这样的地方的平级关系。对于地方的上下级关系，上级行政区域要注意在维护必要的统一性的前提下让下级行政区域有更多合理的独立性。对于地方的平级关系，则要提倡顾全大局、互助互让的原则。

除了毛泽东以外，刘少奇、周恩来、朱德、邓小平、陈云等中央领导人也对走中国工业化道路的相关问题有过诸多思考。例如，朱德提出的要注意发展手工业和农业多种经营的思想，陈云提出的"三个主体、三个补充"的设想，等等，这些都是党在根据我国实际和经验教训探索中国工业化道路进程中所形成的宝贵思想成果，是党关于走中国工业化道路思想的重要组成部分，其中不乏一些颇有远见的认识，对于当前推动新时代新型工业化向前发展仍有重要的启迪意义。

（四）正确认识和处理社会主义社会矛盾的思想

经过新中国成立初期的三年恢复，随着农业、手工业和资本主义工商业的社会主义改造基本完成，中国实现了从新民主主义社会到社会主义社会的顺利过渡，此时，国内的社会矛盾和阶级关系发生重大变化，无产阶级和封建地主阶级、官僚资产阶级、民族资产阶级等剥削阶级之间的矛盾已被基本解决。那么，社会主义制度建立起来之后，社会主义社会是否还存在矛盾？如果存在，是什么样的矛盾？对于这些矛盾又该如何处理和解决？这是党和国家工作重心由革命转向建设时所要面对的重大问题。

对于这些问题，马克思、恩格斯由于没有经历过建设社会主义社会的实践，因此并未给出具体的答案。后来，列宁从俄国的实际出发，明确了社会主义社会存在矛盾。1920年，列宁在批注和评论布哈林的《过渡时期经济学》一书时提到："对抗和矛盾完全不是一回事。在社会主义下，对抗将会消失，矛盾仍将存在。"① 这一表述实质上揭示了区别于以往阶级矛盾的另一种矛盾，即非对抗性质的矛盾，这是对马克思主义社会矛盾学说的重大发展。但在列宁的著作中，还没有对社会主义社会的矛盾作专门而系统的分析和研究。列宁逝世后，斯大林担负起领导苏联社会主义建设的重任。斯大林对社会矛盾的认识以1936年苏联新宪法宣布已经建成社会主义为界分为两个阶段。在前一个阶段，斯大林承认过渡时期社会主义国家存在矛盾，而在苏联宣布建成社会主义后，斯大林则在一个较长的时期内否认社会主义社会存在矛盾。1938年，他在《论辩证唯物主义和历史唯物主义》一文中表示，在社会主义制度下，生产关系同生产力的状况是"完全适合"②的。直至他去世的前一年即1952年，斯大林才勉强承认社会主义条件下的生产关系和生产力也有发生冲突的可能，他说："'完全适合'这种说法是不能在绝对的意义上来理解的……应该理解为在社会主义制度下，通常不会弄到生产关系和生产力发生冲突"，"在社会主义制度下，也会有落后的惰性的力量……但是这种力量，当然不难克服，不致把事情弄到冲突的地步"。③ 可见，斯大林对社会主义社会的矛盾问题并未引起足够的重视。实际上，事情并非如他所说"不致弄到冲突的地步"。正是长期未能正确认识和处理苏联社会主义社会的矛盾问题，在苏联的社会主义建设的实践中造成了严重的后果。直至中共八大召开

① 《列宁全集》第60卷，人民出版社1990年版，第281—282页。
② 《斯大林选集》下卷，人民出版社1979年版，第445页。
③ 《斯大林选集》下卷，人民出版社1979年版，第577页。

前后，特别是毛泽东写作《关于正确处理人民内部矛盾的问题》一文以后，社会主义社会矛盾的有关问题才被正确地、系统地认识。

任何思想理论都是时代的产物，正确认识和处理社会主义社会矛盾的思想也如此，这一思想的形成与当时党所面对的世情国情有着密切关系。

在国际方面，苏共二十大和波匈事件①引起毛泽东等党和国家领导人对社会主义社会矛盾问题的反思。1956 年 2 月，苏共二十大召开，赫鲁晓夫在会上作秘密报告，对斯大林进行了全面的无情批判。对此，毛泽东认为赫鲁晓夫"捅了娄子"，但在另一方面则又"揭了盖子"，破除了人们对苏联的迷信，这对于解放思想、对于突破斯大林模式局限和弊端是有好处的。后来，毛泽东在同年 3 月主持起草《关于无产阶级专政的历史经验》一文，以求吸取斯大林的经验教训。毛泽东认为斯大林所犯的一个重要错误就是不承认社会主义社会存在矛盾。经过毛泽东的审阅和修改，4 月《关于无产阶级专政的历史经验》在《人民日报》上发表，文章明确指出社会主义社会仍然存在矛盾："有一些天真烂漫的想法，仿佛认为在社会主义社会中是不会再有矛盾存在了。否认矛盾存在，就是否认辩证法。"② 苏共二十大后不久，东欧就相继发生了波兰事件和匈牙利事

---

① 波兰事件和匈牙利事件，简称波匈事件。1956 年 7 月，波兰统一工人党召开七中全会，提出要加强党和国家政治生活民主化，并准备在八中全会上改组政治局。赫鲁晓夫对此感到警惕，并准备出面干涉波兰的党和国家事务。为抗议苏联的粗暴干涉，波兰人民举行游行示威，波兰事件爆发。之后，苏共改变态度，承认改组后的波兰党中央。后来，匈牙利劳动人民党党内外人士要求效法波兰，走独立发展的社会主义道路，也爆发了大规模的示威游行。在国内外反动势力的乘机煽动下，匈牙利政治形势失控，10 月 30 日，纳吉政府宣布退出华约组织，废除人民民主专政体制，以多党制代之。

② 中共中央文献研究室编：《建国以来重要文献选编》第 8 册，中央文献出版社 1994 年版，第 231 页。

件，再次引起毛泽东对社会主义矛盾问题的思考。1956 年 11 月 4 日，在中央政治局常委扩大会议上，毛泽东指出，《关于无产阶级专政的历史经验》一文现在看来还是对的，但经过波匈事件后，"原来文章所谈的已经不够了，需要再写一篇。根据波匈事件的教训，好好总结一下社会主义究竟如何搞法。矛盾总是有的，如何处理这些矛盾，就成为我们需要认真研究的问题"①。根据毛泽东的指示，胡乔木写出了《再论无产阶级专政的历史经验》初稿。这篇文章同样经过毛泽东的主持讨论和修改，一共八易其稿，最后发表在 12 月 29 日的《人民日报》上。

在国内，首先，社会主义改造完成以后，我国社会的主要矛盾和根本任务发生转变。生产资料私有制的社会主义改造完成以后，革命时期那种大规模的群众阶级斗争已基本结束，新时期的社会主要矛盾由原来的阶级矛盾转为人民内部的矛盾。正如周恩来所指出的，为何毛泽东要在此时提出正确处理人民内部矛盾的问题？——"就是因为我们革命阶段过去了，或者说基本上过去了。"② 由此，新时期的主要任务也相应地由革命转向建设，根本任务由解放生产力变为在新的生产关系下保护和发展生产力。所以，我们就需要处理好生产和分配之间的矛盾、工人和农民之间的矛盾、集体利益和个人利益之间的矛盾等一系列人民内部矛盾，只有这些矛盾得到妥善处理了，才能为生产力的顺利发展提供有力的保障。另外，1956 年下半年国内出现的群众闹事风潮，也暴露出一些严重的问题。1956 年下半年，全国部分地区发生了工人罢工、学生罢课、合作社

---

① 《毛泽东年谱（1949—1976）》第 3 卷，中央文献出版社 2013 年版，第 23 页。

② 薄一波：《若干重大决策与事件的回顾》（修订本）下卷，人民出版社 1997 年版，第 588 页。

社员退社的事件。对于这些新问题，一些共产党员和干部缺乏思想准备，仍习惯以革命式的思维去看待这些事件，以革命时期的工作经验来处理这些矛盾，将群众对政府的批评意见和闹事行为一概视作阶级斗争、敌我矛盾的表现。但实际上，这样解决矛盾的思路如同火上浇油，只会导致矛盾的进一步激化，不利于党内团结以及党和人民群众之间的团结。这要求毛泽东等党和国家领导人跟上形势，转变思路，正确认识和妥善处理日渐突出的人民内部矛盾问题。

经过中共八大对我国社会主要矛盾的正确分析和毛泽东在 1957 年 2 月所作《关于正确处理人民内部矛盾的问题》，对社会主义社会基本矛盾、两类不同性质的矛盾等问题的系统论述，正确认识和处理社会主义社会矛盾的思想得以系统形成。这一思想的主要内容如下：

第一，驳斥"社会主义不存在矛盾"的观点，进而论证"社会主义社会充满矛盾"。

20 世纪 50 年代，国内理论界关于社会主义社会的矛盾问题大致存在三种不同的看法：一是认为社会主义社会不存在矛盾；二是认为社会主义社会可以"找到"矛盾；三是认为社会主义社会同样充满着矛盾。毛泽东是赞成第三种观点的。早在 1937 年，他就在《矛盾论》这一著作中明确指出："没有什么事物是不包含矛盾的，没有矛盾就没有世界。"[①] 这一关于事物矛盾的深刻见解为他后来提出社会主义社会同样存在矛盾的观点奠定了哲学基础。在《关于正确处理人民内部矛盾的问题》一文中，毛泽东进一步强调，对立统一规律是宇宙的根本规律，在自然界、人类社会和人的思维中都普遍存在并起作用。他批评一些人不敢公开承认我国人民内部还存在

---

① 《毛泽东选集》第 1 卷，人民出版社 1991 年版，第 305 页。

着矛盾，不承认社会主义社会还有矛盾，这就"使得他们在社会矛盾面前缩手缩脚，处于被动地位"①。

毛泽东不仅反驳了"社会主义没有矛盾"的观点，而且还进一步论证了"社会主义充满矛盾"。在发表《关于正确处理人民内部矛盾的问题》之前，毛泽东就在 1956 年 12 月给黄炎培的信中提到："社会总是充满着矛盾。即使社会主义和共产主义社会也是如此。"②1957 年 11 月 18 日，他在莫斯科共产党和工人党代表会议上的讲话中再次强调这一点，并明确对关于社会主义社会可以"找到"矛盾的观点表示了反对。他讲道："有些人说社会主义社会可以'找到'矛盾，我看这个提法不对。不是什么找到或找不到矛盾，而是充满着矛盾。没有一处不存在着矛盾。"③ 这些论述表明，毛泽东将矛盾普遍性的观点贯彻到社会主义社会这一历史时期，揭示了在社会主义社会条件下，矛盾仍然具有普遍性。

第二，提出社会主义社会的基本矛盾仍是生产力和生产关系之间的矛盾、经济基础和上层建筑之间的矛盾。

首先，毛泽东确认了社会基本矛盾对于社会主义社会仍然适用的普遍性。毛泽东主持起草的《再论无产阶级专政的历史经验》一文明确指出："马克思列宁主义的辩证法科学告诉我们，任何一种生产关系以及在这种生产关系的基础之上建立起来的上层建筑，都有它的发生、发展和灭亡的过程。生产力发展到一定阶段，旧的生产关系基本上不能再同它相适应；经济基础发展到一定阶段，旧的上层建筑基本上不能再同它相适应……这一规律，以不同的形态适

① 《毛泽东文集》第 7 卷，人民出版社 1999 年版，第 213 页。
② 《毛泽东文集》第 7 卷，人民出版社 1999 年版，第 164 页。
③ 《毛泽东文集》第 7 卷，人民出版社 1999 年版，第 332 页。

用于一切社会。这就是说，也适用于现在的社会主义社会和将来的共产主义社会。"① 其后，《关于正确处理人民内部矛盾的问题》正式明确道："在社会主义社会中，基本的矛盾仍然是生产关系和生产力之间的矛盾，上层建筑和经济基础之间的矛盾。"②

其次，毛泽东揭示了社会基本矛盾的性质在社会主义条件下的特殊性。在毛泽东看来，虽然生产力和生产关系之间的矛盾、经济基础和上层建筑之间的矛盾这一人类社会的基本矛盾仍普遍适用于社会主义社会，但社会主义社会的这些矛盾同旧社会的相比较而言，"具有根本不同的性质和情况"——这就是"又相适应又相矛盾"③。一方面，在社会主义社会，生产关系和生产力、上层建筑和经济基础是相适应的，这是由于我国的社会主义制度比旧社会的制度要优胜得多，社会主义社会的生产关系能够容纳生产力以旧社会所不曾具有的速度迅速发展。另一方面，在社会主义社会，生产关系以及在此基础上建立起来的上层建筑还很不完善，这些有待完善的方面和生产力及经济基础则又是相矛盾的，这就意味着，我国的生产关系和上层建筑还需要改革和调整，以不断适应生产力的发展需要。总的来看，社会主义社会基本矛盾"相适应"的一面占主导地位，"相矛盾"的一面占次要地位。这就使得社会主义社会的矛盾同旧社会的矛盾，例如资本主义社会的矛盾，是根本不同的。资本主义社会的矛盾在根本上是对抗性的，而社会主义社会的矛盾则是非对抗性的。据此，资本主义社会的矛盾不可能由资本主义制度本身来解决，必须通过阶级斗争、通过社会主义革命才能加以解

① 中共中央文献研究室编：《建国以来重要文献选编》第9册，中央文献出版社1994年版，第570—571页。

② 《毛泽东文集》第7卷，人民出版社1999年版，第214页。

③ 《毛泽东文集》第7卷，人民出版社1999年版，第214—215页。

决；而社会主义社会的矛盾，则"可以经过社会主义制度本身，不断地得到解决"①。毛泽东对于社会主义社会条件下基本矛盾"又相适应又相矛盾"的分析，既与斯大林的"完全适合论"划清了界限，也对当时国内出现的"剧烈冲突论"作了有力的回应。

毛泽东的这些论述，把马克思主义矛盾普遍性和特殊性的辩证关系原理与人类社会基本矛盾的理论相结合，科学揭示了社会主义社会的基本矛盾及其性质。1979年，在党和国家已经开启社会主义改革开放新时期之际，邓小平在回应理论工作者关于社会主义社会基本矛盾时仍明确道："关于基本矛盾，我想现在还是按照毛泽东同志在《关于正确处理人民内部矛盾的问题》一文中的提法比较好"，并进一步指出，"从二十多年的实践看来，这个提法比其他的一些提法妥当"。②

第三，阐述了社会主义社会存在两类不同性质的矛盾。

首先，区分了"人民"和"敌人"这两个概念。"人民"既是一个政治范畴，又是一个历史范畴，一般是指占人口绝大多数，并对社会历史发展起推动作用的阶级、阶层和社会集团；而"敌人"则是"人民"的对立面。二者具体内涵会由于在不同的国家、不同的时期而有所不同。毛泽东以我国的情况为例，对此具体分析道："在抗日战争时期，一切抗日的阶级、阶层和社会集团都属于人民的范围，日本帝国主义、汉奸、亲日派都是人民的敌人。在解放战争时期，美帝国主义和它的走狗即官僚资产阶级、地主阶级以及代表这些阶级的国民党反动派，都是人民的敌人；一切反对这些敌人的阶级、阶层和社会集团，都属于人民的范围。在现阶段，在建设

---

① 《毛泽东文集》第7卷，人民出版社1999年版，第213—214页。
② 《邓小平文选》第2卷，人民出版社1994年版，第182页。

社会主义的时期，一切赞成、拥护和参加社会主义建设事业的阶级、阶层和社会集团，都属于人民的范围；一切反抗社会主义革命和敌视、破坏社会主义建设的社会势力和社会集团，都是人民的敌人。"[①] 正是通过对这两个概念的科学区分，毛泽东提出划分敌我矛盾和人民内部矛盾才有了客观的标准。

其次，明确提出社会主义社会具有两类不同性质的矛盾，这就是敌我矛盾和人民内部矛盾。敌我矛盾是根本利益对立基础上的矛盾，是对抗性的矛盾；人民内部矛盾则是根本利益一致基础上的矛盾。人民内部矛盾具体包括工人阶级内部的矛盾、农民阶级内部的矛盾、知识分子内部的矛盾、工人阶级和农民阶级内部的矛盾、工农和知识分子之间的矛盾、劳动人民和民族资产阶级之间的矛盾、民族资产阶级内部的矛盾、人民政府和人民群众之间的矛盾、领导和被领导之间的矛盾，等等。其中，劳动人民之间的人民内部矛盾，是非对抗性的；而剥削阶级和被剥削阶级之间的矛盾，既有非对抗性的一面，也有对抗性的一面。在社会主义条件下，人民内部矛盾一般是非对抗性的，但如果处理得不好，也有可能转化为对抗性的矛盾。

再次，论述了正确处理两类不同性质社会矛盾的基本方法。敌我矛盾和人民内部矛盾由于性质不同，其解决方法亦不相同。毛泽东指出："简单地说起来，前者是分清敌我的问题，后者是分清是非的问题。"[②] 在分清敌我的前提下，对于人民的敌人，要用专政的办法解决敌我之间的矛盾。专政有两个基本作用：一是对内镇压反动阶级、反动派、反抗社会主义革命的剥削者以及那些对社会主义

①　《毛泽东文集》第 7 卷，人民出版社 1999 年版，第 205 页。
②　《毛泽东文集》第 7 卷，人民出版社 1999 年版，第 206 页。

建设的破坏者；二是防御国家外部敌人的颠覆活动及侵略活动。对于人民内部的矛盾，则要用民主的方法加以解决。《关于正确处理人民内部矛盾的问题》中，还对用民主方法解决各种不同的人民内部矛盾提出了一系列方针和原则。其中，解决人民内部矛盾的总方针就是"团结—批评—团结"的方针。具体而言，对于经济领域的人民内部矛盾，实行统筹兼顾、适当安排的方针和厉行节约的方针；对于人民群众和政府机关的矛盾，要坚持民主集中制的原则，既要克服政府机关的官僚主义，也要加强对群众的思想教育；对于科学文化领域的人民内部矛盾，要实行"百花齐放、百家争鸣"的方针；等等。

第四，党的八大正确分析了社会主义改造完成后我国社会主要矛盾的变化。

正如毛泽东在《矛盾论》中所言，"在复杂的事物的发展过程中，有许多的矛盾存在，其中必有一种是主要的矛盾"[1]，"捉住了这个主要矛盾，一切问题就迎刃而解了"[2]。社会主义社会的主要矛盾是在社会主义建设进程中的主导因素，认识、把握并妥善解决这一主要矛盾，是将社会主义建设事业全面推向前进的关键所在。

党的八大以对社会主义改造基本完成后我国阶级关系变化的正确认识为依据，对我国社会的主要矛盾作了总体正确的判断。八大关于政治报告的决议指出，在社会主义改造取得决定性胜利后，"我们国内的主要矛盾，已经是人民对于建立先进的工业国的要求同落后的农业国的现实之间的矛盾，已经是人民对于经济文化迅速发展的需要同当前经济文化不能满足人民需要的状况之间的矛盾。

---

① 《毛泽东选集》第 1 卷，人民出版社 1991 年版，第 320 页。
② 《毛泽东选集》第 1 卷，人民出版社 1991 年版，第 322 页。

这一矛盾的实质，在我国社会主义制度已经建立的情况下，也就是先进的社会主义制度同落后的社会生产力之间的矛盾。党和全国人民的当前的主要任务，就是要集中力量来解决这个矛盾，把我国尽快地从落后的农业国变为先进的工业国"①。

应当说，八大决议关于我国国内主要矛盾实质的提法，有其不够准确之处——"先进的社会主义制度"这一表述，容易使人忽略社会主义的生产关系才刚刚建立起来，虽然它和生产力的发展是基本相适应的，但同时又有待完善，而在这些尚待完善的方面，其和生产力的发展又是相矛盾的。后来，毛泽东在1957年4月谈及八大决议时也说："八大决议关于先进生产关系与落后生产力之间的矛盾的说法，是犯了个错误，理论上是不正确的。"② 但是，八大对于国内主要矛盾和主要任务进行研判的着眼点在于强调生产资料私有制的社会主义改造基本完成的情况下，我国的主要矛盾已从阶级矛盾转化为人民内部的矛盾，国家的主要任务已从革命转变为建设，从建立新的生产关系以解放生产力变为在新的生产关系下保护和发展生产力。对于这一点，毛泽东是认可的，而这也是八大最重要的理论贡献。因此，中共八大关于我国社会主要矛盾的判断总体上是正确的，只是关于主要矛盾实质的具体表述稍欠准确。

党在八大前后所形成的正确认识和处理社会主义社会矛盾的思想，科学揭示了社会主义社会发展的动力，为正确研判和妥善解决社会主义社会的各种矛盾提供了基本的理论依据，时至今日仍然具有重要的理论价值。党的十九大对我国社会的主要矛盾作了重新研

---

① 中共中央文献研究室编：《建国以来重要文献选编》第9册，中央文献出版社1994年版，第341—342页。

② 《毛泽东年谱（1949—1976）》第3卷，中央文献出版社2013年版，第129页。

判："中国特色社会主义进入新时代，我国社会主要矛盾已经转化为人民日益增长的美好生活需要和不平衡不充分的发展之间的矛盾。"① 这一新判断局部修改了此前十一届六中全会作出的关于我国社会主要矛盾的表述，而此前十一届六中全会《关于建国以来党的若干历史问题的决议》中的表述实际上是对八大关于我国社会主要矛盾的表述的承续和凝练。据此，可以说，十九大关于社会主要矛盾的新判断与八大的有关判断是一脉相承的。

（五）和平共处五项原则和"三个世界划分"的思想

在东西方对峙时期，面对国内的新任务和国际的新形势，新中国如何建构起独立自主的外交新战略？对于这一问题，以毛泽东为代表的中国共产党人同样与时俱进，从时代的客观实际出发，提出了三大外交政策、和平共处五项原则、"三个世界划分"等一系列富有洞见的思想。

1. 从三大外交政策到和平共处五项原则

从 1840 年鸦片战争到新中国成立以前，这段时间是中国主权受到西方列强严重侵犯，沦为半殖民地半封建社会的百年苦难史，因此，实现国家主权独立和领土完整是近代中国无数仁人志士梦寐以求的重要目标。从 1949 年上半年开始，以毛泽东为代表的中国共产党人根据当时国际国内形势的变化，先后提出了"另起炉灶""打扫干净屋子再请客""一边倒"三大外交政策及和平共处五项原则。1949 年 10 月 1 日，毛泽东在《中华人民共和国中央人民政府公告》中庄严地向世界宣告，中华人民共和国中央人民政府是代表中华人民共和国全国人民的唯一合法政府，"凡愿遵守平等、互利及互相

---

① 《习近平谈治国理政》第 3 卷，外文出版社 2020 年版，第 9 页。

尊重领土主权等项原则的任何外国政府，本政府均愿与之建立外交关系"①。这些规定充分体现了一个独立的主权国家的本质特点，是中国人民在世界站起来的具体体现，这也是根据我国的历史和现实以及当时的国际环境作出的重大决策，对新中国外交工作的开展产生了深远影响。

"另起炉灶"是毛泽东对 1948 年底至 1949 年初中共中央在外交方面确定的政策思想进行的一番简练而生动的概括。所谓"另起炉灶"，就是建立不同于国民党政府的外交关系，不急于取得帝国主义国家对新中国的承认，必须取消帝国主义在华特权，必须实现中华民族的独立解放。1948 年 11 月 10 日，周恩来为中共中央东北局在如何处理美英领事馆电台等问题上而提出的一种实践应对方案：我们对他们现在的领事应采取不承认，而只承认为普通侨民的方针，领事馆的电台原则上必须由军管会封存代管。在 1949 年 1 月 6—8 日召开的中央政治局会议上，毛泽东肯定了周恩来提出的"不承认"立场，并把这种"不承认"的外交政策形象地称为"另起炉灶"。"另起炉灶"外交政策的制定，为妥善处理夺取天津、北平等大城市后带来的复杂外事问题提供了行动准则和操作办法。外事处依照中央政治局会议的"不承认"外交政策和即将下达的中央外交工作指示精神，处理各种涉外事务。1949 年 1 月 19 日，由周恩来起草并经过毛泽东修改的《中央关于外交工作的指示》下发全党。这一外交指示既阐述了"另起炉灶"的外交政策，又规定了如何处理外交关系、外资关系、对外贸易关系、海关税收、外国传教士以及其他外国经济文化机构和外国人入境等具体政策。在 1949 年 3 月 5 日召开的七届二中全会上，毛泽东进一步强调："不承认国民党时

---

① 《毛泽东文集》第 6 卷，人民出版社 1999 年版，第 2 页。

代的任何外国外交机关和外交人员的合法地位，不承认国民党时代
的一切卖国条约的继续存在，取消一切帝国主义在中国开办的宣传
机关，立即统制对外贸易，改革海关制度……关于帝国主义对我国
的承认问题，不但现在不应急于去解决，而且就是在全国胜利以后
的一个相当时期内也不必急于去解决。我们是愿意按照平等原则同
一切国家建立外交关系的，但是从来敌视中国人民的帝国主义，决
不能很快地就以平等的态度对待我们，只要一天它们不改变敌视的
态度，我们就一天不给帝国主义国家在中国以合法的地位。"① 总的
来说，"另起炉灶"外交政策的实施有利于新中国实施独立自主、
平等的外交原则。

"打扫干净屋子再请客"外交政策实际上可以看作是对"另起
炉灶"政策思想的进一步深化和具体化。所谓"打扫干净屋子再请
客"，指的是清除帝国主义在中国的残余势力，取消帝国主义在华
一切特权，在此基础上与愿遵守和平、民主、平等等原则的国家建
立平等互利的外交关系。简单地说，就是要在彻底清除帝国主义在
中国的控制权及其影响之后，再与外国平等独立建交。

"打扫干净屋子再请客"的提出也有一个过程，这个外交政策
是毛泽东 1949 年初在同斯大林派来的苏共中央政治局委员米高扬会
谈时提出的。1949 年 2 月 1—3 日，在同米高扬正式会谈中，毛泽
东主要介绍了解放战争的情况以及新中国内政方针的设想，同时也
向苏联客人谈了外交方针政策，他深入浅出地解释道："我们这个
国家，如果形象地把它比作一个家庭，它的屋内太脏了，柴草、垃
圾、尘土、跳蚤、臭虫、虱子什么都有，因为被帝国主义的铁蹄践
踏过。解放后，我们必须认真清理我们的屋子，把那些脏东西通通

---

① 《毛泽东选集》第 4 卷，人民出版社 1991 年版，第 1434—1435 页。

打扫一番，好好加以整顿。等屋内打扫清洁，干净，有了秩序，陈设好了，再请客人进来。朋友们走进我们的门，建立友好关系，这是正常的，也是需要的。对我们探头探脑，想把脚踏进我们的屋子里的人是有的……至于帝国主义分子，他们是为了搅浑水，我们不欢迎这样的人来。"①"打扫干净屋子再请客"外交政策旨在服务一个真正独立自主的新中国，为同世界各国建立和发展平等互利合作的外交关系铺平道路，在实践中对新中国外交工作的开展起了十分积极的推动作用。

"一边倒"是毛泽东继"另起炉灶"和"打扫干净屋子再请客"之后的一个新的外交政策思想。如果说"另起炉灶"和"打扫干净屋子再请客"使中国在政治上建立独立自主的外交关系，不受帝国主义压制、不受屈辱旧条约的束缚，进而在外交战线上掌握了主动权，那么"一边倒"方针则在实践上纵深推进了对新中国成立初期国际形势的研判。中国需要和平的国际国内环境来进行社会建设。毛泽东深深意识到："我们在国际上是属于以苏联为首的反帝国主义战线一方面的，真正的友谊的援助只能向这一方面去找，而不能向帝国主义战线一方面去找。"②"积四十年和二十八年的经验，中国人不是倒向帝国主义一边，就是倒向社会主义一边，绝无例外。骑墙是不行的，第三条道路是没有的。"③为此，新中国主动采取和苏联结盟的外交政策。1950年2月14日中苏双方缔结了《中苏友好同盟互助条约》等文件，这个条约标志着新中国"一边倒"外交战略的正式确立。中苏结盟对于有力反击美国的冷战攻势起了

<hr>

① 师哲：《在历史巨人身边——师哲回忆录》（修订本），中央文献出版社1995年版，第379—380页。

② 《毛泽东选集》第4卷，人民出版社1991年版，第1475页。

③ 《毛泽东选集》第4卷，人民出版社1991年版，第1473页。

积极作用。另外，通过这一行动，新中国改善了自己的外部环境，为恢复和发展国民经济、建立和巩固社会主义制度提供了有利条件。1956年，毛泽东针对一些人提出的"可以采取中间立场，站在苏联和美国之间，做个桥梁"的观点，指出这种观点"看起来很好，独立了，其实是不会独立的。美国是不好依靠的，它可能会给你一些东西，但不会给你很多。帝国主义国家怎么会给我们国家吃饱呢？"①

要言之，"一边倒"战略虽然是明确表示新中国站在以苏联为代表的社会主义阵营这一边，但是"一边倒"决不意味着新中国在国际舞台上亦步亦趋地追随苏联而丧失自己的主权独立性，毛泽东对此敏锐地指出："一边倒是和苏联靠在一起，这种一边倒是平等的。"② 这就是说，在社会主义阵营当中，中国始终坚持独立自主和平等的原则。同样，"一边倒"战略也不意味着新中国就不愿意或者不能同美国等西方国家发展平等的外交关系、经贸关系。实际上，当时的"一边倒"战略是新中国独立自主开展外交关系的具体体现，这不仅使自己站稳了脚跟，而且为新中国以后开展对外关系打下了良好基础。特别是在处理新中国同苏联和美国之间的外交关系时，发挥了重要作用。从总的方面来看，"一边倒"战略的制定和实施符合当时我国身处的国际国内背景，也符合当时我们国家的利益和目标，因而是一个成功的外交战略。

1953年12月至1954年4月，中国政府代表团同印度代表团就两国在中国西藏地方的关系谈判时，周恩来逐步提出和平共处五项原则，即互相尊重主权和领土完整、互不侵犯、互不干涉内政、平

---

① 《毛泽东外交文选》，中央文献出版社、世界知识出版社1994年版，第278—279页。
② 《毛泽东外交文选》，中央文献出版社、世界知识出版社1994年版，第278—279页。

等互利、和平共处，并正式写入双方达成的《关于中国西藏地方和印度之间的通商和交通协定》的序言中，他指出："我们相信，中印两国的关系会一天一天好起来。某些成熟的、悬而未决的问题一定会顺利地解决的。新中国成立后就确立了处理中印两国关系的原则，那就是相互尊重领土主权、互不侵犯、互不干涉内政、平等互惠和和平共处的原则。两个大国之间，特别是像中印这样两个接壤的大国之间，一定会有某些问题。只要根据这些原则，任何业已成熟的悬而未决的问题都可以拿出来谈。"[①] 1954 年 6 月，在中印两国总理和中缅两国总理发表的联合声明中，又再次明确共同倡导以"互相尊重主权和领土完整、互不侵犯、互不干涉内政、平等互利、和平共处"为主要内容的和平共处五项原则。1954 年 8 月 11 日，周恩来在中央人民政府委员会第三十三次会议上作外交工作报告时，第一次把"五项原则"概括为"和平共处五项原则"。

探索不同制度之间，主要是社会主义制度和资本主义制度之间的和平共处关系问题，成为新中国外交战线的关键问题，中国共产党人提出的和平共处五项原则为妥善处理不同社会制度之间的国家关系提供了原则准则。1954 年 7 月 7 日，毛泽东在中央政治局扩大会议上指出，同一切愿意和平的国家团结合作，他说："缓和国际紧张局势，不同制度的国家可以和平共处，这是苏联提出来的口号，也是我们的口号……"[②] 8 月 24 日，毛泽东在同英国工党代表团的谈话中提出了这个问题并指出解决不同社会制度之间和平共处这个问题的关键之所在，他说："你们问，我们和你们所代表的社会主义能不能和平共处？我认为可以和平共处。这里发生一个问

---

① 《周恩来外交文选》，中央文献出版社 1990 年版，第 63 页。
② 《毛泽东文集》第 6 卷，人民出版社 1999 年版，第 334 页。

题，难道只能和这种社会主义共处，不可以和别的事物共处吗？和非社会主义的事物，像资本主义、帝国主义、封建王国等能共处吗？我认为，回答也是肯定的。只需要一个条件，就是双方愿意共处。为什么呢？因为我们认为，不同的制度是可以和平共处的。"①10月，毛泽东在同印度总理尼赫鲁的谈话中再次强调，应当把和平共处五项原则推广到所有国家的关系中去，他说："我们在合作方面得到一条经验：无论是人与人之间、政党与政党之间、国与国之间的合作，都必须是互利的，而不能使任何一方受到损害。如果任何一方受到损害，合作就不能维持下去。正因为这个原因，我们的五项原则之一就是平等互利。"②

　　提出并运用和平共处五项原则是新中国成立初期外交工作的巨大成就之一，是对马克思列宁主义国际关系理论的丰富和发展，也是对人类和平与发展事业的伟大贡献。和平共处五项原则在全世界引起了巨大的反响，不仅为广大亚非国家所接受，而且也为世界各国之间的国际关系处理提供了原则。也正因为坚持和平共处五项原则，新中国成立初期在对外关系方面取得了可喜成就，新中国先后同缅甸、尼泊尔、蒙古、巴基斯坦、阿富汗等国解决了历史遗留下来的边界争端问题，并和缅甸、尼泊尔、阿富汗、柬埔寨、印度尼西亚等国先后签订了和平友好条约或互不侵犯条约。也正是由于新中国在处理一切不同社会制度国家之间的相互关系中坚持和平共处五项原则，使新中国在 1951 年 3—10 月先后同瑞典、丹麦、瑞士、芬兰等西方国家建立了外交关系，使得中国外交工作进入了一个历史发展新阶段。

---

① 《毛泽东文集》第 6 卷，人民出版社 1999 年版，第 339 页。
② 《毛泽东文集》第 6 卷，人民出版社 1999 年版，第 364 页。

2. "三个世界划分"的思想

第二次世界大战结束以后，世界政治经济处在由雅尔塔体系所形成的两极格局的主导之下。同时，世界多极化的趋势又开始孕育、萌芽并逐步凸显。这首先体现在战后的民族独立和民族解放运动产生了以中国为代表的一批新兴的独立国家，这些国家的国际地位日渐提高，在国际社会中起着日益重要的作用，并提出自己的利益诉求。此外，两大阵营内部的分化也对两极格局构成了冲击。一方面，随着苏联的大国沙文主义倾向愈发显露，社会主义阵营内的关系开始变得紧张，一些国家谋求挣脱苏联的控制，其中，中苏论战的爆发及其最终导致两国关系紧张就是重要的代表性事件。另一方面，法国等西欧国家反对美国控制的意识也有所强化，1958 年，西欧六国建立经济共同体，法国总统戴高乐主张建立"欧洲人的欧洲"。在这样的时代背景下，毛泽东敏锐地对世界局势变动和国际战略格局进行了深入观察和重新思考，并最终提出了超越意识形态和社会制度界限的"三个世界划分"的思想。

毛泽东关于"三个世界划分"的思想，大致经历了从 20 世纪 40 年代、50 年代的"一个中间地带"思想，到 60 年代的"两个中间地带"思想，最后再到 70 年代正式提出"三个世界划分"思想的发展过程。

"一个中间地带"的思想。毛泽东在 1945 年会见美国记者斯特朗时，首次提出了"一个中间地带"的思想，他说："美国和苏联中间隔着极其辽阔的地带，这里有欧、亚、非三洲的许多资本主义国家和殖民地、半殖民地国家。美国反动派在没有压服这些国家之前，是谈不到进攻苏联的。"[①] 后来，在 1954 年同英国工党代表团

---

① 《毛泽东外交文选》，中央文献出版社 1994 年版，第 59 页。

谈话时，毛泽东又指出，美国首先是希望"占据从日本到英国的这个中间地段"，"美国在北美洲处在这个中间地段的那一边，苏联和中国处在这一边"。① 从这些论述可以看出，这个时候，毛泽东是把国际社会的主要矛盾定位为美国谋求称霸世界和世界各国反对美国称霸之间的矛盾，而苏联则是美国称霸世界最大和最终的对手，中国和苏联有着共同利益，站在反对美国的同一边。"一个中间地带"的思想以反对帝国主义和霸权主义为主旨，以国家力量为标准，将世界结构划分为美、苏两极以及处于这两极中间的广泛地带，其实质上已经揭露了美国这样的谋求世界霸权的国家既和殖民地半殖民地等落后国家之间存在矛盾，也和许多资本主义国家存在着矛盾，由此也在一定意义上揭示了美苏两大势力、欧亚非的资本主义国家、殖民地半殖民地国家这"三种力量"的存在，这实际上就为后来的"三个世界划分"的思想奠定了主旨内核和划分逻辑的基础性框架。

"两个中间地带"的思想。1963 年 9 月 28 日，毛泽东在中共中央工作会议上讲话时指出："我看中间地带有两个，一个是亚、非、拉，一个是欧洲。日本、加拿大对美国是不满意的。以戴高乐为代表的，有六国共同市场，都是些强大的资本主义国家。东方的日本，是个强大的资本主义国家，对美国不满意，对苏联也不满意。东欧各国对苏联赫鲁晓夫就那么满意？我不相信，情况还在发展，矛盾还在暴露。过去几年法国人闹独立性，但没有闹到今天这样的程度。苏联与东欧各国的矛盾也有明显发展，关系紧张得很。"② 1964 年初，在同日本共产党中央政治局委员听涛克己谈话时，毛泽东又讲："中、苏两国之间的关系，还不如中国同日本自由民主党

---

① 《毛泽东外交文选》，中央文献出版社 1994 年版，第 159 页。
② 《毛泽东外交文选》，中央文献出版社 1994 年版，第 506—507 页。

的关系好……是什么原因？就是因为美、苏两国都有核武器，想统治全世界，而自由民主党是受美国控制的。……所以讲到中间地带有两部分：一部分是亚洲、非洲和拉丁美洲的广大经济落后的国家，一部分是指以欧洲为代表的帝国主义国家和发达的资本主义国家。这两部分都反对美国的控制。在东欧各国则发生反对苏联控制的问题。"[1] 不难发现，"两个中间地带"思想相较于此前的"一个中间地带"思想，其变化与发展主要体现在以下几点：一是明确将拉丁美洲纳入"中间地带"之中；二是明确将"中间地带"中的国家作出区分，依照经济实力分为相对落后的亚非拉国家和相对发达的资本主义国家两类，从而为此后将"中间地带"的两类国家区分为"第二世界"和"第三世界"作了铺垫；三是对苏联的态度在中苏交恶的背景下发生了重大变化，此时，在毛泽东看来，苏联已经从原来阻碍美国建立世界霸权所可以依靠的强大力量变成了同美国争霸的危险力量，变成了世界和平的威胁和世界人民的敌人，这是最重要的一个转变，也为后来他正式提出"三个世界划分"的思想时将美苏共同划入"第一世界"埋下了历史的伏笔。

此外，在这个时期，毛泽东还用"第三世界"这一概念来替代他所指的"中间地带"。1964 年 1 月 17 日，毛泽东在会见斯特朗记者等外国朋友时提到："美国现在在'第三世界'都遇到抵抗。第一个'第三世界'是指亚、非、拉。第二个'第三世界'是指以西欧为主的一批资本主义高度发展的、有些还是帝国主义的国家。"[2]

可以说，从"一个中间地带"思想发展到"两个中间地带"思想，"深刻地反映了战后世界格局在 50 年代和 60 年代发生的巨大

---

① 《毛泽东外交文选》，中央文献出版社 1994 年版，第 507—508 页。

② 《毛泽东外交文选》，中央文献出版社 1994 年版，第 514 页。

变化：苏美控制各自盟国的能力大为削弱，两极体系正从内部开始瓦解；'中间地带'力量日益壮大，逐步成为抗衡苏美的国际力量；'中间地带'内部利益多元、矛盾交错。凡此种种，皆使整个世界呈现出多元化、多极化的发展趋势"①。"中间地带"思想的整体性实质就在于，在两极格局的松动和多极化趋势逐渐显露的国际形势下，突出"中间地带"国家在国际社会中的地位和作用，团结"中间地带"国家反对美国和苏联的霸权主义，依靠亚非拉地区相对落后的国家，将其作为反对美苏称霸的主力军，同时争取受到美苏控制和压迫的资本主义国家和社会主义国家，将其作为反对美苏霸权的同盟者。由此，也就从认识上为中国外交开辟了前所未有的广阔舞台。

但是，"中间地带"思想仍带有两点明显的局限："一是这个理论还是以美苏两极对抗的大格局为前提的。不同的只是，它不承认这种格局为世界局势的唯一定势，并提醒人们对于美苏两极之间的广大中间地带给予应有的关注。它在以一个旧的既成事实为前提的同时，又在竭尽全力呼唤着一个新的不断变化着的时代。二是在很长一段时间里，在谈论中间地带时，中国却置身其外。"② 直至毛泽东在20世纪70年代正式提出"三个世界划分"的思想，才真正从理论上克服了这两个缺陷，既突破了两极格局的认知框架，也明确地将中国包含其中。

1974年2月22日，毛泽东在会见赞比亚总统卡翁达时表示："我看美国、苏联是第一世界。中间派，日本、欧洲、澳大利亚、加拿大，是第二世界。咱们是第三世界。""美国、苏联原子弹多，

---

① 石斌：《毛泽东关于世界多极化的思想及其战略意义》，《中共党史研究》2003年第3期。

② 李捷：《世界多极化趋势与毛泽东的三个世界划分理论》，《当代中国史研究》1997年第1期。

也比较富。第二世界，欧洲、日本、澳大利亚、加拿大，原子弹没有那么多，也没有那么富；但是比第三世界要富。""亚洲除了日本，都是第三世界。整个非洲都是第三世界，拉丁美洲也是第三世界。"① 这番讲话标志着毛泽东正式提出了"三个世界划分"的思想。同年4月10日，邓小平在联合国大会第六届特别大会上发言，全面系统地阐释了毛泽东的"三个世界划分"的思想。邓小平提出："从国际关系的变化看，现在的世界实际上存在着互相联系又互相矛盾着的三个方面、三个世界。美国、苏联是第一世界。亚非拉发展中国家和其他地区的发展中国家，是第三世界。处于这两者之间的发达国家是第二世界。"对于美苏这两个第一世界国家，邓小平表示："美国和苏联两个超级大国，妄图称霸世界。""什么叫超级大国？超级大国就是到处对别国进行侵略、干涉、控制、颠覆和掠夺，谋求世界霸权的帝国主义国家。"至于第二世界国家，邓小平则指出它们当中的一些国家至今还对第三世界国家保持着殖民主义的关系，但另一方面它们又都受着第一世界国家的欺负。而广大的第三世界国家也即发展中国家，则同时受着第一世界超级大国和部分第二世界国家的压迫，它们谋求解放和发展的要求也最为强烈。邓小平还在讲话中郑重表示："中国是一个社会主义国家，也是一个发展中的国家。中国属于第三世界。……中国现在不是，将来也不做超级大国。"②

"三个世界划分"思想实现了对此前"中间地带"思想真正意义上的突破和超越，是对马克思主义国际统一战线理论的时代化发

① 《毛泽东外交文选》，中央文献出版社1994年版，第600—601页。
② 《中华人民共和国代表团团长邓小平在联大第六届特别会议上的发言》，《人民日报》1974年4月11日。

展，具有重大的历史意义：

首先，在 20 世纪 70 年代的国际形势和周边局势下，重判中美、中苏关系，明确将苏联与美国齐名划入"第一世界"，突破了两极格局的理论框架，捍卫了国家安全，同时也进一步推动了中美关系正常化。

毛泽东对于中国国家安全的威胁来源有一个动态的认识过程：如果说，20 世纪 40 年代中期至 50 年代中期，中国的国家安全主要受着美帝国主义的威胁，而 50 年代中期至 60 年代末，中国的国家安全受着美国和苏联霸权主义的共同威胁，那么，在 60 年代末至 70 年代初时，苏联霸权主义则取代了美帝国主义，成为毛泽东眼中对中国安全的最大威胁了。这是因为，在这一时期，一方面美国陷于越南战争之中，又面临国内新出现的经济危机，这使其实行战略收缩，从而对中国的威胁也有所减弱；而另一方面，苏联在美苏争霸中处于攻势，且其霸权主义扩张，大幅提升军事力量，加之其地理位置的因素，因此对中国构成了强大的威胁。在这一背景下，毛泽东提出"三个世界划分"的思想，把谋求霸权的苏联明确置于"第一世界"，有助于我国团结一切可以团结的力量，形成最为广泛的国际反霸统一战线，集中对付苏联的霸权主义。而对于美国的态度，则又坚持了原则性和灵活性的统一，既出于对付苏联的需要，利用了美国和苏联之间的矛盾，从而缓和了中美关系；又没有因为这种现实需要而改变对美帝国主义的原则性立场，同样将其归入"第一世界"。这种战略打破了中国两面受敌的困局，有效维护了国家的主权和安全，也为进一步缓和中美关系作了重要贡献。

其次，超越以意识形态和社会制度划分敌我的原有框架，提供了理解世界结构的新思路，也为中国外交拓展了广阔的空间。

毛泽东对于"三个世界划分"标准有两个重要维度：一是国家

实力的维度，即以国家的经济实力和军事实力为标准划分"三个世界"；二是以对帝国主义和霸权主义的态度为标准划分"三个世界"。可以说，这两个维度都是对两极格局旧理论体系下以意识形态和社会制度划界方式的突破，这是在认识境界和思维模型上的一种重要超越。"正是毛泽东超越意识形态和社会制度的设定，赋予了第三世界作为反对霸权统一战线设想的政治弹性，甚至可以将第二世界的发达资本主义国家与第三世界民族独立国家'组织'在新的'合作平台'之上"，"通过利益的相关性和共同性建立利益共同体，建立起更加广泛的反对帝国主义和霸权主义统一战线"。① 尤其是以对霸权主义的态度划界的第二个标准，既点出了"三个世界划分"理论的要旨所在，也为中国国家实力强大起来后的国家身份定位问题留下了阐释空间。

再次，中国明确宣布自己属于第三世界，永远不做谋求霸权的超级大国，为国际社会提供了全新的发展模式，打破了"国强必霸"的传统逻辑，也切实提高了中国的国际声誉。

毛泽东在将中国划为发展中国家、"第三世界"国家时，吸取了苏联谋求扩张和称霸的经验教训，提出了永远不称霸的主张。邓小平在联合国大会第六届特别大会上毫不讳言、理直气壮地表示："如果中国有朝一日变了颜色，变成一个超级大国，也在世界上称王称霸，到处欺负人家，侵略人家，剥削人家，那么，世界人民就应当给中国带上一顶社会帝国主义的帽子，就应当揭露它，反对它，并且同中国人民一道，打倒它。"② 在反对霸权的同时承诺永远

---

① 姜安：《毛泽东"三个世界划分"理论的政治考量与时代价值》，《中国社会科学》2012 年第 1 期。

② 《中华人民共和国代表团团长邓小平在联大第六届特别会议上的发言》，《人民日报》1974 年 4 月 11 日。

不称霸，这反映了毛泽东的外交价值观所强调的是"利益与道德的平衡"①，中国崛起之路是一种在正义原则规约下的发展道路。"中华人民共和国在毛泽东那个时代，基本上奠定了或者说构成了自己作为一个强国的外交伦理，一整套的道德观念。"② 事实上，后来中国所提倡的和平发展论、和平崛起论、负责任大国论等外交价值观，无一不是"三个世界划分"理论所蕴藏的国际正义精神在新的历史条件下的承续和深化。

历史沧桑巨变，时代风云激荡，在东西方对峙的时代背景下，以毛泽东为代表的中国共产党人与时俱进，砥砺前行，在内政外交国防方面提出了一系列创新性的思想观点。应当肯定，这些创新性的思想观点不仅推进了马克思主义的时代化，而且指导中国人民在社会主义革命和建设的实践中取得了可贵的成就。这一时期，我国基本建成了独立的比较完整的工业体系和国民经济体系，建立了巩固的国防，在农田水利、工业、交通运输等方面建立了许多泽被后世的基础性工程，为改革开放后中国在世界上的重新崛起奠定了重要的物质基础。尽管这一时期的理论和实践也出现了失误，但总的来看，这一时期在探索中积累的正确认识，成为改革开放后推进马克思主义时代化的重要理论准备，而在探索中得到的深刻教训，也成为改革开放后推进马克思主义时代化的宝贵经验。

---

① 宫力：《"三个世界划分"理论对当代中国的深远影响》，《中国社会科学》2012年第 8 期。

② 牛军：《毛泽东的外交遗产》，凤凰卫视编著：《世纪大讲堂》，辽宁人民出版社2007 年版，第 138 页。

第四章

和平与发展时代的
马克思主义时代化

　　众所周知，马克思主义时代化，就是要把马克思主义同当前时代的发展、当前时代的特征结合起来，使之能够适应时代需要、把握时代脉搏、回答时代课题。随着东西方对峙时期的结束，世界进入了和平与发展时代。和平与发展的时代主题为马克思主义时代化提供了全新语境和本真推动力。马克思主义时代化发展到一个新的历史阶段。以邓小平、江泽民、胡锦涛、习近平为代表的中国共产党人以高度的理论自觉和理论自信，用马克思主义的宽广眼光观察中国和世界，综合研判新的时代形势，深入剖析新的时代挑战，创造性地探索和回答了和平与发展时代中国改革开放和现代化建设一系列重大的理论和实践课题，标志着马克思主义时代化的重要阶段和重要成果。

一、和平与发展时代形势的综合研判

和平与发展时代具有其自身生成演进的内在逻辑，脉联于各种时代形势及力量的交织演替当中。为此，我们要深刻洞察并综合研判世界范围内所出现的新情况、新问题和新特征，进而把握时代发展的趋势、主旋律与脉搏，才能更好地理解并推进马克思主义时代化的历史进程。

（一）两大阵营冷战格局的新态势

世易时移，世界历史发展至 20 世纪 70 年代中叶，国际局势发生了重大转变，资本主义和社会主义两大阵营从尖锐对立到趋于均衡，在对立中寻求合作，成为冷战格局的新态势。第二次世界大战结束后，英、法、德、日等传统强国元气大伤，美、苏在战争中壮大起来，成长为世界两大新兴超级大国。但这两个大国是对立的大国，分别代表了不同的社会制度和意识形态。急于从战争中恢复的西欧、亚非拉国家不得不寻求这两个超级大国的支持和援助。在此趋势的影响下，世界上诞生了以美国为首的北约组织和以苏联为首的华约组织，形成了前期不乏"热战"的总体冷战格局，两大阵营长期对立与斗争，世界政治经济格局跌宕起伏、变化多端。从 60 年代中期至 70 年代末，美苏关系发生重大转折，两大阵营关系趋于缓和的态势。

第一，美苏综合实力达到基本均衡。苏联在第二次世界大战中遭受入侵，同其他参战国一样，损失十分惨重。美国则是两次世界大战的最大受益国。它与战争双方开展贸易，大发战争横财。尤其是在第二次世界大战中，美国的经济实力、科技实力、军事实力都得到了大幅度提升，从量的积累转向质的飞跃，一跃成为超越英国、法国的最强大的资本主义国家。冷战之初，美国实力胜于苏联。直到60年代末期，情况才发生明显转折。这一时期，西方资本主义爆发周期性的经济危机。美国在这场危机中遭受的冲击尤为严重，面临内外交困局面，例如在越南战争的泥泞中难以自拔，布雷顿森林体系面临瓦解，经济霸主地位大为削弱。尽管立志要"努力从严重衰退中恢复过来的"美国新一任总统卡特采取了多种经济救市措施，但收效甚微，国民经济始终在通胀与滞涨的漩涡中徘徊。与此同时，苏联在战后依靠社会主义制度优势，经济、军事实力得到迅猛发展，逐步赶超美国。根据统计数据，到1970年，苏联经济体量大致达到美国的80%。1969年11月，苏联拥有的洲际弹道导弹数量从五年前的190枚增长为1140枚，略多于美国的1054枚。美国的绝对优势趋于消解，美苏的力量对比趋于均衡。因而，这一时期两国领导人都同意尽最大努力避免军事对抗，赞成双方都削减武力。

第二，资本主义阵容内部产生分化对立。战后很大程度上依靠美国的援助发展起来的一些资本主义国家，逐步转而成为美国在贸易上和政治上强有力的竞争对手。例如，日本在60年代经济取得快速发展，成为资本主义国家中仅次于美国的经济强国，在国际贸易、投资、货币上与美国摩擦不断。此外，日本不断谋求政治上的自主权，不断谋求亚洲霸主地位，如要求美国归还冲绳岛，在亚洲拓展影响力，1966年11月24日东京宣布成立亚洲开发银行，不断挤压美帝国主义的活动空间。法国实行的"戴高乐主义"也力求摆脱美国的控制，积极谋求法国在欧洲的领导地位，推动欧洲的统一，主动与社会主义国家建立外交关系，军事上强调独立发展，

1966 年 3 月法国甚至提出要退出北约组织。联邦德国也在积极寻求与民主德国的统一之路。由此，资本主义世界也并非"铁板一块"，其他资本主义国家也对美国的霸权主义心怀不满。

第三，以中国为代表的第三世界国家力推世界和平。第二次世界大战后，英、法等西方国家的殖民统治基本终结，亚非拉一些落后国家纷纷独立，1960 年被称为"非洲独立年"，当年有 17 个国家宣布独立。毛泽东在晚年提出了"三个世界划分"理论，反对一些媒体鼓吹的中国是与美国、苏联并称的"大三角"之一的论调，主张"中国与绝大多数亚、非、拉国家一样，是属于第三世界的"；主张"任何国家都无权对另一个国家进行侵略、颠覆、控制、干涉和欺负。我们反对大国优越于小国、小国依附于大国的帝国主义和殖民主义理论，反对大国欺侮小国、强国欺侮弱国的强权政治和霸权主义"。① 同时也避免"双线作战"，避免对美苏两个超级大国同时采取敌对态度。以中国为代表的"第三世界"国家成为抵制和牵制世界霸权，推动世界多极化的重要力量。

第四，世界上爱好和平的民间力量一致反对军备竞赛。民间自发组织也在缓和世界紧张局势中起到重要作用。世界上一些著名的科学家、哲学家、政治家认为各国军备竞赛将给人类前途带来灾难性后果，因而勇于担当，联合起来，奔走呼号，要求停止核试验、反对核战争，谋求全人类的和平与发展。著名的《罗素—爱因斯坦宣言》、来自 68 个国家和地区的 1851 名世界知名人士通过的《世界和平大会宣言》，就引发全球科学界、理论界、知识界的强烈反响。世界和平力量在不断增长，这表明和平与发展具有广泛的世界基础。

---

① 《毛泽东年谱（1949—1976）》第 6 卷，中央文献出版社 2013 年版，第 415 页。

上述主观与客观、宏观与微观、可能与必然因素产生历史合力作用，迫使冷战格局在总体对立中更趋均衡。在对立中求平稳安定的背景下，北约和华约组织先后签订了多项限制核武器扩散和军备竞赛的协议，主要有：1963 年的《控制核武器试验协定》、1967 年的《禁止空间核武器协定》、1968 年的《不扩散核武器条约》、1971 年的《海底禁止核武器协定》、1972 年的《西方—苏联限制战略武器条约》。因此，综合多方面因素的考察，世界再次爆发大战的可能性越来越小，世界和平与多极化的可能性越来越强，"和平与发展"逐渐代替"战争与革命"而成为新的时代主题。

（二）和平与发展作为新的时代主题

国际形势的纵深变化推动着时代主题发生变化，而准确把握时代主题是马克思主义时代化的关键，时代主题决定了马克思主义时代化的内容和方向。进入 20 世纪 70 年代，世界要和平、国家要发展、社会要进步、生活要提高成为各个国家和人民的殷切期盼。面对国际形势的缓和，邓小平审时度势，明确提出当今时代不再是"战争与革命"的时代，而是"和平与发展"的时代，和平与发展作为新的时代主题日益为世界各国人民所认可和追求。

邓小平敏锐地意识到时代主题的转化，这种时代主题转换的判断乃是基于对世界大战爆发可能性的研判。1977 年 9 月，正式复出后不久的邓小平在会见美国客人时指出："战争可以迟缓。"[1] 12 月，他在中央军委全体会议上的讲话继续强调："可以争取延缓战争的爆发。"[2] 1982 年 8 月，邓小平在会见联合国秘书长的谈话时指

---

[1] 《邓小平年谱（1975—1997）》上，中央文献出版社 2004 年版，第 207 页。

[2] 《邓小平文选》第 2 卷，人民出版社 1994 年版，第 77 页。

出："我们不是悲观主义者，我们只是提出战争的危险性。我们说，战争的因素在增长，但制止战争的因素也在增长。"① 1984 年 10 月，邓小平在会见缅甸总统谈到和平共处五项原则时认为："国际上有两大问题非常突出，一个是和平问题，一个是南北问题。还有其他许多问题，但都不像这两个问题关系全局，带有全球性、战略性的意义。"② 在此，邓小平是将和平与发展问题提到关系全球前途命运的战略高度。翌年，他在会见日本商工会议所访华团时继续对此前观点加以阐发，指出："现在世界上真正大的问题，带全球性的战略问题，一个是和平问题，一个是经济问题或者说发展问题。和平问题是东西问题，发展问题是南北问题。概括起来，就是东西南北四个字。南北问题是核心问题。"③ 1988 年底，邓小平在会见印度总理时又深刻指出："应当把发展问题提到全人类的高度来认识，要从这个高度去观察问题和解决问题。只有这样，才会明了发展问题既是发展中国家自己的责任，也是发达国家的责任。"④ 邓小平抓住问题的核心，经过长时间思考和分析，从战略全局指明时代主题已经转变为和平与发展。1987 年，党的十三大第一次使用"和平与发展是当代世界的主题"的提法。20 世纪 80 年代末，美苏进行多轮裁军谈判，世界局势进一步趋于缓和。邓小平于 1990 年 3 月重申："我们过去对国际问题的许多提法，还是站得住的。""和平与发展两大问题，和平问题没有得到解决，发展问题更加严重。"⑤ 党的十四大正式把"和平与发展"确定为"时代主题"。

---

① 《邓小平文选》第 2 卷，人民出版社 1994 年版，第 416 页。
② 《邓小平文选》第 3 卷，人民出版社 1993 年版，第 96 页。
③ 《邓小平文选》第 3 卷，人民出版社 1993 年版，第 105 页。
④ 《邓小平文选》第 3 卷，人民出版社 1993 年版，第 282 页。
⑤ 《邓小平文选》第 3 卷，人民出版社 1993 年版，第 353 页。

邓小平关于时代主题的新研判内涵丰富。第一，是对中国共产党关于时代主题论断的深化拓展。中共八大前后，毛泽东、周恩来曾经提出世界可能会出现和平阶段的看法，公开宣扬"和平为上"的外交主张和"和平共处五项原则"的外交理念。毛泽东在同印度总理的谈话中表达了同资本主义国家开展贸易往来与政治合作的意愿："就是西方国家，只要它们愿意，我们也愿同它们合作。我们愿意用和平的办法来解决存在的问题。打仗总是不好的，特别是对西方国家是没有好结果的，历史已经证明了这一点。"① 遗憾的是，进入20世纪60年代以后，毛泽东等领导人对国际形势的看法和时代主题的判断发生变化，认为列宁提出的"帝国主义与无产阶级革命的时代"的论断没有过时，战争与革命是时代的主题，强调推动"世界革命"，对内积极备战，对外积极援助，争取社会主义在世界范围内的完全胜利。"文革"结束后，邓小平在毛泽东"三个世界划分"理论的基础上，对时代主题进行了冷静客观的研判："在较长时间内不发生大规模的世界战争是有可能的，维护世界和平是有希望的。……我们改变了原来认为战争的危险很迫近的看法。"②

第二，和平与发展之间是辩证统一的关系。邓小平以"东西南北"四字概括全球200多个国家和地区的生存现状，既形象又精准。"东西"是指社会主义国家与资本主义国家之间的政治和平问题，"南北"是指不发达国家与发达国家之间的经济发展问题。和平与发展问题相互依存、相互作用、相互渗透，是一枚硬币的两面，密不可分。发展离不开和平局面，和平离不开发展需求；在和平中谋发展，以发展促和平。其中，各国对发展的诉求极其强烈，

---

① 《毛泽东文集》第6卷，人民出版社1999年版，第411页。
② 《邓小平文选》第3卷，人民出版社1993年版，第127页。

因此邓小平说"南北问题是核心问题"。当然，和平与发展并非意味着没有对立和冲突，并非意味着冷战格局的终结，并非意味着我国所处国际环境的绝对安全，因此邓小平在1979年春领导开展了对越自卫反击战，此后又反复强调要警惕资产阶级自由化和西方分化图谋。

第三，邓小平对国际形势的判断同对国内发展态势的认识是密切关联的。准确把握时代的主题和主线、主流和本质，是制定路线方针政策的理论基石。邓小平关于时代主题的新论断，科学揭示了当今世界的主要矛盾、基本特点和宏观局势，不仅对于推动世界和平与发展、促进人类社会进步起到重要影响，而且对于中国的改革开放产生了深远影响。与"战争与革命"的时代主题给中国社会主义建设带来巨大影响一样，"和平与发展"的时代主题也给改革开放和现代化建设带来重大变化。它是中共十一届三中全会作出将工作重心转移到经济建设上来和实行改革开放决策的时代依据，是推动中国走向世界、向西方学习、进一步打开对外开放大门的理论依据。正如邓小平后来指出："对于总的国际局势，我的看法是，争取比较长期的和平是可能的，战争是可以避免的。……一九七八年我们制定一心一意搞建设的方针，就是建立在这样一个判断上的。要建设，没有和平环境不行。我们在制定国内搞建设这个方针的同时，调整了对外政策。"[1] 邓小平关于时代主题的新研判影响深远，成为整个改革开放时期的重要指导思想。

邓小平之后的几代领导人继承和发展了和平与发展是当今时代主题的论断。江泽民在东欧剧变、苏联解体和我国遭受西方经济制裁的国际国内紧张局势下，在党的十四大报告中指出，和平与发展

---

[1] 《邓小平文选》第3卷，人民出版社1993年版，第233页。

仍然是新世纪的时代主题。胡锦涛指出，"和平、发展、合作"是时代潮流，提出共建"和谐世界"的理念。习近平总书记提出的促进"一带一路"国际合作和共商共建"人类命运共同体"的思想也是对邓小平在改革开放之初关于时代主题判断的坚持和发展。

邓小平关于时代主题的新研判具有现实启迪意义。能否准确把握国内国外、党内党外局势十分重要，是作出科学决策的关键所在。邓小平面对困境，保持客观冷静，实事求是、旗帜鲜明地对时代主题作出新的判断，在党和国家面临何去何从的紧急关头寻找到出路，打开了社会主义建设的新局面。当今国际环境复杂多变，在美国将主要矛盾对准中国之际，更要充分领会邓小平精准把握局势的能力，以及"冷静观察""稳住阵脚""沉着应对""要冷静、冷静、再冷静"① 的态度和准则，要立足现实，着眼未来，积极作为，发展自身。

邓小平能够对时代主题作出新研判具有双重原因。首先是现实因素，是对国内动态的全面把握和对国际形势的冷静分析；其次是历史因素，是对新中国成立以来社会主义建设经验教训的深刻总结。在现实与历史因素的推动下，将1975年领导全面整顿中获得的感性认识、感性材料上升为理性判断，这是对马克思主义辩证唯物论和唯物辩证法的科学把握和灵活运用。邓小平对传统的时代观念提出挑战，敢于突破固有认识，勇于打碎思想条框，在纷繁复杂局面中直指问题的本质，抓住事物发展的主流和规律，明确指出和平与发展才是当今时代的主题，是令人敬仰的，也从侧面展示了他独特的革命胆略、远见卓识和勇于创新的精神。

---

① 《邓小平文选》第3卷，人民出版社1993年版，第321页。

（三）世界处在向多极化发展的趋势

和平与发展是当今世界两大时代主题，同时这两大主题至今一个也没有解决，甚至这两个主题还不断面临新的挑战。霸权主义和强权政治有新的表现，天下仍然很不太平，和平依然是世界各国人民的共同期许。世界正处在向多极化发展的趋势之中，世界力量的不同极之间，特别是单极和多极之间的斗争仍然十分激烈，世界多极化发展格局的最终形成毫无疑问将会经历一个曲折漫长的过程。中国共产党人在把握和平与发展时代主题的基础上，清醒认识当今世界和当代中国发展的大趋势，深入体察世界与中国形势的细微变化，科学分析我国全面参与全球化的新机遇新挑战，深刻研究我国各项事业发展面临的新矛盾新课题，对其做出时代性的阐释、提出时代性的解答，这是当代马克思主义中国化的重要面向。

东西方对峙时期，两大阵营的冷战态势已经随着各种力量之间的均衡演进而出现了缓和趋向，其内部也缓慢滋养了多极化的发展因子，和平与发展的力量桅杆渐已出现在缓和均衡的海面之上，当时除了美国和苏联两大力量之外，还有欧洲、日本和中国逐渐演进为世界格局演变中的重要极力。尤其是在东西方对峙结束后，东欧剧变、苏联解体，美国一国独大，国际上一时间出现了"一超多强"的力量格局，也就是世界格局多极化趋势日趋显著。当然，这里所谓"多极化"，绝不是说世界各极的力量都是均匀相当的，而是说在依然存在着超级大国的同时也出现多种力量的发展演变。中国成为世界多极力量中不可忽视的部分。1990 年，邓小平曾研判："世界格局将来是三极也好，四极也好，五极也好，苏联总还是多极中的一个，不管它怎么削弱，甚至有几个加盟共和国退出去。所谓多极，中国算一极。中国不要贬低自己，怎么样也算一极。"①
"一超多强"的世界格局在一定意义上加快了和平与发展时代的到
来。此后，伴随着国际形势的纵深演进，各种新兴国家崛起，各种
国际组织成立并在国际政治经济舞台上日益扮演着举足轻重的作
用。2008年一场席卷全球的金融危机爆发，美国发生了严重的财政
危机和债务危机，世界多极化趋向明显增强。社会主义中国力量不
断凸显，影响深远，和平与发展时代已经成为世界各国审视世界和
自身发展的重要依据。从国际上看，和平与发展时代形势突出表现
为，世界多极化和经济全球化的趋势不断深入，新科技革命浪潮汹
涌，国际环境复杂多变，综合国力竞争日趋激烈，影响和平与发展
的不确定因素增多，世界的政治经济格局发生着巨大变化和调整。
2007年10月，胡锦涛在党的十七大报告中指出，当今世界正处在
大变革大调整之中。和平与发展仍然是时代主题，求和平、谋发
展、促合作已经成为不可阻挡的时代潮流。世界多极化不可逆转，
经济全球化深入发展，科技革命加速推进，全球和区域合作方兴未
艾，国与国相互依存日益紧密，国际力量对比朝着有利于维护世界
和平方向发展，国际形势总体稳定。同时，世界仍然很不安宁。霸
权主义和强权政治依然存在，局部冲突和热点问题此起彼伏，全球
经济失衡加剧，南北差距拉大，传统安全威胁和非传统安全威胁相
互交织，世界和平与发展面临诸多难题和挑战。这就是说，和平与
发展时代主题之下，世界多极化深入发展，但是和平与发展时代潮
流之下依然有着局部冲突和热点的暗流。"用辩证的观点看，总体
和平、缓和、稳定，局部战乱、紧张、动荡，是当前和今后一个时

---

① 《邓小平文选》第3卷，人民出版社1993年版，第353页。

期国际局势的基本态势。"①

　　当代中国马克思主义要针对和平与发展时代形势及问题做出科学和准确的理论回应和实践应对。2009 年 9 月，中共十七届四中全会进一步指出，当今世界正处在大发展大变革大调整时期。世界多极化、经济全球化深入发展，科技进步日新月异，国际金融危机影响深远，世界经济格局发生新变化，国际力量对比出现新态势，全球思想文化交流交融交锋呈现新特点，发达国家在经济、科技等方面仍占优势，综合国力竞争和各种力量较量更趋激烈，不稳定不确定因素增多，给我国发展带来新的机遇和挑战。2012 年，党的十八大报告进一步明确地指出，世界多极化、经济全球化深入发展，文化多样化、社会信息化持续推进，科技革命孕育新突破，全球合作向多层次全方位拓展，新兴市场国家和发展中国家整体实力增强，国际力量对比朝着有利于维护世界和平方向发展，保持国际形势总体稳定具备更多有利条件。由此可见，虽然世界形势已发生了一些新变化，但世界多极化的总体趋势并没有改变，世界格局的多极之极力量不断在动态变化之中。近些年来，世界政治经济格局出现最大的变化是，美国、欧洲、日本三大极力量呈现"整体下沉"趋势，而"金砖国家"等发展中国家呈现"群体崛起"趋势。下沉和崛起的多向变动，表明了和平与发展力量的动态演进过程，特别是社会主义中国的"迅速崛起"影响深远。应当看到，美国仍是世界唯一的超级大国，但过去"一超多强"是"一超超强，多强多不强"，现在则在向"一超相对削弱，多强大为增强"的方向发展，新兴国家快速发展，世界多极化加速，国际格局日趋均衡，国际潮流不可逆转。这是对当今世界形势非常重要的判断。中国坚定主张

---

① 《江泽民文选》第 3 卷，人民出版社 2006 年版，第 520 页。

和践行多边主义，推动全球治理体系改革和完善，对于促进世界多极化趋势具有积极作用。

二、和平与发展时代挑战的深入剖析

事因于世，而备适于事。和平与发展的世界局势既对党和国家提出了艰巨的挑战，也提供了难得的机遇。挑战与机遇长期共存，但机遇大于挑战。抓住机遇，直面挑战，中国社会主义现代化建设才能不断发展。

（一）如何认识和发展中国特色社会主义市场经济体制

在和平与发展时代，世界多极化、经济全球化深入发展之下，我国在推进改革开放伟大事业中，积极探索社会主义和市场经济的有机结合。然而，曾经在高度集中的计划经济体制之下一度形成了计划是社会主义、市场是资本主义的陈规陋见，并阻碍着国人对社会主义和市场经济关系、社会主义和资本主义之间关系的科学认识。

1992年1月18日至2月21日，改革开放的总设计师邓小平，以普通党员的身份，凭着对党和人民伟大事业的深切期待，先后赴武昌、深圳、珠海和上海视察，沿途发表了重要谈话，即著名的"南方谈话"。"南方谈话"为解决姓"资"姓"社"、计划与市场的广泛议论和改革开放向何处去的时代难题指明了出路。邓小平强调，要坚定社会主义初级阶段基本路线的信心和决心；要有创造性，要"大胆地试，大胆地闯"，以"三个有利于"作为判断改革方针的标准；市场经济不是资本主义的专属产物，也可以为社会主义所利用，要勇于打破社会主义只能实行计划经济的"左"的思维。"计划多一点还是市场多一点，不是社会主义和资本主义的本质区别。计划经济不等于社会主义，资本主义也有计划；市场经济不等于资本主义，社会主义也有市场。计划和市场都是经济手段。"①邓小平的这次谈话推动改革开放走向了一个新的阶段。之后，江泽民具体落实邓小平"南方谈话"精神，明确提出并阐发了"社会主义市场经济体制"这一新论断。党的十四大正式把建立社会主义市场经济体制确立为我国经济体制改革的目标，旨在将社会主义道路的优越性和市场经济体制的优越性相结合，使市场在国家宏观调控下对资源配置起基础性作用，使经济活动遵循价值规律的要求，适应供求关系的变化。建立社会主义市场经济体制目标的制定是中国改革开放和社会主义现代化建设进入新的发展阶段的重要标志，也是马克思主义时代化的重要发展成果，更是对和平与发展时代主题的深刻理论创新成果。按照这个目标，党中央、国务院随后做出一系列相应的体制改革和政策调整，于1993年11月党的十四届三中全会审议通过《中共中央关于建立社会主义市场经济体制若干问题的决定》，该决定把十四大提出的经济体制改革目标和基本原则进一步具体化并勾勒出基本框架，有效有力地指导了我国经济体制改革。2003年10月，党的十六届三中全会通过《关于完善社会主义市场经济体制若干问题的决定》这一纲领性文件，提出了完善社会主义市场经济体制的主要任务，促进了我国经济体制改革向重点领域和关键环节稳步推进。此后，党的相关重要会议都一再高度评价和确证社会主义市场经济体制之于中国改革开放、中国特色社会主义伟大事业的重要意义。2013年11月，党的十八届三中

---

① 《邓小平文选》第3卷，人民出版社1993年版，第373页。

全会进一步提出要使市场在资源配置中起决定性作用。2019 年 10 月，党的十九届四中全会审议通过了《中共中央关于坚持和完善中国特色社会主义制度推进国家治理体系和治理能力现代化若干重大问题的决定》，该决定进一步指出社会主义市场经济体制作为社会主义基本经济制度之重要内容，既体现了社会主义制度的优越性，又同我国社会主义初级阶段社会生产力发展水平相适应，是党和人民的伟大创造，要充分发挥市场在资源配置中的决定性作用。这说明我国对社会主义市场经济的认识达到了一个新高度，是对世界社会主义事业的伟大贡献，也是马克思主义时代化的重要成果。

市场经济在我国从有益补充，到基础性作用，再到决定性作用，不同表述的背后反映出我国对社会主义市场经济的认识逐渐深入深化和全面，这是对围绕这一主题的有关争议和错误观点的有力驳斥。曾经有一段时间，社会上以及西方学界因社会主义中国采取市场经济体制而散布种种非议，如"马克思主义已经过时""马克思主义失灵了""共产主义已经死亡""中国已经资本主义化""新官僚资本主义""国家资本主义化""改革开放变质论""改革开放倒退论"等类似的标题和口号醒目地出现在欧美国家出版的一些书报刊物中。典型代表如新自由主义学派，提出"市场经济万能论"，将市场在资源配置中起决定性作用解读成"市场起决定性作用"，主张经济私有化、市场化、自由化，认为只有这样才能实现社会经济的繁荣；反对政府干预、否定公有制，提出公有制、计划经济是通向奴役的道路。有的甚至要求以凯恩斯的《就业、利息和货币通论》取代马克思的《资本论》，以西方经济学取代马克思主义政治经济学。以新自由主义、民主社会主义思潮为代表的质疑马克思主义存在必要性的声音本质上是"历史终结论"的翻版，是要解构中国走社会主义道路的合理性，宣扬中国走欧美资本主义道路的必然性，进而否定中国共产党的领导地位。这些错误思潮是对社会主义市场经济体制的严重曲解。这些思潮的理论逻辑是：市场经济只存在于资本主义国家，从未存在于社会主义国家，而资本主义国家实行的是私有制，因此市场经济只能建立在私有制基础上，公有制不能适应市场经济的要求；而中国要发展市场经济，只能放弃公有制，实行私有制。即是说，既然中国要建立市场经济，那么必须放弃社会主义道路。

但事实上，认为社会主义与市场经济二者无法兼容的观点是狭隘的主观唯心主义，不管是在理论上还是在实践中都是立不住的。首先，认为现今所有市场经济都是建立在私有制基础上所以中国的市场经济也必须如此的这种观点是有理论缺陷的，它并不能证明市场经济不能与公有制、社会主义互促互融。不能因为没有见过一件事物就断定该事物不能存在，不能因为无法"证实"就怀疑事物存在的合理性。其次，认为只有私有制才能使市场主体做到自主经营、自负盈亏、产权明晰从而有利于效率的最大化的这种观点已被马克思、恩格斯所批判。私有制确有其进步的一面，但正如马克思所说，私有制的发展最终导向的是人的异化和劳动的异化，背离了人类社会发展的主旨。最后，认为社会主义国家所实行的计划经济已被实践证明是不利于经济发展的，只有市场经济才是唯一有效的途径，这种观点极力贬低计划经济而神化市场经济，也是不符合实际、十分有害的。列宁提出和实施的新经济政策，中共八大前后实施的陈云提出的"三个主体、三个补充"政策，从实践上证明了社会主义与市场经济、商品经济具有兼容性。传统计划经济确实存在信息局限性和利益局限性等弊端，不利于市场主体作用的发挥。但正如马克思主义经典作家所一贯强调的，资本主义市场经济也存在信息不充分、不精确、不对称等局限性以及追求个人利益最大化的弊端，是一种"过剩经济"，往往会造成市场失灵和周期性经济危机，而危机依靠市场本身又无法得到解决。正是由于计划经济和市场经济都不是万能的，都存在缺陷，因而党根据两种经济制度的优劣对比和改革开放社会实践，提出了一个扬长避短的方案，将社会主义制度同市场经济结合起来，既发挥社会主义制度的优越性，避开计划经济的弊端；又发挥市场经济的长处，避开市场经济的弊端。江泽民指出："我们搞的是社会主义市场经济，'社会主义'这几个字是不能没有的，这并非多余，并非画蛇添足，而恰恰相反，这是画龙点睛。所谓'点睛'，就是点明我们的市场经济的性质。"①多年的发展和多次有效化解资本主义经济危机冲击的真实案例表明，中国社会主义市场经济体制依托政府宏观调控作用的更好发挥和市场在资源配置中决定性作用的更多展现，能够有效规避资本主义国家的经济危机，能够保证经济又好又快增长，是值得继续探索、不断完善的新兴发展道路。

人间正道是沧桑。中国特色社会主义市场经济体制是人类发展史上的伟大创造，是超越于发达资本主义国家普遍实行的放任自由、适者生存、弱肉强食"丛林法则"的原始资本主义之举。恩格斯说过："所谓'社会主义社会'不是一种一成不变的东西，而应当和任何其他社会制度一样，把它看成是经常变化和改革的社会。"②社会主义就是在对马克思主义基本原理的继承与发展中，在对资本主义的借鉴和扬弃中不断成长进步的。近一个世纪以来，尤其是进入和平与发展时代，中国共产党始终坚持自我完善、自我革新，取得了一个又一个伟大创举和胜利，不断纵深推进马克思主义

---

① 江泽民：《论社会主义市场经济》，中央文献出版社 2006 年版，第 203 页。
② 《马克思恩格斯文集》第 10 卷，人民出版社 2009 年版，第 588 页。

时代化。

（二）如何认识和应对思想领域多元化和意识形态挑战

冷战结束后，世界政治走向多极化，经济更加全球化，霸权主义和强权政治依然存在。东欧剧变和苏联解体后，中国作为世界上最大的社会主义国家，处于与西方资本主义斗争的最前沿。渗透与反渗透、分裂与反分裂、颠覆与反颠覆长期存在。面对种种压力，党内外有的人对改革开放、对社会主义前途产生怀疑，走封闭僵化的老路和改旗易帜的邪路的声音不绝于耳。和平与发展时代在思想领域和意识形态方面呈现出多元特征，我国社会思想领域面临着不少挑战。在社会上，还存在着各种错误思潮，特别是资产阶级自由化思潮影响很大。另外，在一些地方和部门的领导工作中，忽视思想政治教育，忽视精神文明建设，忽视青年人世界观、人生观和价值观的教育等问题依然存在。在一些领域中还存在着道德失范，拜金主义、享乐主义、个人主义滋长蔓延，腐败现象时有发生，一部分人国家观念淡薄、民族自我认同感薄弱。如何在和平与发展时代，改革开放伟大实践，建立社会主义市场经济条件下，使物质文明和精神文明建设互相促进、协调发展，防止和克服一手硬、一手软，是党在领导社会主义现代化建设进程中必须认真解决的历史性课题。

第一，坚持四项基本原则，反对资产阶级自由化。党中央高度重视四项基本原则的宣传教育。必须坚持社会主义道路，必须坚持人民民主专政，必须坚持共产党的领导，必须坚持马克思列宁主义、毛泽东思想，这是整个改革开放和现代化建设的"根本前提"，是抵制资产阶级自由化、确保国家长治久安的"定海神针"，因此必须重视和宣扬。即要在群众和党员中树立以这"四个坚持"作为判断正误的标杆和检验言行举止的指南针。"实践证明，什么时候放松坚持四项基本原则的教育，放松对资产阶级自由化的抵制和斗争，什么时候社会主义就有被腐蚀、瓦解、颠覆的危险。"① 邓小平深刻地指出："在实现四个现代化的整个过程中，至少在本世纪（20世纪，引者注）剩下的十几年，再加上下个世纪（21世纪，引者注）的头五十年，都存在反对资产阶级自由化的问题。"② 资产阶级自由化危害甚大，它破坏了安定团结的政治局面，腐蚀了国人特别是青年人的思想，使整个国家乱哄哄的，不利于国计民生，不利于团结最广大人民进行社会主义现代化建设，所以必须坚决反对资产阶级自由化，但这是个长期的任务。方法要以教育和引导为主，在必要情况下，也不排除采取某种专政的手段，比如使用纪律手段、法律手段等。通过反对资产阶级自由化，创设一个安定的环境，以便进行我们的改革和建设。邓小平反复强调，既要抵制封建主义残余的影响，也要"批判和反对崇拜资本主义、主张资产阶级自由化的倾向，批判和反对资产阶级损人利己、唯利是图、'一切向钱看'的腐朽思想，批判和反对无政府主义、极端个人主义"③，坚决反对资产阶级自由化。经过多年的努力，自由化、个人主义、虚无主义思潮在思想文化领域滥觞的现象从根本上得到改观。因而，邓小平在"南方谈话"中给全党全国"加油打气"、重树信心，他说道："一些国家出现严重曲折，社会主义好像被削弱了，但人民经受锻炼，从中吸收教训，将促使社会主义向着更加健康的方向发展。因此，不要惊慌失措，不要认为马克思主义就消失了，没用

---

① 中共中央文献研究室编：《十三大以来重要文献选编》中，中央文献出版社2011年版，第600页。

② 《邓小平文选》第3卷，人民出版社1993年版，第211页。

③ 《邓小平文选》第2卷，人民出版社1994年版，第368—369页。

了，失败了。哪有这回事"；"马克思主义是打不倒的。打不倒，并不是因为大本子多，而是因为马克思主义的真理颠扑不破"，"马克思主义是很朴实的东西，很朴实的道理"，"学马列要精，要管用的"。他还强调："我坚信，世界上赞成马克思主义的人会多起来的，因为马克思主义是科学。"① 邓小平晚年的这些重要论断，对于21 世纪树立以马克思主义信仰自信为基石的中国特色社会主义道路自信、理论自信、制度自信、文化自信具有指导意义。

　　第二，坚持"两手都要抓，两手都要硬"的方针，动员全党全社会的力量，采取一系列重大措施继续推进社会主义精神文明建设，进一步巩固马克思主义在意识形态领域的指导地位。1996 年 3月，八届全国人大四次会议把精神文明建设的具体目标列入国民经济和社会发展规划。1994 年 8 月 23 日，中共中央印发《爱国主义教育实施纲要》。1996 年 10 月，党的十四届六中全会作出《关于加强社会主义精神文明建设若干重要问题的决议》，对如何开展精神文明建设作出重要部署，规定精神文明建设要坚持以马克思列宁主义、毛泽东思想和邓小平建设有中国特色社会主义理论为指导思想，坚持党的基本路线和基本方针。1997 年 4 月及之后，中央成立精神文明建设指导委员会，各省、自治区、直辖市也相继成立相应机构。2001 年9 月，中共中央印发《公民道德建设实施纲要》，提出要把法制建设和道德建设、依法治国与以德治国紧密结合起来，逐步形成与发展社会主义市场经济相适应的社会主义道德体系。党的十五大及以后，建设有中国特色社会主义文化作为一个新命题被纳入党的纲领和综合国力指标当中。人们思想的高地，如果社会主义思想不去占领，资本主义腐朽思想和封建主义落后思想就会乘虚而入。正如江泽民在庆祝中

---

　　① 《邓小平文选》第 3 卷，人民出版社 1993 年版，第 383、382 页。

华人民共和国成立40周年大会上的讲话指出："要用马克思主义和社会主义思想去指导理论、宣传、教育、新闻、出版、文学艺术等部门的工作，去占领思想文化阵地和舆论阵地，丰富群众的精神生活。要积极引导广大群众自觉地抵制各种错误思潮和腐朽思想的影响，培养科学的健康的文明的生活方式，使他们真正成为奋发进取的社会主义劳动者和建设者。……要积极吸收我国历史文化和外国文化中的一切优秀成果，坚决摒弃一切封建的、资本主义的文化糟粕和精神垃圾。当前在这个问题上，要特别注意反对那种全盘否定中国传统文化的民族务虚主义和崇洋媚外思想。"[①] 诚然，弘扬民族优秀传统文化，绝不意味着排斥外来文化，而是要以谦虚的姿态和广阔的胸襟，积极学习一切有借鉴价值的进步文化。

第三，大力推进中国特色社会主义文化建设，尤其是践行社会主义核心价值观。核心价值观是一个民族赖以维系的精神纽带，是一个国家共同的思想道德基础。历史与现实表明，核心价值观是国家重要的稳定器，关系社会和谐稳定，关系国家长治久安。社会主义核心价值观，是国家制度、社会发展赖以立足和演进的价值导向，通过塑造国家形象、彰显制度精神来获得人们的认同，并用以引导、规范社会成员的行为，从而影响经济、政治、文化和社会生活的方方面面，引领各个领域、各个层次的具体价值观念。党的十八大以来，党中央高度重视培育和践行社会主义核心价值观。习近平总书记多次作出重要论述、提出明确要求。中央政治局围绕培育和弘扬社会主义核心价值观、弘扬中华传统美德进行集体学习。中共中央办公厅下发《关于培育和践行社会主义核心价值观的意见》。

----

① 中共中央文献研究室编：《十三大以来重要文献选编》中，中央文献出版社2011年版，第75页。

党中央的高度重视和有力部署，为加强社会主义核心价值观教育实践指明了努力方向、提供了重要遵循。新时代践行社会主义核心价值观，一要把社会主义核心价值观融入社会生活各个方面；二要坚持全民行动、干部带头，从家庭做起、从娃娃抓起；三要立足中华优秀传统文化和革命文化；四要发扬伟大的民族精神。大力宣传和践行社会主义核心价值观，有利于巩固马克思主义在意识形态领域的指导地位，有利于促进社会各阶层、各群体的思想统一和行动一致，有利于推进实现中华民族伟大复兴的中国梦。

（三）如何认识和发展中国特色社会主义民主政治

和平与发展时代，社会主义和资本主义之间既存在合作，也存在竞争。以美国为首的西方国家大力推行"和平演变"战略，方式多样地对社会主义国家开展思想上、政治上、文化上的渗透。与此同时，国内资产阶级自由化思潮有所滋长，一时间，崇洋媚外、"前途前途有钱就图、理想理想有利就想"、低俗庸俗媚俗现象偶有出现。实际上，邓小平早在 1979 年就强调要以"四个坚持"加以抵制和斗争。"在一提出实行改革开放时，邓小平同志就重申了四项基本原则，为什么要这样呢？邓小平同志的考虑是，无论是经济建设还是改革开放，都需要有政治保证，坚持四项基本原则就是最根本的政治保证，它和坚持改革开放是相互依存的，最终都是为把经济建设搞上去这个中心任务服务的。他认为只有实行'一个中心，两个基本点'的基本路线，才能使中国的社会生产力逐步得到发展，从而逐步摆脱贫穷落后的状态。"① 1989 年下半年，我国爆发

---

① 中共中央文献研究室编：《十三大以来重要文献选编》下，中央文献出版社 2011 年版，第 530 页。

了政治风波。邓小平指出："这场风波迟早要来。这是国际的大气候和中国自己的小气候所决定了的，是一定要来的，是不以人们的意志为转移的。"① 历史的必然性往往通过偶然事件表现出来。美帝国主义的长期攻势与中国共产党思想宣传战线的长期守势，最终演化成执政危机。各资本主义国家还乘机掀起反华浪潮，加以政治打压，开展经济制裁。1989 年 7 月，美国领导西方七国和欧洲共同体对中国采取干涉内政、中止高层政治接触、延缓世界银行贷款等"制裁"措施。屋漏偏逢连夜雨，从 1989 年下半年起，东欧各共产党陆续丢失执政地位。20 世纪 90 年代初，执政 70 多年的苏联共产党从政治舞台上悄然落幕。紧接着，由 15 个加盟共和国组成的苏维埃社会主义共和国联盟解体，世界社会主义事业遭受前所未有的挫折。在这一历史背景下，西方保守主义思潮甚嚣尘上。如弗朗西斯·福山抛出所谓"历史终结论"，认为历史将终结于资产阶级的"自由民主制"，鼓吹资本主义的市场经济和民主政治将成为"人类社会的唯一出路"，"人类意识形态发展的终点""人类最后一种统治形式"，大肆放言"20 世纪将以社会主义的失败和资本主义的胜利而告终"，诋毁中国也将随着多米诺骨牌效应而倒下的声调颇高。值此历史危急关头，邓小平、江泽民等党和国家领导人屹立于时代潮头，破解危机，着重阐发、坚持和发展社会主义民主政治。

第一，稳住阵脚，确保国内政局稳定。邓小平强调："首先中国自己不要乱"；"对于国际局势，概括起来就是三句话：第一句话，冷静观察；第二句话，稳住阵脚；第三句话，沉着应对"；②"如果中央自己乱了阵脚，那就难说了"，"整个帝国主义西方世界

---

① 《邓小平文选》第 3 卷，人民出版社 1993 年版，第 302 页。
② 《邓小平文选》第 3 卷，人民出版社 1993 年版，第 320、321 页。

企图使社会主义各国都放弃社会主义道路，最终纳入国际垄断资本的统治，纳入资本主义的轨道。现在我们要顶住这股逆流，旗帜要鲜明。因为如果我们不坚持社会主义，最终发展起来也不过成为一个附庸国，而且就连想要发展起来也不容易"。①　即是要一如既往地坚持中共十一届三中全会以来的路线、方针、政策，坚持"一个中心，两个基本点"；要独立自主，既对外开放，学习西方，又坚决防止依附；要坚持把马克思主义与中国实际相结合，走自己的道路，才能更有力地破解西方的"和平演变"图谋。概而言之，这一切归根结底在于中国共产党专心办好自己的事情，坚守自己的初心与使命。

第二，反思自身，加强党的建设。国内出现政治动荡，作为执政党，首先要作出反思，开展自我批评。1989 年 8 月，党中央发出《关于加强党的建设的通知》，对各级党组织做了清查，加强了基层党组织建设经验的总结、推广，还着重加强思想建设，对党员干部普遍开展马克思列宁主义、毛泽东思想基本理论教育。此外，还着力恢复和发扬党的优良传统，践行群众路线，开展反腐倡廉建设。1990 年 3 月，党的十三届六中全会通过《关于加强党同人民群众联系的决定》。11 月，党中央批转中央纪律检查委员会《关于加强党风和廉政建设的意见》。以实际行动整肃党风党纪，坚持和改善党的领导，从而使教训变成财富。正如邓小平辩证地认识到："也许这件坏事会使我们改革开放的步子迈得更稳、更好，甚至于更快，使我们的失误纠正得更快，使我们的长处发扬得更好"②；"东欧、苏联的事件从反面教育了我们，坏事变成了好事。问题是我们要善

---

① 《邓小平文选》第 3 卷，人民出版社 1993 年版，第 310、311 页。

② 《邓小平文选》第 3 卷，人民出版社 1993 年版，第 304 页。

于把坏事变成好事，再把这样的好事变成传统"①。中国共产党总是善于运用辩证法，危中寻机、化危为机，乐亦鉴之、哀亦鉴之。"历史上成功的经验是宝贵财富，错误的经验、失败的经验也是宝贵财富。这样来制定方针政策，就能统一全党思想，达到新的团结。这样的基础是最可靠的。"②

第三，坚定信念，持续推进社会主义民主政治建设。多年来，一些西方国家及其政客肆意诋毁中国的社会主义民主政治，鼓吹他们自己的民主政治是普世的、绝对的，既无视中国实行社会主义民主政治的历史根由和特色所在，更无视中国特色社会主义民主政治的积极作用和独特优势。事实上，发展社会主义民主政治是中国共产党始终不渝的奋斗目标，但是，"我们实行的民主不是搬用西方的民主"③。西式民主不适合我国国情，"我们评价一个国家的政治体制、政治结构和政策是否正确，关键看三条：第一是看国家的政局是否稳定；第二是看能否增进人民的团结，改善人民的生活；第三是看生产力能否得到持续发展"④。我们实行的民主是中国特色社会主义民主政治，是遵循科学社会主义基本原则，植根中国大地伟大实践的产物，这一民主政治能够保持国家政局稳定，增进人民团结，改善人民生活，促进生产力的持续发展，具有强大的生命力和优越性，就其实质而言，"我们的社会主义民主，是全国各族人民享有的最广大的民主，它的本质就是人民当家作主"⑤。由此可见，民主从来不是抽象的、绝对的，而是具体的、相对的，西方国家的

---

① 《邓小平年谱（1975—1997）》下，中央文献出版社 2004 年版，第 1332 页。
② 《邓小平文选》第 3 卷，人民出版社 1993 年版，第 234—235 页。
③ 《邓小平文选》第 3 卷，人民出版社 1993 年版，第 211 页。
④ 《邓小平文选》第 3 卷，人民出版社 1993 年版，第 213 页。
⑤ 《江泽民文选》第 2 卷，人民出版社 2006 年版，第 257 页。

民主政治有其自身的历史由来和局限性，中国特色社会主义民主政治能够最大程度地调动全国各族人民参与国家管理的积极性，人民当家作主的本质规定性直接明了地言明中国特色社会主义民主政治与西方民主政治最大的区别之处。在和平与发展时代主题下，不同国家的民主政治应该是互相尊重、取长补短，共同推进人类政治文明的发展。中国共产党和中国人民对自己选择的政治发展道路充满信心，将坚定不移地把中国特色社会主义政治建设推向前进，进一步巩固和发展民主团结、生动活泼、安定和谐的政治局面。

三、和平与发展时代与时俱进的理论创新

时代是问题之母，实践是理论之源。每个时代都有该时代的主要困境和要解答的主要问题。抓住事物的主要矛盾和矛盾的主要方面，是每一代中央领导集体理论创新的鲜明特点。在和平与发展时代、在改革开放过程中逐渐形成和发展起来的中国特色社会主义理论体系，用不断发展的中国化的马克思主义指导实践，坚持马克思主义与时俱进的理论品质。针对社会主义建设时期的挫折，邓小平结合经验与教训，提出和回答了"什么是社会主义、怎样建设社会主义"的问题，推动改革开放。针对国内阶层结构和国际共产主义运动的深刻变化，江泽民迎接时代挑战，提出和回答了"建设什么样的党、怎样建设党"的问题，推动党的先进性和纯洁性建设。针对社会演进过程中出现的一系列新情况新问题，胡锦涛适时提出和回答了"实现什么样的发展、怎样发展"的问题，推动横向和纵向领域的全面协调可持续发展。针对党的十八大以来国际国内的新情况新问题，习近平总书记准确提出并科学回答了"新时代坚持和发

展什么样的中国特色社会主义、怎样坚持和发展中国特色社会主义"的问题，形成了习近平新时代中国特色社会主义思想。随着对时代和实践主要矛盾的把握和解答，马克思主义迸发无穷生机，中国共产党既"不忘老祖宗"又"讲出新话"，指导思想得以不断丰富和完善，马克思主义时代化境界不断创造和提升。

（一）"什么是社会主义、怎样建设社会主义"的时代答卷

随着东西方对峙时期的结束，邓小平理论敏锐把握了和平与发展成为新的时代主题，并且回答了"什么是社会主义、怎样建设社会主义"这一事关社会主义建设成败的关键问题。邓小平理论的时代化特征非常明显，可以看作是中国化马克思主义时代化自觉的起始。历史地看，党的十一届三中全会以来，邓小平在领导改革开放的过程中，不断提出和反复思考了"什么是社会主义、怎样建设社会主义"这一问题，实际上对该问题孜孜不倦的探求是贯穿改革开放的一条主线。

邓小平关于"什么是社会主义、怎样建设社会主义"问题的提出和回答有一个历史过程。1984 年 6 月，邓小平在会见日本客人时谈道："什么叫社会主义，什么叫马克思主义？我们过去对这个问题的认识不是完全清醒的。"[①] 1989 年 5 月，邓小平在同戈尔巴乔夫的谈话中说道："多年来，存在一个对马克思主义、社会主义的理解问题。从一九五七年第一次莫斯科会谈，到六十年代前半期，中苏两党展开了激烈的争论。……经过二十多年的实践，回过头来看，双方都讲了许多空话。"[②] 中苏论战中的这些"空话"反映出中

---

① 《邓小平文选》第 3 卷，人民出版社 1993 年版，第 63 页。
② 《邓小平文选》第 3 卷，人民出版社 1993 年版，第 291 页。

国缺乏对国内外局势的清醒判断，导致了"文化大革命"这一全局性的、长时间的"左"倾严重错误，使社会主义建设事业遭受巨大挫折。邓小平正是在反思总结这些"空话"的基础上，解放思想、实事求是，拨乱反正、正本清源。1985 年 4 月，邓小平会见坦桑尼亚领导人，在谈到经验教训总结时指出："问题是什么是社会主义，如何建设社会主义。我们的经验教训有许多条，最重要的一条，就是要搞清楚这个问题。"① 1987 年 4 月，邓小平会见捷克斯洛伐克领导人，在谈到"文化大革命"教训时指出："最根本的一条经验教训，就是要弄清楚什么叫社会主义和共产主义，怎样搞社会主义。"② 1991 年 8 月，邓小平在同中央负责同志的谈话中指出："问题是要把什么叫社会主义搞清楚，把怎么样建设和发展社会主义搞清楚。"③ 在 1992 年"南方谈话"中，他对市场经济与社会主义的关系、社会主义的本质作了说明。"社会主义的本质，是解放生产力，发展生产力，消灭剥削，消除两极分化，最终达到共同富裕。"④ 邓小平"南方谈话"的主旨，就是改革开放必须紧紧抓住"什么是社会主义、怎样建设社会主义"这个根本性问题。邓小平围绕这一问题，指明了现代化建设的总抓手，揭示了社会主义的本质特征，把对社会主义的科学认识提高到新的水平。

邓小平关于"什么是社会主义、怎样建设社会主义"问题的阐述，有具体的针对性和特定的指向性。针对的是我国现代化建设过程中的挫折、教训。那种认为在邓小平之前的马克思主义经典作家都没有搞清楚什么是社会主义的看法，是不符合实际的，也不符合

---

① 《邓小平文选》第 3 卷，人民出版社 1993 年版，第 116 页。
② 《邓小平文选》第 3 卷，人民出版社 1993 年版，第 223 页。
③ 《邓小平文选》第 3 卷，人民出版社 1993 年版，第 369 页。
④ 《邓小平文选》第 3 卷，人民出版社 1993 年版，第 373 页。

邓小平的原意。邓小平在评价毛泽东领导社会主义建设时指出："不是说他不想发展生产力，但方法不都是对头的，例如搞'大跃进'、人民公社，就是没有按照社会经济发展的规律办事。"① 马克思、恩格斯、列宁、斯大林为社会主义社会勾画了宏伟蓝图，以毛泽东为代表的中国共产党人在实践过程中，坚持了根本的原则和方向，但由于社会主义建设经验不足、心态过急，在具体方针和政策上产生了一定的偏差。根本原则和宏观路线一致，具体方略和微观举措不同，这既是毛泽东与邓小平在"什么是社会主义、怎样建设社会主义"同异关系上的表现，也是改革开放前后两个历史时期同异关系的表现。改革开放并非"变质""质变"，而是自我革命。

马克思主义经典作家为社会主义建设作出了基本规定，且这种规定是符合历史逻辑与理论逻辑的。马克思、恩格斯设想的共产主义是建立在已经工业化、科技变革的西欧资本主义国家基础之上的，但中国自近代以来，长期贫穷落后，又战乱不断。我国人口多、耕地少、底子薄，发展不平衡、不充分，与发达国家还有很大差距等基本情况，决定了我国践行马克思主义关于社会主义社会建设理论不能脱离初级阶段这个最大国情。邓小平一方面理性地、客观地承认落后国情，同时又不甘落后，通过借鉴包括资本主义在内的一切先进文明来改变落后状况，以上百年的时间、十几代乃至几十代的努力来追赶发达国家，进而跨越初级阶段。邓小平针对有的评价他是改革派、有的评价他是保守派，他强调是"实事求是派"："比较实际地说，我是实事求是派，坚持改革、开放政策，坚持党的领导和社会主义道路。"② 邓小平还警示在整个社会主义初级阶段

① 《邓小平文选》第 3 卷，人民出版社 1993 年版，第 116 页。
② 《邓小平文选》第 3 卷，人民出版社 1993 年版，第 249 页。

要打破党史上"左"的心结："中国要警惕右，但主要是防止'左'"，因为"'左'带有革命的色彩，好像越'左'越革命"。①

改革开放以来，中国共产党从基本国情出发，具体结合改革开放和社会现代化建设的伟大实践，深入把握和平与发展时代新情况，创造性地提出了社会主义初级阶段理论。这一理论认为，社会主义是共产主义的初级阶段，我国处于社会主义阶段；但贫穷落后的中国又处在社会主义的初级阶段，各项政策不能超越初级阶段。"我们讲要搞清楚'什么是社会主义、怎样建设社会主义'，就必须搞清楚什么是初级阶段的社会主义，在初级阶段怎样建设社会主义。"② 科学解答什么是社会主义、怎样建设社会主义，就是要理清社会主义社会的基本规定性在我国初级阶段的具体表现形式。邓小平指出："社会主义是共产主义的第一阶段。……到了第二阶段，即共产主义高级阶段，经济高度发展了，物资极大丰富了，才能做到各尽所能，按需分配。"③ "我们讲社会主义是共产主义的初级阶段，共产主义的高级阶段要实行各尽所能、按需分配，这就要求社会生产力高度发展，社会物质财富极大丰富。"④ 在对社会主义和共产主义做出区分后，邓小平进一步做出"当时中国还处在社会主义初级阶段并且提出这个阶段将持续相当长一个时期"的重大判断。"社会主义初级阶段"被写入了1981年中共中央《关于建国以来党的若干历史问题的决议》，在后来党的十二大报告和十二届六中全会决议中多次得到强调。党的十三大报告则对社会主义初级阶段的

---

① 《邓小平文选》第3卷，人民出版社1993年版，第375页。

② 中共中央文献研究室编：《十五大以来重要文献选编》上，中央文献出版社2011年版，第12页。

③ 《邓小平文选》第3卷，人民出版社1993年版，第10页。

④ 《邓小平文选》第3卷，人民出版社1993年版，第63页。

历史客观性、特点、任务等作出了系统的阐释。十三大报告强调指出，社会主义初级阶段，"它不是泛指任何国家进入社会主义都会经历的起始阶段，而是特指我国在生产力落后、商品经济不发达条件下建设社会主义必然要经历的特定阶段。我国从五十年代生产资料私有制的社会主义改造基本完成，到社会主义现代化的基本实现，至少需要上百年时间，都属于社会主义初级阶段"①。也就是说，社会主义初级阶段至少需要一百年时间的发展，才能进入到更为高级的社会主义发展阶段。十三大报告中还对社会主义初级阶段作了明确界定："我国正处在社会主义的初级阶段。这个论断，包括两层含义。第一，我国社会已经是社会主义社会。我们必须坚持而不能离开社会主义。第二，我国的社会主义社会还处在初级阶段。我们必须从这个实际出发，而不能超越这个阶段。"② 即认为社会主义初级阶段首先是已建立了社会主义制度的社会，其次指出社会主义初级阶段是不发达的阶段。十三大确立社会主义初级阶段基本路线，标志着中国特色社会主义道路的初步开辟。1997 年 9 月，党的十五大报告对社会主义初级阶段进一步作了规范性的表述和科学的界定："社会主义是共产主义的初级阶段，而中国又处在社会主义的初级阶段，就是不发达的阶段。在我们这样的东方大国，经过新民主主义走上社会主义道路，这是伟大的胜利。但是，我国进入社会主义的时候，就生产力发展水平来说，还远远落后于发达国家。这就决定了必须在社会主义条件下经历一个相当长的初级阶段，去实现工业化和经济的社会化、市场化、现代化。这是不可逾

---

① 中共中央文献研究室编：《十三大以来重要文献选编》上，中央文献出版社 2011 年版，第 11 页。

② 中共中央文献研究室编：《十三大以来重要文献选编》上，中央文献出版社 2011 年版，第 8—9 页。

越的历史阶段。"① 此即告诉我们，中国所处的社会主义初级阶段是一个不可逾越并且是不发达的历史阶段，在这个初级阶段中，工作重点是实现工业化和经济社会化、市场化、现代化，从而促进社会生产力发展水平的不断提高。

要言之，邓小平正视困难、直面现实、承认落后，在对我国社会主义建设的长短、其他社会主义国家的成败、世界上资本主义发达国家的优劣、不发达国家发展过程中的得失的基础上，进行全面分析和精准把握，去粗取精、去伪存真、去繁就简，结合社会实际和时代特性，回答了初级阶段的社会主义发展道路和发展路径问题。邓小平理论是在和平与发展成为时代主题的历史条件下，在我国改革开放和现代化建设的实践中逐步形成和发展起来的。邓小平理论第一次比较系统地初步回答了建设有中国特色社会主义的一系列基本问题，是认识世界和改造世界的锐利武器，是跨越资本主义"卡夫丁峡谷"、实现由必然王国向自由王国迈进的行动指南。邓小平理论代表了和平与发展时代马克思主义时代化的开启阶段。

（二）"实现什么样的发展、怎样发展"的创新思考

和平与发展时代的一个重要主题就是发展问题。发展观是关于发展的形态、目的、主体、要求等的基本认识。坚持什么样的发展观，就会呈现什么样的发展模式、发展方向、发展动力和发展方略。党的十六大以来，以胡锦涛同志为总书记的党中央结合马克思主义历史唯物主义和辩证唯物主义的基本原理，在把握我国基本国情和新的时代特征，总结国内外发展理念和实践经验教训的基础

---

① 《江泽民文选》第 2 卷，人民出版社 2006 年版，第 13—14 页。

上，在吸收人类文明进步的新兴成果的基础上，顺应向人性的回归的世界发展趋势，提出了科学发展观这一带有全局性、根本性指导意义的理论。

科学发展观是以世界眼光审视中国的发展，将中国的现代化放到全球化的视野中考察，汲取了世界各国发展过程中的经验教训，借鉴了当代发展理论的最新成果，反映了当代发展观的最新理念，顺应了当今世界的发展潮流，体现了马克思主义时代化的高度自觉，为中国今后的发展指明了方向。面对新世纪新阶段，国际和国内发展呈现一系列新的阶段性特征，科学发展观回答了"实现什么样的发展、怎样发展"这一事关经济社会持续发展及人类生存和发展的重大问题。在不断解决新时代所产生的新问题的过程中，既坚持了马克思主义理论，又进一步推动了马克思主义在新时代的新发展。科学发展观探索和回答了 21 世纪的中国"实现什么样的发展""为谁发展""怎样发展"的基本问题。

第一，探索和回答了"实现什么样的发展"的问题。改革开放一方面取得了巨大成就，但另一方面同时在发展过程中也冒出了一些新问题有待进一步解决和突破。党中央一贯强调"两手抓""两手硬"，但在具体实践过程中，难以统筹兼顾，容易有所侧重，在某些地方造成"一只手硬、一只手软"，社会经济发展好，但违法乱纪、腐败堕落现象也多了起来；"一条腿长、一条腿短"，国家物质文明建设取得显著成效，但精神文明建设严重不足；"端起碗吃肉，放下碗骂娘"，群众生活水平得到明显改善，但两极分化、道德滑坡、生态恶化也更加严重。总之，人民群众的幸福指数并未完全与富裕程度呈正比关系。对此，以胡锦涛为总书记的党中央继承调查研究和群众路线的优良传统，全面了解社风，切实体察民情，针对性地提出了新的发展理念，即科学发展观。科学发展观是要着力解决人与自然、人与人、人与物关系的和谐统一，着力构建充满活力、富有效率、全面协调可持续的发展形态。

第二，探索和回答了"为谁发展"的问题。以人为本是科学发展观的核心立场。这是将马克思主义实现"人的自由而全面发展"伟大理想和中国共产党全心全意为人民服务的根本宗旨相结合而作出的时代新表述。为最广大人民群众的根本利益而谋求发展，这是从"物的尺度"向"人的尺度"的转变，是对人本主义价值观的复归。胡锦涛指出，"我们提出以人为本的根本含义，就是坚持全心全意为人民服务，立党为公、执政为民，始终把最广大人民的根本利益作为党和国家工作的根本出发点和落脚点，坚持尊重社会发展规律与尊重人民历史主体地位的一致性，坚持为崇高理想奋斗与为最广大人民谋利益的一致性，坚持完成党的各项工作与实现人民利益的一致性，坚持发展为了人民、发展依靠人民、发展成果由人民共享"[①]，最终实现人的自由而全面发展。

第三，探索和回答了"怎样发展"的问题。改革开放初期，党中央继续沿用"集中力量办大事"的制度优势，实行的战略是"集中力量发展沿海"，形成全国支援深圳、内地支援沿海的格局。这种"部分先行"的方式起到了破冰和带动效应，为经济社会的发展奠定了坚实基础。随着发展的深入，党中央又补充性地提出了"东北振兴""西部大开发""中部崛起"等战略规划，提出"五个统筹"的改革要求，即要统筹城乡发展、区域发展、经济社会发展、人与自然和谐发展、国内发展和对外开放，进而达到个人利益与集体利益、局部利益与整体利益、当前利益与长远利益的统一。统筹

---

① 中共中央文献研究室编：《十七大以来重要文献选编》上，中央文献出版社 2013 年版，第 107 页。

兼顾作为科学发展观的根本方法，是正确处理经济、政治、文化、社会、生态中相互交织关系的有力方针。

以探索和回答新形势下"实现什么样的发展、怎样发展"时代命题为旨归的科学发展观，与国际共产主义运动中和我国社会主义现代化建设中提出的其他科学理论是既一脉相承又与时俱进的关系，是中国特色社会主义理论体系的接续发展，是马克思主义关于发展的世界观和方法论的集中展现，反映了中国共产党对人类社会发展规律和改革开放发展规律认识的深化，再次开辟了马克思主义时代化的新境界。党的十八大把科学发展观同马克思列宁主义、毛泽东思想、邓小平理论、"三个代表"重要思想一道列为党的指导思想，并写入党章，成为中国共产党必须长期坚持的指导思想。

（三）"建设什么样的党、怎样建设党"的理论探索

面对苏联、东欧共产主义政党丧失政权，社会主义国家纷纷解体的严峻挑战，共产主义政党取得政权后如何巩固执政地位、加强执政能力建设？如何做到不忘初心，保持党的革命性、纯洁性和先进性？凡此等问题，都是中国共产党在革命、建设、改革等不同历史阶段必须进行认真探索和明确回答的重要问题。

伴随着改革开放的不断推进和社会主义市场经济的不断完善，我国经济、政治、社会、文化等各个领域都发生了剧烈变化。市场主体和经济利益多元化，社会关系和生活方式多样化，就业形式和组织形式立体化，伦理道德和价值追求多变化，党员干部理想信念和思想观念复杂化，人们职业和身份的流动转换经常化。概而言之，党所处的环境、所担负的任务和党内的状况都不同以往，党面临的外部挑战和内部考验依旧严峻。如何回应不同阶层和群体的政治地位诉求、利益保障需求，如何在市场经济体制下和资本主义市

场大熔炉中确保党不变质、国不变色，如何推动中国共产党在自我革新中臻于完善，成为摆在新一届领导集体面前的时代难题。

党的十三届四中全会之后，以江泽民同志为核心的党中央在中国特色社会主义建设的实践中，根据国内外形势的显著变化，系统回答了在社会主义市场经济条件下如何加强和改进党的建设这一根本问题，逐渐提出并形成了"三个代表"重要思想，加深了对"什么是社会主义、怎样建设社会主义"的认识，回答了新形势下"建设什么样的党、怎样建设党"这一事关党的生死存亡的关键问题。"三个代表"重要思想自觉地把党的建设与当今世界的趋势，同我国现代化事业的发展，同实现中国特色社会主义的宏伟目标紧密结合起来，赋予党的性质和宗旨、指导思想和现实任务以时代内容，形成了鲜明的时代特征，开创了新时期党的建设的新阶段。

以江泽民为主要代表的中国共产党人在世纪之交进一步解放思想、与时俱进、开拓创新，以一"放"一"收"的方式全面推进党的建设伟大工程。所谓"放"，就是吐故纳新、开门建党，既吸收工人、农民、知识分子、军人当中的先进分子加入中国共产党，又将个体户、私营企业主、自由职业人员和管理技术人员中的优秀分子吸收到党内来，从而不断增强党的阶级基础，不断扩大党的群众基础。所谓"收"，就是新陈代谢、质量立党，既对原有党员，也对新入党员加强理想信念和拒腐防变教育，加强能力建设和先锋模范作用的发挥，提高党员考核的标准，从而不断提高党在全社会的影响力、战斗力、凝聚力。

"三个代表"重要思想要求全党从思想上、政治上、组织上、作风上和制度上全面推进党的建设，努力提高领导水平、执政水平和拒腐防变、抵御风险的能力，兼顾不同阶层、不同方面群体的利益，保证党是包括知识分子在内的工人阶级和中国人民的先锋队，是中国特色社会主义事业的领导核心，始终代表中国先进生产力的发展要求，始终代表中国先进文化的前进方向，始终代表中国最广大人民的根本利益。这与西方的政党只代表部分人的利益根本不同。江泽民指出："人心向背，是决定一个政党、一个政权兴亡的根本性因素。"① 新一届领导集体交出了令全国各族人民满意的时代答卷，顺应了时代发展的潮流，较好地化解了党的建设危机，为党避免"塔西佗陷阱"和跳出"历史周期率"贡献了智慧。

以回答"建设什么样的党、怎样建设党"为主题的"三个代表"重要思想反映了世情国情的发展变化对党和国家工作的新要求，是加强和改进党的建设、推进我国社会主义自我完善的理论武器。它是对马克思列宁主义、毛泽东思想、邓小平理论的继承和发展，是马克思主义基本原理同中国具体实际相结合的产物，科学回答了党和国家事业发展所遇到的时代主要问题，继续开辟了马克思主义时代化的新境界，是中国共产党必须长期坚持的指导思想。

（四）"新时代坚持和发展什么样的中国特色社会主义、怎样坚持和发展中国特色社会主义"的理论创新

党的十八大以来，国内外形势发生了深刻复杂变化，我国发展仍处于重要战略机遇期，前景十分光明，挑战也十分严峻。以习近平同志为核心的党中央团结带领全国各族人民，立足和平发展、合作共赢的时代潮流，深刻分析国内外发展大势，迎难而上，开拓进取，取得了改革开放和社会主义现代化建设的历史性成就，推动中国特色社会主义进入新时代，这是我国发展新的历史方位，新时代中国特色社会主义正成为世界社会主义事业振兴的中流砥柱，我们

---

① 《江泽民文选》第 3 卷，人民出版社 2006 年版，第 185 页。

有信心也有能力为科学社会主义事业的大发展作出新的更大的中国贡献。马克思主义时代化历史进程进入一个新的历史时期，习近平新时代中国特色社会主义思想的提出是马克思主义时代化的最新成果，是新时代中国共产党的思想旗帜，是国家政治生活和社会生活的根本指针，为实现中华民族伟大复兴提供了行动指南。习近平新时代中国特色社会主义思想从理论和实践结合上系统回答"新时代坚持和发展什么样的中国特色社会主义、怎样坚持和发展中国特色社会主义"这一重大时代课题，党的十九大用"八个明确""十四个坚持"对习近平新时代中国特色社会主义思想作了系统概括和深刻阐释。

"八个明确"是新时代坚持和发展中国特色社会主义的行动指南，着重回答了"新时代坚持和发展什么样的中国特色社会主义"这一重大实践课题，是习近平新时代中国特色社会主义思想的核心内容。"八个明确"即是：明确坚持和发展中国特色社会主义，总任务是实现社会主义现代化和中华民族伟大复兴，在全面建成小康社会的基础上，分两步走，在本世纪中叶建成富强民主文明和谐美丽的社会主义现代化强国；明确新时代我国社会主要矛盾是人民日益增长的美好生活需要和不平衡不充分的发展之间的矛盾，必须坚持以人民为中心的发展思想，不断促进人的全面发展、全体人民共同富裕；明确中国特色社会主义事业总体布局是"五位一体"、战略布局是"四个全面"，强调坚定道路自信、理论自信、制度自信、文化自信；明确全面深化改革总目标是完善和发展中国特色社会主义制度、推进国家治理体系和治理能力现代化；明确全面推进依法治国总目标是建设中国特色社会主义法治体系、建设社会主义法治国家；明确党在新时代的强军目标是建设一支听党指挥、能打胜仗、作风优良的人民军队，把人民军队建设成为世界一流军队；明确中国特色大国外交要推动构建新型国际关系，推动构建人类命运共同体；明确中国特色社会主义最本质的特征是中国共产党领导，中国特色社会主义制度的最大优势是中国共产党领导，党是最高政治领导力量，提出新时代党的建设总要求，突出政治建设在党的建设中的重要地位。这"八个明确"，科学阐述了新时代坚持和发展中国特色社会主义一系列基本问题，为党和人民更好地坚持和发展中国特色社会主义提供了思想指引。

"十四个坚持"从新时代中国特色社会主义的实践要求出发，构成了坚持和发展中国特色社会主义的基本方略，新时代坚持和发展中国特色社会主义的行动纲领，深刻回答了"新时代怎样坚持和发展中国特色社会主义"这一重大实践课题，是"八个明确"思想主张在实践中的具体展现。"十四个坚持"即是：坚持党对一切工作的领导；坚持以人民为中心；坚持全面深化改革；坚持新发展理念；坚持人民当家作主；坚持全面依法治国；坚持社会主义核心价值体系；坚持在发展中保障和改善民生；坚持人与自然和谐共生；坚持总体国家安全观；坚持党对人民军队的绝对领导；坚持"一国两制"和推进祖国统一；坚持推动构建人类命运共同体；坚持全面从严治党。"十四个坚持"实际上就是坚持和发展中国特色社会主义的基本方略，它告诉我们坚持和发展中国特色社会主义的目标、路径、方略、步骤等。

"十四个坚持"与"八个明确"有机统一，共同构成习近平新时代中国特色社会主义思想的重要组成部分。习近平新时代中国特色社会主义思想是21世纪的马克思主义、当代中国马克思主义，是马克思主义时代化的最新理论成果。习近平新时代中国特色社会主义思想主要是从以下两方面阐明当代中国马克思主义对和平与发展时代新阶段做出的理论和实践的贡献：

一方面，"一如既往为世界和平安宁作贡献"①。以史明鉴，有史为证。中国共产党自诞生以来，就一直致力于促进世界和中国和平发展的伟大事业。中国取得抗日战争和抗美援朝的伟大胜利，极大地促进了世界和平力量的增长。截至 2020 年 9 月，中国军队先后参加 25 项联合国维和行动，累计派出 4 万余人次执行维和任务。习近平总书记指出，中国共产党人深知和平十分可贵，也具有维护和平的坚定决心。中国将高举和平、发展、合作、共赢的旗帜，始终不渝地走和平发展道路，积极推进全球伙伴关系建设，主动参与国际热点难点的政治解决进程。中国将积极参与全球治理体系改革和建设，推动国际政治经济秩序朝着更加公平合理的方向发展。习近平总书记郑重重申："中国无论发展到什么程度，都永远不称霸，永远不搞扩张。"② 中国共产党、中国政府和中国人民一直是维护和促进世界和平伟大事业的重要力量。

另一方面，"一如既往为世界共同发展作贡献"③。发展是解决一切问题的总钥匙，发展才是硬道理。中国共产党领导中国人民进行伟大的社会主义现代化建设，不仅为中国自身而且也为世界其他国家和地区的人民造福。事实上，长期以来的发展历程和数据一再表明，中国为广大发展中国家提供了大量的无偿援助、优惠贷款、技术支持、人员支持和智力支持等。习近平总书记指出："中国共产党是为中国人民谋幸福的党，也是为人类进步事业而奋斗的党。"④ 中国的发展为世界创造更多机遇，中国欢迎世界各国搭乘中国发展的便车，实现共同发展。

---

① 《习近平谈治国理政》第 3 卷，外文出版社 2020 年版，第 436 页。
② 《习近平谈治国理政》第 3 卷，外文出版社 2020 年版，第 437 页。
③ 《习近平谈治国理政》第 3 卷，外文出版社 2020 年版，第 437 页。
④ 《习近平谈治国理政》第 3 卷，外文出版社 2020 年版，第 436 页。

　　崇尚和平、实现发展是人类社会进步的永恒主题和重要目标，是世界各国人民的共同追求和美好愿景。对和平与发展时代形势的研判、时代挑战的剖析和理论创新，是马克思主义时代化的重要阶段和重要成果。世界大势，浩浩荡荡，风起云涌。实践永无止境，认识也永无止境。当前，世情、国情、党情继续发生深刻变化，我们面临的发展机遇和风险挑战前所未有，马克思主义时代化进程永远向前，永不止息。在中华民族伟大复兴的征程中，在和平与发展的世界浪潮中，中国这艘巨轮将一如既往地在搏击风浪中紧紧地将马克思主义基本原理同推进马克思主义时代化结合起来，坚持用马克思主义观察时代、解读时代、引领时代，用鲜活丰富的当代中国实践来推动马克思主义发展，赋予当代中国马克思主义勃勃生机，进而以逢山开路、遇河架桥的魄力克服一个又一个艰难险阻，夺取中华民族伟大复兴中国梦的胜利实现。

第五章

中国特色社会主义新时代的
马克思主义时代化

　　21 世纪第二个十年，2008 年全球金融危机对世界各国的影响还未退去，国际局势在发生深刻变化，世界面临着诸多的不确定性。在这样一个不确定、不稳定的世界里，在中国共产党的坚强领导下，中国特色社会主义事业取得举世瞩目的成就，迈入了一个全新的发展阶段——中国特色社会主义新时代。在新时代，中国共产党科学把握新时代的具体特点，不断推进马克思主义时代化，取得了马克思主义时代化的新成果，提升了马克思主义时代化的新高度。

一、中国特色社会主义进入新时代

党的十八大以后，以习近平同志为核心的党中央不忘初心、牢记使命，科学把握国内外发展大势，顺应实践要求和人民愿望，推动党和国家事业取得了历史性成就、发生了历史性变革。在新中国成立以来特别是改革开放以来我国发展取得重大成就的基础上，党的十九大报告作出了中国特色社会主义进入新时代的重大论断。

（一）新世情：世界处于百年未有之大变局

进入 21 世纪以来，世界正经历着新一轮的大发展大变革大调整。以人工智能、量子信息技术、大数据和物联网等为代表的第四次科技革命方兴未艾，高科技的安全风险也在同步增大，经济全球化深入发展并同时出现了新问题，新兴经济体快速崛起，大国战略博弈全面加剧，国际体系在各种制度、体制、机制的不断蜕变中正呈现出新的面貌，国际秩序正经历深刻调整，人类文明发展所面临的新机遇新挑战层出不穷，世界正处于百年未有之大变局。

邓小平曾说："科学技术是第一生产力。"回顾近代以来的世界历史进程可以清楚地看到，科学技术的发展是推动人类文明持续进步和世界不断前行的不竭动力，每一次科学技术革命都深刻改变了世界的发展面貌和基本格局。16 世纪以来，人类社会进入前所未有的创新活跃期，几百年里取得的科技创新成果超过过去几千年科技创新成果的总和。特别是 18 世纪以来，世界发生了几次重大科技革命。在科技革命的推动下，社会生产力实现了大发展大跨越，人们的生活水平实现了大提高大跃升，这从根本上改变了人类历史的发展轨迹。人类社会从机械化走向电气化，再从电气化逐步走向信息化，网络使人类变得更快、更强，更能跨越物理空间。进入21世纪以来，人类社会进入又一个前所未有的创新活跃期，第四次科技革命正在上演，人工智能、云计算、万物互联等多种重大颠覆性技术不断涌现，社会生产和生活方式正在被深刻改变，人类运行逻辑与国家治理规律正在被智能化的高速、高效与高频颠覆。与此同时，与高新技术的迅猛发展相伴随的安全风险不断上升。基因编辑技术滥用与失控的危险增大，继2018年"基因编辑婴儿"事件后，美国科学家利用基因编辑技术对细胞进行改造，创下基因编辑领域新纪录。在资本利益驱使下，基因编辑技术正在朝商业化方向"野蛮生长"。数字货币经济凸显治理难题，例如美国互联网公司"脸书"（Facebook）宣布推出数字货币天秤币（Libra），挑战主权国家的货币主权。随着人工智能技术加速发展，致命性自主武器系统的研发也在加速推进，其未来或被恐怖分子利用；利用深度学习算法的"深度伪造"技术"风靡"全球，冲击各国及全球信用体系。当前新一轮科学技术革命的勃发，给世界带来了无限发展的潜力和前所未有的不确定性。

经济全球化是社会生产力发展的客观要求和科技进步的必然结果。自15世纪大航海时代开启，随着资本主义的发展，资本、商品、技术、信息等各种生产要素开始在世界某个地区乃至全球范围内自由流动和自由布局，区域内的联系交流以及世界的关联性和整体性都逐步提升，这是全球化的前期发展阶段，马克思称之为民族史向世界史的转变。冷战结束以来，新一轮经济全球化进程持续快速发展，为世界经济发展提供了强劲动力，促成了商品大流通、贸易大繁荣、投资大便利、人员大流动，形成了包括越来越多国家的全球产业链、价值链、供应链。在这个历史性进程的长期作用下，世界各国、各地区的资源得到更合理的配置，优势得到更充分的发挥，发展中国家与发达国家实现了联动发展，世界作为一个整体的发展水平得到显著提高。随着生产力水平的提高，人类交往的世界性比过去任何时候都更深入、更广泛，各国相互联系和彼此依存比过去任何时候都更频繁、更紧密。如果以更深的视角来透视500年来全球化的历史进程，我们会发现，在全球化的发展过程中，无论是从事对外殖民、黑奴贸易，还是采取金本位制、构建布雷顿森林体系，西方领导全球的局面在过去500年左右的时间里没有发生变化，变的只是西方内部不同国家谁来领导而已。然而，进入21世纪后，随着全球化进程的进一步深入，中国、印度、东盟等东方国家逐渐成为新一轮全球化的主要动力。特别是过去20年，东方国家对全球经济增长的年均贡献率连续超过50%，它们引领世界发展的潜力还将继续爆发。面对这样的情景，当前一些西方发达资本主义国家"反全球化"的民粹主义泛滥，竭力鼓吹"美国优先"的特朗普政府更是大开倒车，对外大搞贸易保护主义和单边主义，无视世界贸易组织的规则，动辄挥舞关税大棒，以"国家安全"为由对外国产品征收高额进口关税，推行贸易霸凌主义，挑起贸易争端，使得在冷战后快速发展的经济全球化和自由贸易规则面临严峻挑战，遭遇很大的不确定性。

第二次世界大战结束以来，经过几十年的发展，非西方国家不断成长壮大，其中许多国家实现了经济快速发展，综合实力也相应提升。当前，非西方国家的经济总量占全球的比重已经同西方发达国家不相上下，而且发展势头远好于后者。比如，按汇率法计算，当前新兴经济体和发展中国家的经济总量在全世界所占比重接近40%，对世界经济增长的贡献率已经达到80%；如果保持现在的发展速度，十年后新兴经济体和发展中国家的经济总量将接近世界总量一半，这将使全球发展的版图变得更加均衡。以不断增强的经济实力作为支撑，新兴经济体和发展中国家谋求增加自身在国际事务中的影响力，提高自己在国际体系中的话语权。例如，新兴经济体和发展中国家之间加强协调，推动提高自身在国际货币基金组织和世界银行中的投票权，在"金砖国家"峰会、"二十国集团"峰会、"一带一路"、亚投行等多边合作框架下持续增大影响力，促进"南南合作"，扩大共同利益和发展空间。现今，非西方国家在国际舞台上的地位和作用已经不可替代，近代以来的国际力量对比发生了革命性、历史性的变化。

非西方国家的崛起，世界各国力量对比的变化，带来的是世界格局和国际体系的改变。自东欧剧变和苏联解体以来，世界格局由"两极对立"转变为"一超多强"，世界局势向多极化发展。在起初的"一超多强"中，美国作为唯一的超级大国，各方面的实力远在其他国家之上，而且欧盟各国和日本还是美国的盟友，这在客观上形成了一个"大西方"。这时的大国政治格局实际上是由非常不均衡的三股力量构成，即"大西方"、俄罗斯和中国。但是进入 21 世纪以后，随着非西方国家的崛起，世界的多极化进程产生了新的特点。多极化在不同层面和不同领域不断扩展，向全新的广度和深度持续深化，各股力量之间的差距逐渐缩小，真正意义上的多极化世界正在成为现实。特别是 2008 年世界金融危机以后，以美日欧为代表的西方国家的整体实力出现相对衰落，对世界事务的主导能力下降；而以中国为代表的新兴市场国家和一大批发展中国家群体性崛起，进一步推动着国际格局向着更加均衡的方向发展。与此同时，欧盟和日本逐渐拉开同美国的距离，寻求更多的自主性。近代以来世界权力首次开始向非西方世界转移扩散，世界政治地理重心开始向亚太转移，出现"东升西降"

的现象，国际权力在少数几个西方国家之间"倒手"的局面走向终结，百年来西方国家主导国际政治的格局正在发生根本性改变。

国际格局的变化和国际秩序的重塑，使大国博弈呈现出新的特点，从而使国际混乱失序因素明显增多，不确定性和风险性因素持续增加。世界主要新兴战略力量纷纷依据自己的资源条件，制定内外战略，力求更好地因应变局、维护利益、确保安全，在日益显现的多极格局中抢占比较有利的国际地位；而旧国际体系的主导力量则在想方设法维护自己的主导地位。这就使得大国的战略取向和政策推进普遍呈现出强势进取的特点，大国关系的合作面明显下降、竞争面明显上升。例如，美国特朗普政府以"美国优先"为圭臬，大搞单边主义，把中国和俄罗斯两国确定为"主要战略竞争对手"，重点施压围堵中俄，导致中美、俄美战略博弈加剧。美国极力拉拢和分化新兴经济体国家，企图对中俄各个击破，维持美国的霸主地位。全球地缘战略角逐的中心舞台从欧洲转向印度洋—亚洲—太平洋板块。各国军事战略之争从以大规模杀伤性武器为代表的传统战略威慑能力，向太空、网络、海洋、极地等新领域和远程精确化、智能化、隐身化、无人化等新技术维度扩展。在大国博弈险象环生的同时，地区冲突和局部战争时有发生，民族、宗教矛盾从未停歇，国际恐怖主义在多地死灰复燃，世界局势正呈现出百年未有之新面貌。

中国特色社会主义进入新时代，我国的综合国力和国际地位显著提高，日益走近世界舞台的中央，位于世界百年未有之大变局的历史新方位，既有挑战也有机遇，既面临威胁又迎来了近代以来最好的发展时期。

（二）新矛盾：研判新时代的根本依据

马克思曾说："我们判断这样一个变革时代也不能以它的意识为根据；相反，这个意识必须从物质生活的矛盾中，从社会生产力和生产关系之间的现存冲突去解释。"[①] 社会在不断发展，时代在不断变化，我们对时代变化的判断、对自身所处时代的判断，不是来自我们的主观臆断，而是依据物质生活、依据物质生活的矛盾。历史唯物主义认为，生产力和生产关系、经济基础和上层建筑之间的矛盾构成了社会的基本矛盾，社会基本矛盾是社会发展的根本动力，推动着社会不断前进。社会基本矛盾贯穿社会发展过程的始终，存在于包括原始社会、奴隶社会、封建社会、资本主义社会、社会主义社会以及未来的共产主义社会在内的一切社会形态当中。在不同的社会形态中，以及在相同的社会形态内不同的社会历史发展阶段，社会基本矛盾有不同的表现，具体体现为一系列各具特点的具体矛盾。在这一系列的具体矛盾中，有一个居于主导地位、起着支配作用的矛盾，我们称之为社会主要矛盾。它"规定或影响着其他矛盾"[②] 的存在和发展，在社会发展的各个阶段中"起着领导的、决定的作用"[③]。不管是在不同的社会形态之间，还是在特定的社会形态内，社会主要矛盾是时代变革的显著标志，构成时代划分的根本尺度。社会主要矛盾不变，则时代不变；社会主要矛盾发生变化，则时代必然发生变化。

在新民主主义革命时期，中国处于半殖民地半封建社会，遭受

---

① 《马克思恩格斯文集》第 2 卷，人民出版社 2009 年版，第 592 页。

② 《毛泽东选集》第 1 卷，人民出版社 1991 年版，第 320 页。

③ 《毛泽东选集》第 1 卷，人民出版社 1991 年版，第 322 页。

着帝国主义列强的侵略和欺凌，山河破碎。中国人民处于水深火热之中，外有帝国主义的压迫，内有封建主义的剥削，苦不堪言。帝国主义与中华民族、封建主义与人民大众之间的矛盾构成了当时的社会主要矛盾。以毛泽东为代表的中国共产党人对当时的社会矛盾进行了正确的分析，牢牢抓住这一社会主要矛盾及其在不同时期的具体表现，制定了新民主主义革命的总路线和一系列的方针、政策，领导中国人民浴血奋战，经过不懈努力，终于战胜了帝国主义，消灭了封建剥削，取得了新民主主义革命的胜利，建立了新中国。1840 年鸦片战争以来灾难深重的中华民族重新站起来了，中国历史从此翻开了新的一页。

中华人民共和国成立以后，在党和政府的领导下，我国完成了土地改革，彻底废除了封建的土地所有制，大大解放了农村的社会生产力，在此基础上继而顺利完成了社会主义三大改造，确立了社会主义基本制度。国民经济的初步恢复，社会主义基本制度的建立，意味着中国社会的面貌发生了巨大变化、中国社会的主要矛盾发生了重大变化。封建主义同人民大众的矛盾随着封建主义的瓦解而基本上解决，帝国主义同中华民族的矛盾随着中华民族的重新站起来而退居到次要地位，阶级斗争作为一种革命任务也随着社会主义改造的完成而基本完成，人民内部矛盾开始上升为主要矛盾。正如党的八大决议所指出的："我们国内的主要矛盾，已经是人民对于建立先进的工业国的要求同落后的农业国之间的矛盾，已经是人民对于经济文化迅速发展的需要同当前经济文化不能满足人民需要的状况之间的矛盾。"① 社会主要矛盾的变化标志着时代的变化，我

---

① 中共中央文献研究室编：《建国以来重要文献选编》第 9 册，中央文献出版社 1994 年版，第 341 页。

国自此进入了社会主义现代化建设时期。然而，由于社会主义建设没有经验可循，我们在工作中逐渐偏离了对社会主要矛盾的正确判断，出现了反右派斗争扩大化、"大跃进"和人民公社化运动等错误的做法，并且在1966年发动了"文化大革命"，对整个国民经济造成重大损失，使社会陷入动乱和停滞。

1978年12月，中共召开十一届三中全会，重新确立了实事求是的思想路线，重新审视和研判了我国社会的主要矛盾，作出了把党和国家的工作重心转移到经济建设上来、实行改革开放的重大战略决策。邓小平在1979年3月末召开的党的理论工作务虚会上发表题为《坚持四项基本原则》的讲话，指出："至于什么是目前时期的主要矛盾，也就是目前时期全党和全国人民所必须解决的主要问题或中心任务，由于三中全会决定把工作重点转移到社会主义现代化建设方面来，实际上已经解决了。我们的生产力发展水平很低，远远不能满足人民和国家的需要，这就是我们目前时期的主要矛盾，解决这个主要矛盾就是我们的中心任务。"[1] 这实际上是重新恢复了我们在党的八大上对社会主要矛盾的判断。其后在1981年6月召开的党的十一届六中全会上，通过了《中国共产党中央委员会关于建国以来党的若干历史问题的决议》，决议明确指出："在社会主义改造基本完成以后，我国所要解决的主要矛盾，是人民日益增长的物质文化需要同落后的社会生产之间的矛盾。党和国家工作的重点必须转移到以经济建设为中心的社会主义现代化建设上来，大大发展社会生产力，并在这个基础上逐步改善人民的物质文化生

---

[1]　《邓小平文选》第2卷，人民出版社1994年版，第182页。

活。"[1] 人民日益增长的物质文化需要同落后的社会生产之间的矛盾作为我国的社会主要矛盾再次得到正式确认，标志着我国步入社会主义现代化建设的新时期。新时期我们对社会主义有了更加深刻的认识，认识到社会主义的本质是解放生产力，发展生产力，消灭剥削，消除两极分化，最终达到共同富裕。我们提出了社会主义初级阶段理论，制定了党在社会主义初级阶段的基本路线，并且紧紧围绕"一个中心，两个基本点"的基本路线发展我国的社会主义现代化事业。

经过改革开放 40 多年的发展，我们的社会主义现代化建设事业取得了历史性成就、发生了历史性变革。经济发展取得重大成就，2019 年，国内生产总值为 99 万亿元，居世界第二，并且多年来经济保持高速增长，在世界主要国家中名列前茅。全面深化改革取得重大突破，重要领域和关键环节的改革取得突破性进展，主要领域改革的主体框架基本确立，中国特色社会主义制度更加完善。民主法治建设迈出重大步伐，党的领导体制机制不断完善，社会主义民主不断发展，中国特色社会主义法治体系日益完善，全社会法治观念明显增强。思想文化建设取得重大进展，社会主义核心价值观和中华优秀传统文化广泛弘扬，公共文化服务水平不断提高，文化事业和文化产业蓬勃发展，国家文化软实力和中华文化影响力大幅提升。人民生活水平不断提高，城乡居民收入增速超过经济增速，人民健康和医疗卫生水平大幅提高，脱贫攻坚取得决定性进展，截至 2019 年末全国农村贫困人口降至 551 万人，贫困发生率 0.6%，远低于世界平均水平。生态文明建设成效显著，能源资源消耗强度大

---

[1] 中共中央文献研究室编：《三中全会以来重要文献选编》下，中央文献出版社 2011 年版，第 168 页。

幅下降，森林覆盖率持续提高，环境状况得到改善。强军兴军开创新局面，国防和军队改革取得历史性突破，形成军委管总、战区主战、军种主建新格局，人民军队组织架构和力量体系实现革命性重塑。全面从严治党成效卓著，党内法规制度体系不断完善，选人用人状况和风气明显好转，反腐败斗争压倒性态势已经形成并巩固发展。

我们所取得的这些成就是全方位、开创性的，党和国家的事业所发生变革是深层次、根本性的，这些成就和变革表明我国的社会生产力已经在总体上显著提高，多方面、多领域的社会生产能力已经进入世界前列，"落后的社会生产"已不再符合我国的实际，我们面临的更突出的问题是发展不平衡、不充分。与此同时，这些成就和变革也意味着，我国广大人民的基本物质文化需要已经得到满足，人民的需要变得更加广泛和多样化，需要的层次变得更高了，不仅在物质文化方面提出了更高的要求，而且在民主、法治、公平、正义、安全、环境等方面的要求日益增长。正如党的十九大报告所指出的，我国的社会主要矛盾已经发生变化，由人民日益增长的物质文化需要同落后的社会生产之间的矛盾，变成了人民日益增长的美好生活需要和不平衡不充分的发展之间的矛盾。社会主要矛盾的变化，标志着时代的变化，新的社会主要矛盾既是我们作出中国特色社会主义进入新时代重大判断的根本依据，也是中国特色社会主义新时代的重要特征。

（三）新任务：从站起来、富起来到强起来

中国特色社会主义进入新时代，意味着近代以来久经磨难的中华民族迎来了从站起来、富起来到强起来的伟大飞跃，迎来了实现中华民族伟大复兴的光明前景，迎来了新的历史任务。

中国是四大文明古国之一，有着5000多年的悠久历史，对人类文明的发展作出了巨大贡献。在历史上相当长的一段时期内，中国的经济实力和科技文化水平领先世界其他国家，是世界其他各国纷纷效仿的榜样。但是近代以来，由于没落的封建制度和闭关锁国政策，中国逐渐落后于西方国家。特别是1840年鸦片战争以来，中国遭到西方列强的入侵，山河破碎，生灵涂炭，内忧外患交织，面临亡国灭种的危险。各路仁人志士奔走呼号，为救亡图存而抛头颅、洒热血，但都未能拯救中华民族于危难之中。直至1921年中国共产党成立，才真正找到了国家和民族的出路，中国人民的命运才开始转变。在中国共产党的带领下，中国人民进行了艰苦卓绝的奋斗，取得了新民主主义革命的胜利，建立了新中国。新中国的成立，结束了中华民族100多年积贫积弱、任人宰割、任人欺凌、毫无尊严的屈辱史和悲惨命运，开辟了中国历史的新纪元。从此，中国共产党团结带领全国各族人民走上了伟大复兴的壮阔道路，取得了巨大历史成就，产生了深远影响，中华民族从此站起来了。

1978年12月，党的十一届三中全会在北京召开，重新确立了解放思想、实事求是的思想路线，果断停止使用"以阶级斗争为纲"的口号，作出了把党和国家的工作重心转移到经济建设上来、实行改革开放的历史性决策，实现了新中国成立以来中国共产党历史上具有深远意义的伟大转折，开启了我国改革开放历史发展新时期。1982年党的十二大提出"建设有中国特色的社会主义"以后，改革开放在全国展开，给我国经济、政治、文化、社会、人民生活带来了空前深刻的变化。改革首先从农村实行家庭联产承包责任制开始，逐步向城市经济体制综合改革推进，先后制定了加快农业发展、经济体制改革等一系列重要决策。按照党的十三大提出的社会主义初级阶段理论和"三步走"发展战略，经济建设从"七五"计划到"十二五"规划如期完成；同时兴办经济特区，开放东南沿海城市，加入世界贸易组织，"走出去"和"请进来"相结合，对外开放取得重大突破；香港、澳门按照"一国两制"方针回归祖国。1978—2017 年，我国国内生产总值增长 33.5 倍，年均增长率 9.5%，远高于世界经济同期年均 2.9% 的增速，经济规模从 1978 年世界第 11 位跃居到 2010 年世界第 2 位，中国人民从温饱迈向全面小康。我国 40 多年的改革开放，走完了发达国家几百年走过的工业化进程，实现了中国人民千百年来梦寐以求的脱贫夙愿，中国人民逐步富起来了。

党的十八大以来，中国特色社会主义进入了新时代，以习近平同志为核心的党中央始终牢记为中华民族谋复兴、为中国人民谋幸福的初心和使命，矢志不渝，努力奋斗，继续推进改革开放和社会主义现代化建设事业，取得了巨大成就，中国进入了从富起来到强起来的崭新历史方位。

新中国的历史，是一部不断前进、不断创造奇迹的历史，也是一部理论逻辑和实践逻辑相统一的历史。其理论逻辑就是科学社会主义在中国的运用和发展；实践逻辑则是把马克思主义同中国实际相结合，探索、开创和实践中国特色社会主义的道路。我们必须用辩证统一、联系和发展的观点来看待改革开放前站起来和改革开放后富起来、强起来两个历史时期的关系，如同习近平总书记深刻指出的那样："我们党领导人民进行社会主义建设，有改革开放前和改革开放后两个历史时期，这是两个相互联系又有重大区别的时期，但本质上都是我们党领导人民进行社会主义建设的实践探索……不能用改革开放后的历史时期否定改革开放前的历史时期，也不能用改革开放前的历史时期否定改革开放后的历史时期。"① 可以说，改革开放前站起来和改革开放后富起来、强起来两个时期共同围绕社会主义实践这一时代主轴展开，统一于对中国特色社会主义建设规律的实践与探索之中，并在探索中将社会主义与现代化建设、国家富强、民族复兴融为一体。

一个时期有一个时期的重点任务，中国特色社会主义新时代的重点任务就是强起来。强起来的目标是全面的。一是总的"强国"目标。我们过去确定的 21 世纪中叶的奋斗目标是建成"社会主义现代化国家"，党的十九大则提出到本世纪中叶"把我国建成富强民主文明和谐美丽的社会主义现代化强国"，这样在总目标上也突出了"强国"。十九大报告中共有 5 次提到建设社会主义现代化强国。二是各个方面都要强起来。习近平总书记多次指出，教育兴则国家兴，教育强则国家强；体育强则国家强，国家强则体育强；富国才能强兵，强兵才能卫国。十九大报告在文字上直接出现了 12 个"强国"目标：制造强国、科技强国、质量强国、航天强国、网络强国、交通强国、海洋强国、贸易强国、文化强国、体育强国、教育强国、人才强国；还有 3 个"一流"：一流企业、一流大学、一流军队。这些各个具体方面的"强"，汇聚为现代化强国。

强起来的部署也是全面的。"强国"的目标，要通过"治国"才能达到。党的十九大的战略部署，实际上就是强国的部署。一是强起来首先是思想要强。恩格斯说过："一个民族要想站在科学的最高峰，就一刻也不能没有理论思维。"② 新时代需要新思想，新思想指引新时代。习近平新时代中国特色社会主义思想，就是强起来

---

① 《习近平谈治国理政》，外文出版社 2014 年版，第 22—23 页。
② 《马克思恩格斯文集》第 9 卷，人民出版社 2009 年版，第 437 页。

的思想。二是各方面都要强起来。在经济方面，贯彻新发展理念，建设现代化经济体系；在政治方面，健全人民当家作主制度体系，发展社会主义民主政治；在文化方面，坚定文化自信，推动社会主义文化繁荣兴盛；在社会方面，提高保障和改善民生水平，加强和创新社会治理；在生态方面，加快生态文明体制改革，建设美丽中国；我们还要坚持走中国特色强军之路，全面推进国防和军队现代化；坚持"一国两制"，推进祖国统一；坚持和平发展道路，推动构建人类命运共同体。这些各个方面的具体战略，有机融汇成现代化建设的总战略。三是强起来的政党要强。中国共产党在中国特色社会主义中处于极为重要的地位，办好中国的事情，关键在党。强国与强党是一体的，没有党的坚强领导，不加强党的建设，就不可能实现"强国"的目标。打铁必须自身硬，强起来必须毫不动摇把党建设得更加坚强有力。

二、马克思主义在新时代面临的挑战

中国特色社会主义进入新时代后，我国的社会主要矛盾发生了变化，社会生产能力有了大幅度提高，人民的生活水平有了显著的改善，但是我国仍然处于社会主义初级阶段，仍然是世界上最大的发展中国家，发展的不平衡不充分问题十分突出。我国的经济增长速度由高速增长转变为中高速增长，经济发展的质量和效益亟待提高。国际和国内都出现了许多新情况新问题，马克思主义在新时代面临着多方面的重大挑战。

（一）我国社会主要矛盾转化与两个"没有变"

中国特色社会主义进入新时代，我国的社会主要矛盾由人民日益增长的物质文化需要同落后的社会生产之间的矛盾，转化为人民日益增长的美好生活需要和不平衡不充分的发展之间的矛盾。社会主要矛盾的变化是关系全局的历史性变化，但是它并没有改变我国仍处于并将长期处于社会主义初级阶段的基本国情，并没有改变我国是世界上最大的发展中国家的国际地位。

社会主义初级阶段是根据我国的具体国情提出来的一个概念，是针对中国而言的，特指我国走上了社会主义道路但是各方面尚不发达的历史发展阶段。1981 年 6 月，党的十一届六中全会首次提出"我们的社会主义制度还是处于初级的阶段"的论断。1982 年 9 月，党的十二大提出"我国的社会主义社会现在还处在初级发展阶段"。其后，1987 年 10 月召开的党的十三大系统阐述了社会主义初级阶段的基本内涵，提出了党在社会主义初级阶段的基本路线。关于社会主义初级阶段的基本内涵，党的十三大报告指出："我国正处在社会主义的初级阶段。这个论断，包括两层含义。第一，我国社会已经是社会主义社会。我们必须坚持而不能离开社会主义。第二，我国的社会主义社会还处在初级阶段。我们必须从这个实际出发，而不能超越这个阶段。……它不是泛指任何国家进入社会主义都会经历的起始阶段，而是特指我国在生产力落后、商品经济不发达条件下建设社会主义必然要经历的特定阶段。我国从五十年代生产资料私有制的社会主义改造基本完成，到社会主义现代化的基本实现，至少需要上百年时间，都属于社会主义初级阶段。这个阶段，既不同于社会主义经济基础尚未奠定的过渡时期，又不同于已经实现社会主义现代化的阶段。"关于党在社会主义初级阶段的基本路线，党的十三大报告指出："在社会主义初级阶段，我们党的建设有中国特色的社会主义的基本路线是：领导和团结全国各族人民，以经济建设为中心，坚持四项基本原则，坚持改革开放，自力更生，艰苦创业，为把我国建设成为富强、民主、文明的社会主义现代化国家而奋斗。"社会主义初级阶段理论由此成型。此后，党的历次全国代表大会均重申我国处于社会主义初级阶段这个论断，并不断丰富和发展社会主义初级阶段理论。比如，党的十五大报告对社会主义初级阶段作了进一步的规范性表述："社会主义是共产主义的初级阶段，而中国又处在社会主义的初级阶段，就是不发达的阶段。在我们这样的东方大国，经过新民主主义走上社会主义道路，这是伟大的胜利。但是，我国进入社会主义的时候，就生产力发展水平来说，还远远落后于发达国家。这就决定了必须在社会主义条件下经历一个相当长的初级阶段，去实现工业化和经济的社会化、市场化、现代化。这是不可逾越的历史阶段。"党的十七大报告指出："进入新世纪新阶段，我国取得了举世瞩目的发展成就是我国发展的阶段性特征，是社会主义初级阶段基本国情在新世纪新阶段的具体表现。我国仍处于并将长期处于社会主义初级阶段的基本国情没有变。"

毫无疑问，改革开放以来，我国的社会主义现代化建设事业所取得的成就举世瞩目，社会生产力水平和人民生活水平有了大幅度提高，社会各方面都有了较大的发展。然而，从总体上说，我国还没有从根本上摆脱不发达的状态，依旧处于并将长期处于社会主义初级阶段。我国当前发展不平衡不充分的问题表现突出。在一些领域我国有着世界领先的技术、位于世界前列的生产力，而在另一些领域我国所拥有的则是传统的、相对落后甚至原始的生产力，有相当一些地区、一些领域和一些方面发展不足，发展任务重，"神舟"

上天、"蛟龙"入海与靠天吃饭、铁耕牛犁并存。

我国目前仍然是世界上最大的发展中国家。所谓发展中国家，一般是指与发达国家相对的经济、社会、科学技术和人民生活水平等方面发展程度较低的国家。经过 40 多年的改革开放和高速发展，我国经济总量迅速增加，科学技术水平和人民生活水平有了很大提高，但是与西方发达国家相比，我国仍是发展中国家。从经济发展方面来看，尽管 2019 年我国实现国内生产总值 99 万亿元人民币，稳居世界第二，但是我国的人均国内生产总值偏低，还没有达到全球平均水平，根据国际货币基金组织的测算，2018 年中国的人均国内生产总值只是美国的七分之一，排在世界第 72 位。在联合国开发计划署发布的《2019 人类发展报告》中，中国的人类发展指数在世界上排第 85 位，不仅低于发达国家，而且也低于很多发展中国家。从人民生活水平方面来看，相比改革开放之初，现在我国人民的生活水平有了大幅度提高，已经总体上实现了小康，正在向全面小康迈进，但是截至 2019 年底我国仍有 551 万农村贫困人口，这些贫困人口中有相当一部分居住在边远艰苦地区，处于深度贫困状态。从城镇化水平方面来看，2019 年我国常住人口城镇化率首次超过 60%，达到 60.6%，户籍人口城镇化率为 44.38%，与改革开放初期相比有了非常大的进步，但是城市化水平仍有待进一步提高。从工业化水平方面来看，虽然我国在国际贸易和制造业上取得了突飞猛进的成就，形成了很大的规模，但是我国现在还没有完成工业化，正处于工业化的后期，在高科技领域与发达国家相比仍然存在较大差距，没有掌握尖端科技的制高点。从国防和军事方面来看，经过这些年的发展，我国的国防和军事实力有了很大的提升，但是现阶段军事力量与美国相比仍然有着较大的差距，距建成与我国国土规模和经济实力相称的世界一流军事强国还有很长的路要走。此外，我国的社会治理水平和国家文化软实力也有待提升。

（二）我国经济发展进入新常态

中国特色社会主义进入新时代，我国经济发展正处于增长速度换挡期、结构调整阵痛期、前期刺激政策消化期"三期叠加"阶段，进入了一个新的经常性状态，即"新常态"。我国经济发展新常态具有速度变化、结构优化、动力转换三大特点，也带来了几个趋势性变化。

第一，从消费需求看，过去我国消费具有明显的模仿型排浪式特征，你有我有全都有，消费是一浪接一浪地增长。现在，"羊群效应"没有了，模仿型排浪式消费阶段基本结束，消费拉开档次，个性化、多样化消费渐成主流，保证产品质量安全、通过创新供给激活需求的重要性显著上升。随着我国居民收入水平提高和消费结构变化，供给体系进行一些调整是必然的，但我国有14亿多人，总体消费水平还不高、余地还很大。我们必须采取正确的消费政策，释放消费潜力，使消费继续在推动经济发展中发挥基础性作用。

第二，从投资需求看，过去投资需求空间巨大，只要有钱敢干，投资都有回报，投资在经济发展中扮演着重要角色。现在，经历了40多年高强度大规模开发建设后，传统产业、房地产投资相对饱和，但基础设施互联互通和一些新技术、新产品、新业态、新商业模式的投资机会大量涌现，对创新投融资方式提出了新要求。我国总储蓄率仍然较高。我们必须善于把握投资方向，消除投资障碍，使投资继续对经济发展发挥关键作用。

第三，从出口和国际收支看，国际金融危机发生前，国际市场空间扩张很快，只要有成本优势，出口就能扩大，出口成为拉动我国经济快速发展的重要动能。现在，全球总需求不振，我国低成本比较优势也发生了转化。同时，我国出口竞争优势依然存在，多少年打拼出来的国际市场也是重要资源。高水平"引进来"、大规模"走出去"正在同步发生，人民币国际化程度明显提高，国际收支双顺差局面正在向收支基本平衡方向发展。我们必须加紧培育新的比较优势，积极影响国际贸易投资规则重构，使出口继续对经济发展发挥支撑作用。

第四，从生产能力和产业组织方式看，过去供给不足是长期困扰我们的一个主要矛盾，现在传统产业供给能力大幅超出需求，钢铁、水泥、玻璃等产业的产能已近峰值，房地产出现结构性、区域性过剩，各类开发区、工业园区、新城新区的规划建设总面积超出实际需要。在产能过剩的条件下，产业结构必须优化升级，企业兼并重组、生产相对集中不可避免。互联网技术加快发展，创新方式层出不穷，新兴产业、服务业、小微企业作用更加凸显，生产小型化、智能化、专业化将成为产业组织新特征。

第五，从生产要素相对优势看，过去我们有源源不断的新生劳动力和农业富余劳动力，劳动力成本低是最大优势，引进技术和管理就能迅速变成生产力。现在，人口老龄化日趋严重，劳动年龄人口总量下降，农业富余劳动力减少，在许多领域我国科技创新与国际先进水平相比还有较大差距，能够拉动经济上水平的关键技术人家不给了，这就使要素的规模驱动力减弱。随着要素质量不断提高，经济增长将更多依靠人力资本质量和技术进步，必须让创新成为驱动发展新引擎。

第六，从市场竞争特点看，过去主要是数量扩张和价格竞争。现在，竞争正逐步转向质量型、差异化为主的竞争，消费者更加注重品质和个性化，竞争必须把握市场潜在需求，通过供给创新满足需求。企业依赖税收和土地等优惠政策形成竞争优势、外资超国民待遇的方式已经难以为继，统一全国市场、提高资源配置效率是经济发展的内生性要求。我们必须深化改革开放，加快形成统一透明、有序规范的市场环境，为市场充分竞争创造良好条件。

第七，从资源环境约束看，过去能源资源和生态环境空间相对较大，可以放开手脚大开发、快发展。现在，环境承载能力已经达到或接近上限，难以承载高消耗、粗放型的发展了。人民群众对清新空气、清澈水质、清洁环境等生态产品的需求越来越迫切，生态环境越来越珍贵。我们必须顺应人民群众对良好生态环境的期待，推动形成绿色低碳循环发展新方式，并从中创造新的增长点。

第八，从经济风险积累和化解看，过去经济高速发展掩盖了一些矛盾和风险。现在，伴随着经济增速下调，各类隐性风险逐步显性化，地方政府性债务、影子银行、房地产等领域风险正在显露，就业也存在结构性风险。这些风险，有的来自经济结构调整中政府行为越位，有的来自市场主体在经济繁荣时的盲目投资，有的来自缺乏长远考虑而过度承诺，有的则与国际金融危机冲击有直接关系。综合判断，我们面临的风险总体可控，但化解以高杠杆和泡沫化为主要特征的各类风险将持续一段时间。我们必须标本兼治、对症下药，建立健全化解各类风险的体制机制，通过延长处理时间减少一次性风险冲击力度，如果有发生系统性风险的威胁，就要果断采取外科手术式的方法进行处理。

第九，从资源配置模式和宏观调控方式看，过去总需求增长潜在空间大，实行凯恩斯主义的办法就能有效刺激经济发展；经济发展中的短板很清楚，产业政策只要按照"雁行理论"效仿先行国家就能形成产业比较优势。现在，从需求方面看，全面刺激政策的边际效果明显递减；从供给方面看，既要全面化解产能过剩，也要通过发挥市场机制作用探索未来产业发展方向。我们必须全面把握总供求关系新变化，科学进行宏观调控，适度干预但不盲目，必要时在把握好度的前提下坚定出手，平衡好增强活力和创造环境的关系，真正形成市场和政府合理分工、推动发展的新模式。

以上这些趋势性变化说明，在"三期叠加"这个阶段，经济发展速度必然会下降，但也不会无限下滑；经济结构调整是痛苦的，却是不得不过的关口；前期政策消化是必需的，但可以通过有效引导减缓消化过程中各类风险的影响。这也说明，我国经济正在向形态更高级、分工更复杂、结构更合理的阶段演化。这些趋势性变化，既是新常态的外在特征，又是新常态的内在动因，有的可能进一步强化，有的则可能发生变化。

总起来说，我国经济发展进入新常态后，增长速度正从 10% 左右的高速增长转向 7% 左右的中高速增长，经济发展方式正从规模速度型粗放增长转向质量效率型集约增长，经济结构正从增量扩能为主转向调整存量、做优增量并举的深度调整，经济发展动力正从传统增长点转向新的增长点。我国经济发展进入新常态，是我国经济发展阶段性特征的必然反映，是不以人的意志为转移的。如果看不到甚至不愿承认新变化、新情况、新问题，仍然想着过去的粗放型高速发展，习惯于铺摊子、上项目，就跟不上形势了。用老的办法，即使暂时把速度抬上去了也不会持久，相反会使发展中的矛盾和问题进一步积累、激化，最后是总爆发。认识新常态、适应新常态、引领新常态，是当前和今后一个时期我国经济发展的大逻辑，也是我国面临的一个大挑战。

（三）立足中国发展与走向世界的结合

在中国特色社会主义新时代，立足国内，我们必须清醒地看到，我们的工作还存在许多不足，也面临不少困难和挑战。主要是：发展不平衡不充分的一些突出问题尚未解决，发展质量和效益还不高，创新能力不够强，实体经济水平有待提高，生态环境保护任重道远；民生领域还有不少短板，脱贫攻坚任务艰巨，城乡区域发展和收入分配差距依然较大，群众在就业、教育、医疗、居住、养老等方面面临不少难题；社会文明水平尚需提高；社会矛盾和问题交织叠加，全面依法治国任务依然繁重，国家治理体系和治理能力有待加强；意识形态领域斗争依然复杂，国家安全面临新情况；一些改革部署和重大政策措施需要进一步落实；党的建设方面还存在不少薄弱环节；等等。这些问题，必须着力加以解决。

走向世界，我们发现冷战结束后，尤其是进入21世纪以来，国际形势发生了广泛而深刻的变化，但和平与发展仍然是时代主题，和平、发展、合作、共赢成为不可阻挡的时代潮流。世界多极化、经济全球化、文化多样化、社会信息化深入发展，全球治理体系和国际秩序变革加速推进，各国相互联系和依存日益加深，国际力量对比更趋平衡，和平发展大势不可逆转。同时，世界面临的不稳定性、不确定性突出，人类依然面临许多共同挑战，推进人类和平与发展的崇高事业依然任重而道远。

其一，世界多极化在曲折中发展。第二次世界大战后，世界格局的演变经历了从两大阵营对立到美苏两个超级大国争霸全球，再到两极格局终结、走向多极化的曲折发展过程。冷战结束以后，特别是进入21世纪以来，世界格局正处在一个加快演变的历史性进程中。国际力量对比正在发生前所未有的积极变化，新兴市场国家和发展中国家群体性崛起正在改变全球政治经济版图，世界多极化和国际关系民主化大势难逆，以西方国家为主导的全球治理体系出现变革迹象。

多极化格局有利于遏制霸权主义和强权政治，有利于推动建立公正合理的国际政治经济新秩序，也有利于广大发展中国家抓住机遇、发展自己。但也要清醒地看到，世界多极化进程是一个长期的、曲折的过程，超级大国推行霸权主义和强权政治的意愿和行动不会自动放弃，反对霸权主义、维护世界和平，推动国际关系民主化的斗争是艰巨的，各种力量的较量有时甚至是非常激烈的。要充分估计国际格局发展演变的复杂性，但更要看到世界多极化向前推进的态势不会改变。

其二，经济全球化深入发展。20 世纪 90 年代以来，随着冷战的结束，新科技革命的大力推进，特别是信息技术取得突破并广泛运用，全球资本的跨国流动迅速加快，经济全球化得以迅猛发展。随着中国、印度等新兴市场经济体逐渐融入全球经济体系，经济全球化的规模正在空前扩大。全球范围配置生产要素以空前的速度和规模持续发展，各经济体相互依赖、相互联系的程度日益加深。同时，世界经济仍处于深度调整期，复苏动力不足，低增长、低通胀、低需求同高失业、高债务、高泡沫等风险交织，主要经济体走势和政策取向继续分化，经济环境的不确定性依然突出。随着英国脱欧进程的加快和国际范围内贸易保护主义的抬头，经济全球化的进程受阻，但经济全球化的总趋势尚未改变。

经济全球化有利于促进资本、技术、知识等生产要素在全球范围内的优化配置，为全球经济和社会发展提供了前所未有的物质技术条件，给各国各地区提供了新的发展机遇。但经济全球化是一把双刃剑，它在推动全球生产力大发展、加速世界经济增长的同时，也带来一些负面影响，增多了各国和全球共同面临的社会经济问题，加剧了国际竞争，增加了国际风险，并对国家主权和发展中国家的民族工业造成了严重冲击。

其三，文化多样化及其碰撞交融呈现新特点。目前世界上有

200多个国家和地区、2500多个民族、6000多种语言。不同的民族创造了各自独特的文化，不同国家和地区的人民共同创造了丰富多彩的世界文化。不同国家、民族的思想文化各有千秋，只有姹紫嫣红之别，而无高低优劣之分。每个国家、每个民族不分强弱、不分大小，其思想文化都应该得到承认和尊重。文化多样化是人类文明进步的重要动力，维护和促进世界文化多样化是大多数国家的共同愿望。

伴随着经济全球化和世界多极化的推进，文化与经济、政治的联系日益紧密，经济的文化含量日益提高，文化已成为国家核心竞争力的重要因素，越来越多的国家把提高国家文化软实力作为重要发展战略。在经济全球化和信息网络化的条件下，世界范围内各种思想文化交流交融交锋更加频繁，国际思想文化领域斗争依然深刻而复杂，不同意识形态的斗争仍将长期存在，有时会相当复杂、尖锐。

其四，社会信息化持续推进。当今世界，信息技术革命日新月异，信息技术成为率先渗透到经济社会生活各领域的先导技术，对国际政治、经济、文化、社会、军事等领域的发展产生了深刻影响。信息化和经济全球化相互促进，信息资源日益成为重要的生产要素和社会财富，信息掌握的多寡成为衡量国家软实力和竞争力的重要标志。社会信息化与经济全球化所带来的商品流、信息流、技术流、人才流、文化流，汹涌而来，势不可挡，世界正在进入以信息产业为主导的新经济发展时期。

社会信息化的一个重要标志是互联网的飞速发展和广泛应用。互联网日益成为创新驱动发展的先导力量，深刻改变着人们的生产生活方式，有力推动着社会发展。互联网真正让世界变成了地球村，让国际社会联系越来越紧密。同时，互联网发展对国家主权、安全、发展利益提出了新的挑战，迫切需要国际社会认真应对、谋求共治、实现共赢。

其五，科学技术孕育新突破。20 世纪 90 年代以来，以信息技术和生物技术为核心的现代科学技术迅猛发展，对经济、社会的影响日益增强。科技的创新，知识经济的发展，信息的网络化和数字化，不同学科的交叉融合，科学与技术的不断更新，不仅影响和改变着国家的经济结构、综合国力，而且会影响国际政治格局、改变人类社会生活。

新一轮科技革命和产业变革正在孕育兴起，信息技术、生物技术、新材料技术、新能源技术广泛渗透，带动几乎所有领域发生了以绿色、智能为特征的群体性技术革命，大数据、云计算、移动互联网等新一代信息技术同机器人和智能制造技术相互融合步伐加快，科技创新链条更加灵巧，技术更新和成果转化更加快捷，产业更新换代不断加快。科技创新活动不断突破地域、组织、技术的界限演化为创新体系的竞争，创新战略竞争在综合国力竞争中的地位日益重要。

如何把立足国内与走向世界相结合，推进中国特色社会主义现代化建设，是马克思主义在新时代面临的又一重大挑战。

三、马克思主义在新时代的创新与发展

随着中国特色社会主义进入新时代，我国的社会主义现代化建设事业进入了一个新阶段，社会主要矛盾发生了变化，出现了一些新情况，遇到了一些新挑战，中国共产党与时俱进，结合新时代的新情况新特点不断推进马克思主义的时代化，实现了社会主要矛盾理论的创新，提出了新发展理念和两个伟大革命理论，首倡了人类命运共同体理念。

（一）社会主要矛盾理论的创新

随着中国特色社会主义进入新时代，面对党和国家事业取得的历史性成就和发生的历史性变革，面对我国仍处于社会主义初级阶段的基本国情，以习近平同志为核心的党中央深刻把握变与不变的辩证法，实现了社会主要矛盾理论的创新。社会主要矛盾理论是马克思主义的重要组成部分。生产力与生产关系、经济基础与上层建筑的矛盾构成了社会的基本矛盾，社会基本矛盾是社会发展的根本动力，贯穿于人类发展过程的始终。社会主要矛盾是社会基本矛盾在一定历史发展阶段的具体表现，反映着某种社会形态在一定历史发展阶段存在的最突出的问题。

党的十九大报告指出，我国的社会主要矛盾已经从人民日益增长的物质文化需要同落后的社会生产之间的矛盾，转变为人民日益增长的美好生活需要和不平衡不充分的发展之间的矛盾。这是对马克思主义社会主要矛盾理论的新发展，是马克思主义时代化的一个重大理论成果。

中国共产党关于社会主要矛盾理论的创新有着深刻的现实依据。一方面，人民群众的需要发生了变化。经过改革开放40多年的发展，我国已经解决了人民的温饱问题，在总体上实现了小康，并即将全面建成小康社会，人民的生活状况发生了显著的变化。人民群众的收入大幅度增加，城镇居民人均可支配收入和农村居民人均可支配收入分别从 1978 年的 343.3 元和 133.6 元增加到 2019 年的42359 元和 16021 元，增长了 100 多倍；人民群众的支出结构不断改善，生活质量越来越高，2019 年全国居民恩格尔系数为 28.2%，比 1978 年的 63.9% 下降了 35.7 个百分点；人民群众的受教育程度不断提高，九年义务教育全面普及，高中阶段教育正在普及，高等教育毛入学率 2019 年达到 51.6%，高出世界平均水平约 10 个百分点，我国开始进入高等教育普及化阶段；人民群众的健康状况显著改善，我国居民的平均预期寿命 2019 年达到 77.3 岁，高于世界平均水平；我国的社会保障水平大幅度提高，覆盖城乡居民的社会保障体系基本建立。随着人民生活水平的显著提高，人民的需求状况也发生了改变。需要的层次在不断地升级，从注重数量的满足到注重质量的提升，低层次需要的满足也不断促使高层次需要的出现；需要的种类变得越来越多样化和个性化，不仅仅有物质文化方面的需要，还有民主、法治、公平、正义、安全、环境等方面的需要。人民群众期待更舒适的居住条件、更高水平的医疗服务、更全面的社会保障，期盼更稳定的工作、更满意的收入、更好的教育，期望更公平的社会环境、更优美的自然环境、更丰富的精神文化生活。总之，人民对美好生活的向往更加强烈，人民的需要已经从基本的物质文化需要转变为对美好生活的需要。

另一方面，我国的社会生产状况发生了重大变化。经过几十年的解放生产力和发展生产力，我国的生产力水平在总体上有了很大的提高，已经改变了生产力落后的状况，部分领域的生产能力已经位居世界前列，生产关系中不适应生产力发展的某些环节和方面也已经通过改革得到一定程度的调整和完善，我国在社会生产方面面临的主要问题不再是落后的社会生产，而是发展的不平衡、不充分。不仅东、中、西部等各区域发展不平衡，城乡发展不平衡，区域和城乡收入分配差距大，而且在区域内部也存在着发展不平衡的问题，例如即使在东部发达地区，高质量的医疗资源和教育资源都集中在大城市，分布极不均衡。一些地区以及社会的一些领域和方面发展不充分，发展任务仍然很重。这些变化说明，我国社会主要矛盾的双方都发生了变化，因而我国的社会主要矛盾发生了转化，这就构成了社会主要矛盾理论创新的现实根据。

社会主要矛盾的变化是关系全局的历史性变化，对党和国家的工作提出了很多新要求。社会主要矛盾既然反映了社会在一定历史发展阶段存在的最突出的问题，那么它自然也是党和国家制定发展战略的依据，制定路线、方针、政策的依据，确立工作重心的依据。社会主要矛盾从人民日益增长的物质文化需要同落后的社会生产之间的矛盾，转变为人民日益增长的美好生活需要和不平衡不充分的发展之间的矛盾，意味着在继续解放生产力和发展生产力的基础上，着力解决发展不平衡不充分的问题，满足人民的美好生活需要，是党和国家在中国特色社会主义新时代的主要任务。因此，必须统筹推进"五位一体"总体布局，协调推进"四个全面"战略布局，贯彻新发展理念，建设现代化经济体系，更好地满足人民日益增长的美好生活需要，更好地推动人的自由全面发展和社会全面进步。

具体来说，首先，要进一步运用战略思维从全局高度谋划党和国家的工作。要有全局观念，从整体上来理解、把握社会主要矛盾，站在全局的高度来制定解决社会主要矛盾的措施，并且具体落实到各个领域、各个方面和各项工作当中去。要紧密联系人民群众的愿望和期待，贯彻落实新发展理念，着力实现物质文明、政治文明、精神文明、社会文明和生态文明的共同提升，实现社会主义现代化建设的各个领域、各个方面相互促进、全面发展。

其次，要坚持以人民为中心的发展思想。人民群众的美好生活需要是社会主要矛盾的一个方面，要解决社会主要矛盾，实际上就是要满足人民的美好生活需要。因此，只有坚持以人民为中心的发展思想，站稳人民立场，通过调整和完善各项发展战略、政策，在继续推动发展的基础上着力解决好发展不平衡不充分的问题，才能为实现人民对美好生活的向往提供物质基础。人民群众是历史的创造者，社会主义的根本目的是实现全体人民的共同富裕，中国共产党是人民群众利益的忠实代表，因而要把人民利益摆在最高位置，坚持在发展中保障和改善民生，解决好群众最关心、最直接、最现实的利益问题，推动发展成果由全体人民共享，使人民群众更有获得感、幸福感和安全感。在不断提高人民的物质文化生活水平的同时，还需要呼应人民群众在民主、法治、公平、正义、安全和环境等各方面的要求，更好地满足人民对美好生活的需要。

再次，要把当前任务和长远目标结合起来。社会主要矛盾的解决不是一朝一夕的事，而是一个比较长的历史过程。在这个比较长的历史过程中，我们需要解决一件又一件具体的任务。因此，要结合当前任务和长远目标，坚持辩证唯物主义和历史唯物主义的方法论，在继续推动发展的基础上，着力解决好发展不平衡不充分的问题，大力提升发展质量和效益，更好地满足人民群众在各个方面日益增长的需要。

社会主要矛盾理论的创新正确运用了历史唯物主义的方法和原则，是对马克思主义矛盾学说的继承和发展，丰富和发展了中国特色社会主义理论体系，是马克思主义时代化的最新理论成果之一，为新时代中国特色社会主义事业的发展提供了行动指南。

（二）新发展理念的提出

在我国经济发展进入新常态后，面对经济社会发展新趋势新机遇和新矛盾新挑战，必须确立新的发展理念，用新的发展理念引领发展行动。古人说："理者，物之固然，事之所以然也。"发展理念是发展行动的先导，是管全局、管根本、管方向、管长远的东西，是发展思路、发展方向、发展着力点的集中体现。发展理念搞对了，目标任务就好定了，政策举措也就跟着好定了。为此，党提出了创新、协调、绿色、开放、共享的发展理念，并以这五大发展理念为主线进行谋篇布局。这五大发展理念，是新时代和以后我国发展思路、发展方向、发展着力点的集中体现，也是改革开放40多年来我国发展经验的集中体现，反映出党对我国发展规律的新认识。

创新发展注重的是解决发展动力问题。我国创新能力不强，科技发展水平总体不高，科技对经济社会发展的支撑能力不足，科技对经济增长的贡献率远低于发达国家水平，这是我国这个经济大个头的"阿喀琉斯之踵"。新一轮科技革命带来的是更加激烈的科技竞争，如果科技创新搞不上去，发展动力就不可能实现转换，我们在全球经济竞争中就会处于下风。为此，我们必须把创新作为引领发展的第一动力，把人才作为支撑发展的第一资源，把创新摆在国家发展全局的核心位置，不断推进理论创新、制度创新、科技创新、文化创新等各方面创新，让创新贯穿党和国家一切工作，让创新在全社会蔚然成风。

协调发展注重的是解决发展不平衡问题。我国发展不协调是一个长期存在的问题，突出表现在区域、城乡、经济和社会、物质文明和精神文明、经济建设和国防建设等关系上。在经济发展水平落后的情况下，一段时间的主要任务是要跑得快，但跑过一定路程后，就要注意调整关系，注重发展的整体效能，否则木桶效应就会愈加显现，一系列社会矛盾会不断加深。为此，我们必须牢牢把握中国特色社会主义事业总体布局，正确处理发展中的重大关系，不断增强发展整体性。

绿色发展注重的是解决人与自然和谐问题。绿色循环低碳发展，是当今时代科技革命和产业变革的方向，是最有前途的发展领域，我国在这方面的潜力相当大，可以形成很多新的经济增长点。我国资源约束趋紧、环境污染严重、生态系统退化的问题十分严峻，人民群众对清新空气、干净饮水、安全食品、优美环境的要求越来越强烈。为此，我们必须坚持节约资源和保护环境的基本国策，坚定走生产发展、生活富裕、生态良好的文明发展道路，加快建设资源节约型、环境友好型社会，推进美丽中国建设，为全球生态安全作出新贡献。

开放发展注重的是解决发展内外联动问题。国际经济合作和竞争局面正在发生深刻变化，全球经济治理体系和规则正在面临重大调整，"引进来""走出去"在深度、广度、节奏上都是过去所不可比拟的，应对外部经济风险、维护国家经济安全的压力也是过去所不能比拟的。现在的问题不是要不要对外开放，而是如何提高对外开放的质量和发展的内外联动性。我国对外开放水平总体上还不够高，用好国际国内两个市场、两种资源的能力还不够强，应对国际经贸摩擦、争取国际经济话语权的能力还比较弱，运用国际经贸规则的本领也不够强，需要加快弥补。为此，我们必须坚持对外开放的基本国策，奉行互利共赢的开放战略，深化人文交流，完善对外开放区域布局、对外贸易布局、投资布局，形成对外开放新体制，发展更高层次的开放型经济，以扩大开放带动创新、推动改革、促进发展。"一带一路"倡议是扩大开放的重大举措和经济外交的顶层设计，要找准突破口，以点带面、串点成线、步步为营、久久为功。要推动全球经济治理体系改革完善，引导全球经济议程，维护多边贸易体制，加快实施自由贸易区战略，积极承担与我国能力和地位相适应的国际责任和义务。

共享发展注重的是解决社会公平正义问题。"治天下也，必先公，公则天下平矣。"让广大人民群众共享改革发展成果，是社会主义的本质要求，是社会主义制度优越性的集中体现，是中国共产党坚持全心全意为人民服务根本宗旨的重要体现。这方面问题解决好了，全体人民推动发展的积极性、主动性、创造性就能充分调动起来，国家发展也才能具有最深厚的伟力。我国经济发展的"蛋糕"不断做大，但分配不公问题比较突出，收入差距、城乡区域公共服务水平差距较大。在共享改革发展成果上，无论是实际情况还是制度设计，都还有不完善的地方。为此，我们必须坚持发展为了人民、发展依靠人民、发展成果由人民共享，作出更有效的制度安排，使全体人民朝着共同富裕方向稳步前进，绝不能出现"富者累巨万，而贫者食糟糠"的现象。

新发展理念深化了以经济建设为中心的本质要求。新发展理念基于我国处于并将长期处于社会主义初级阶段和社会主要矛盾没有变的基本国情，根据形势的新变化、实践的新要求、人民的新期待，强调必须毫不动摇地坚持以经济建设为中心，同时进一步提出坚持以人民为中心的发展思想，坚持以提高质量和效益为中心的发展要求，赋予了经济建设这个中心更加鲜明的目标指向、更加有效的实现途径、更加科学的衡量标准。毫不动摇地坚持以经济建设为中心，就必须把增进人民福祉、促进人的全面发展作为出发点和落脚点，充分调动人民积极性主动性创造性，必须把质量效益作为核心与关键，推动我国经济走上更高质量、更有效率、更加公平、更可持续的发展道路。

新发展理念丰富了"发展是硬道理"的实践内涵。20世纪90年代，邓小平立足中国实际，总结国际国内经验教训，提出了"发展才是硬道理"的著名论断，强调抓住时机，发展自己，关键是发展经济。这一论断，进一步破除了束缚发展的思想藩篱，进一步把全党的工作重心聚焦到谋发展抓发展上来。党基于这一论断，提出了发展是党执政兴国的第一要务，坚持以人为本、全面协调可持续发展等重要思想，推动实现了我国经济社会发展的不断跨越。随着世情、国情、党情深刻变化，重要战略机遇期内涵发生深刻改变，迫切需要确立新的发展思路与方向、发展动力与着力点。这时候党与时俱进地提出了新发展理念，丰富和提升了党的发展理论，不仅使坚持发展这个原则更"硬"，而且使实现什么样的发展、如何发展这个"道理"更鲜明更系统，既包含着发展速度的要求，更着眼于发展动力的转换、方式的转变，追求的是发展速度与发展的创造性、均衡性、包容性、可持续性的有机统一。

五大发展理念相互贯通、相互促进，是具有内在联系的集合体。新发展理念深刻揭示了实现更高质量、更有效率、更加公平、更可持续发展的必由之路，是关系我国发展全局的一场深刻变革，是针对我国经济发展进入新常态、世界经济复苏低迷形势提出的治本之策，是针对当前我国发展面临的突出问题和挑战提出的战略指引。新发展理念集中反映了党对经济社会发展规律认识的深化，是我国发展理论的又一次重大创新，是中国特色社会主义进入新时代后马克思主义时代化的一个重大理论成果。

（三）两个伟大革命理论的提出

2018 年 1 月 5 日，习近平总书记在新进中央委员会的委员、候补委员和省部级主要领导干部学习贯彻习近平新时代中国特色社会主义思想和党的十九大精神研讨班开班式上发表重要讲话，讲话把历史和现实相贯通、国际和国内相关联、理论和实际相结合，深刻阐述了坚持和发展中国特色社会主义要一以贯之，推进党的建设新的伟大工程要一以贯之，增强忧患意识、防范风险挑战要一以贯之等重大问题。习近平总书记的讲话提出了中国共产党领导人民进行伟大的社会革命和领导全党进行伟大的自我革命的重要论断，形成了一个新的重大命题，即"两个伟大革命理论"，这是党在新时代的一个重大理论创新，是马克思主义时代化的又一重大理论成果。

党坚持和运用的"革命"概念，来源于马克思主义。马克思有句名言："革命是历史的火车头。"① 他还说："一般的革命——推翻现政权和废除旧关系——是政治行动。但是，社会主义不通过革命是不可能实现的。社会主义需要这种政治行动，因为它需要破坏和废除旧的东西。"② 恩格斯指出："暴力，用马克思的话说，是每一个孕育着新社会的旧社会的助产婆。"③ 毛泽东在新民主主义革命时期也指出："革命不是请客吃饭，不是做文章，不是绘画绣花，不能那样雅致，那样从容不迫，文质彬彬，那样温良恭俭让。革命是暴动，是一个阶级推翻一个阶级的暴烈的行动。"④ 马克思、恩格斯所讲的暴力和毛泽东所讲的暴动是一个含义，是革命的举动和骤变形式。革命导师和领袖的重要论述都说明了革命在社会历史发展中的重大作用，是实现社会形态更替的重要手段。马克思主义关于革命的这个思想，中国共产党一直是坚持的。

改革开放后，党从中国的实际出发，对马克思主义的革命思想又有新的发展和运用。突出的表现是，对党的十一届三中全会以来实行的改革开放赋予了革命的意义。邓小平深刻指出："革命是要搞阶级斗争，但革命不只是搞阶级斗争。生产力方面的革命也是革

---

① 《马克思恩格斯文集》第 2 卷，人民出版社 2009 年版，第 161 页。
② 《马克思恩格斯全集》第 3 卷，人民出版社 2002 年版，第 395 页。
③ 《马克思恩格斯文集》第 9 卷，人民出版社 2009 年版，第 191 页。
④ 《毛泽东选集》第 1 卷，人民出版社 1991 年版，第 17 页。

命，而且是很重要的革命，从历史的发展来讲是最根本的革命。"①对于我国改革开放的性质，邓小平强调，"改革是中国的第二次革命"，"改革是社会主义制度的自我完善"，"革命是解放生产力，改革也是解放生产力"。②江泽民指出，"改革开放是一场新的革命，是建设有中国特色社会主义的强大动力"，"这场新的伟大革命也给党的思想政治建设注入了新的活力"。③胡锦涛也指出："我们党领导的改革开放这场新的伟大革命，引领中国人民走上了中国特色社会主义广阔道路，迎来中华民族伟大复兴光明前景。"④

习近平总书记提出的"两个伟大革命理论"是对马克思主义和党关于革命论的继承和发展。这个理论既把革命和改革贯通起来，又把社会革命和自我革命贯通起来，是党的又一个重大理论创新。这个理论的两个贯通，是有充分实践根据和理论依据的。从马克思主义哲学看，革命就其本质意义讲，是事物量变过程中渐进过程的中断，即产生飞跃。同时马克思主义哲学认为，在事物量变过程中也还大量存在着不改变事物性质的部分质变。事物的发展变化有突变和渐变两种形式，因此革命也就有了广义和狭义之分。从一般意义上说，狭义的社会革命，就是暴力革命，社会制度变更；狭义的自我革命，就是脱胎换骨，除旧布新。广义的社会革命，就是改革，体制机制的完善；广义的自我革命，就是坚定革命意志，发扬革命精神。习近平总书记的"两个伟大革命理论"是狭义革命论和广义革命论的有机统一，为我们正确认识革命的性质、功能、条件

① 《邓小平文选》第 2 卷，人民出版社 1994 年版，第 311 页。

② 《邓小平文选》第 3 卷，人民出版社 1993 年版，第 113、142、370 页。

③ 中共中央文献研究室编：《十四大以来重要文献选编》中，人民出版社 1997 年版，第 1188 页。

④ 《胡锦涛文选》第 3 卷，人民出版社 2016 年版，第 171 页。

和范围提供了基本遵循，也为我们在新时代推进伟大的社会革命和推进伟大的自我革命提供了科学的思想指引。

伟大的自我革命的成效，是党能否领导伟大的社会革命的前提和条件。中国共产党作为马克思主义政党，顺应社会历史发展的潮流和趋势，代表着先进生产力的发展要求，代表着先进文化的前进方向，代表着最广大人民的根本利益。因此，党除了工人阶级和最广大人民的利益外，没有自己的利益，更没有自己的特殊利益。马克思主义政党所具有的这种性质，就决定了它的宗旨、任务和最高理想、最终目标与其他类型的政党不同，也就规定了它对为人民服务宗旨的践行，必须全心全意，不能带一点私心，不能含半点杂质。否则，就不能行稳致远，就违反其性质、背离其宗旨，就不是共产党。勇于坚持真理，随时修正错误，就成为马克思主义政党的品格、特质和优势。中国共产党的这种能力，既是我们党区别于其他政党的显著标志，也是我们党兴盛不衰的秘诀。新时代决胜全面建成小康社会、实现中华民族伟大复兴的中国梦，对我们党提出了前所未有的新挑战新要求。新形势下，影响党的先进性、弱化党的纯洁性的因素是复杂的，侵蚀党的肌体的现象是大量存在的，而且这些因素和现象具有很强的危险性和破坏性。这就决定了推进新时代党的建设新的伟大工程，党必须勇于自我革命。通过自我革命，使党始终成为时代先锋、民族脊梁，始终保持马克思主义执政党的性质不变，确保中国共产党团结带领人民有效应对重大挑战、抵御重大风险、克服重大阻力、解决重大矛盾，不断从胜利走向新的胜利。

伟大的社会革命的成效，是对党的伟大自我革命合格与否的检验和证明。在推进伟大的社会革命实践中，中国共产党紧紧依靠人民，跨过了一道又一道坎，取得革命、建设、改革伟大社会革命的胜利。改革开放以来，我们取得了举世瞩目的伟大成就。特别是党的十八大以来，以习近平同志为核心的党中央提出一系列新理念新思想新战略，出台一系列重大方针政策，推出一系列重大举措，推进一系列重大工作，解决了许多长期想解决而没有解决的难题，办成了许多过去想办而没有办成的大事，推动党和国家事业发生历史性变革。这些成就是我们继续前进的基础和起点。习近平总书记强调指出："昨天的成功并不代表着今后能够永远成功，过去的辉煌并不意味着未来可以永远辉煌。"①

"两个伟大革命理论"是对中国共产党历史的主题主线的深化和拓展。中国共产党历史的主题主线是争取民族独立、人民解放和实现国家富强、人民幸福。这两大历史任务是 1840 年鸦片战争以后中国所面临的，是中国人民和中华民族所提出的，是中国的社会性质和特殊国情所决定的。在近现代中国，谁能承担起中国历史所赋予的这一责任，带领中国人民完成这两大历史任务，人民就会支持谁、选择谁、拥护谁。中国共产党自成立至今 100 年的历史分为三个历史时期。第一个历史时期从 1921 年建党至 1949 年新中国成立共 28 年，我们称之为党在新民主主义革命时期的历史。第二个历史时期从 1949 年新中国成立至 1978 年党的十一届三中全会召开共 29 年，我们称之为党在社会主义革命和建设时期的历史。第三个历史时期从 1978 年党的十一届三中全会召开至今，我们称之为党在改革开放和社会主义现代化建设新时期的历史。"两个伟大革命理论"把党肩负的两大历史任务和党的三个历史时期连接和贯通了起来。可以说，这 100 年的历史就是中国共产党领导人民进行伟大的社会革命的历史，同时也是中国共产党领导全党进行的伟大的自我革命

---

① 《习近平谈治国理政》第 3 卷，外文出版社 2020 年版，第 70 页。

的历史。

"两个伟大革命理论"深化和拓展了中国共产党历史的主题主线，也就澄清了过去一个时期我们对"革命党""执政党"的不准确区分和模糊认识，对回击历史虚无主义从根本上否定马克思主义指导地位和中国走向社会主义的历史必然性，否定中国共产党的领导和社会主义制度，纠正用改革开放前的历史和用改革开放后的历史相互否定的做法，提供了强有力的思想武器，以确保党在新民主主义革命中取得的成果绝不能丢失，在社会主义革命和建设中取得的成就绝不能否定，在改革开放中坚持的正确方向绝不能动摇。新时代中国特色社会主义是中国共产党领导人民进行伟大的社会革命的成果，也是中国共产党领导人民进行伟大的社会革命的继续。中国特色社会主义最本质的特征是中国共产党领导，中国特色社会主义制度的最大优势是中国共产党领导。党政军民学，东西南北中，党是领导一切的。要把我国建设成为富强民主文明和谐美丽的社会主义现代化强国，实现中华民族伟大复兴的中国梦，党必须勇于领导人民把进行了100年的伟大的社会革命推进到底。而党要把伟大的社会革命推进好，必须始终保持革命精神，保持过去革命战争时期的那么一股劲、那么一股革命热情、那么一种拼命精神，把革命工作做到底。永不自满、永不懈怠，敢于自我革命、敢于刀刃向内、敢于刮骨疗毒、敢于壮士断腕，防止祸起萧墙。不断增强自我净化、自我完善、自我革新、自我提高的能力。

"两个伟大革命理论"为党跳出历史周期率提供了根本方法和具体路径。历史周期率是中国历代封建王朝盛衰兴亡所呈现出的一个普遍现象。针对中国共产党如何跳出历史周期率的问题，20世纪40年代，毛泽东在延安与黄炎培有一段著名的"窑洞对"。如何跳出历史周期率，毛泽东给出的办法就是民主与监督。每到党执政的重大历史关头，毛泽东和黄炎培关于跳出历史周期率的"窑洞对"就成为全党聚焦、社会高度关切的问题。"两个伟大革命理论"对这段历史对话进行了丰富和发展，为党跳出历史周期率提供了根本的方法和具体路径，这就是全面加强党的自身建设，全面从严治党，发扬党彻底的自我革命精神。习近平总书记深刻指出，在新时代，我们党必须以党的自我革命来推动党领导人民进行的伟大社会革命，把党建设成为始终走在时代前列、人民衷心拥护、勇于自我革命、经得起各种风浪考验、朝气蓬勃的马克思主义执政党，这既是我们党领导人民进行伟大社会革命的客观要求，也是我们党作为马克思主义政党建设和发展的内在需要。

伟大的社会革命和伟大的自我革命辩证统一、相辅相成，两者之间相互促进、相互制约、相互作用、相互影响，是一个不可分割的整体。"两个伟大革命理论"深化和拓展了中国共产党历史的主题主线和主流本质，为党跳出历史周期率提供了根本方法和具体路径。这一重大理论成果，对于推进中国共产党领导人民进行的伟大社会革命和推进中国共产党领导全党进行的伟大自我革命，必将产生强大的指导作用，是新时代马克思主义时代化的又一次重大飞跃。

（四）人类命运共同体理念的提出

人类只有一个地球，各国共处一个世界。地球是人类的共同家园，也是人类到目前为止唯一的家园。习近平总书记指出："人类生活在同一个地球村里，生活在历史和现实交汇的同一个时空里，越来越成为你中有我、我中有你的命运共同体。"① 步入中国特色社

---

① 《习近平谈治国理政》，外文出版社 2014 年版，第 272 页。

会主义新时代，中国共产党积极应对国内和国际的挑战，把立足国内和走向世界结合起来，推动新时代中国特色社会主义事业走向前进，提出了人类命运共同体理念，实现了马克思主义与时代特征的又一次结合。

马克思、恩格斯说："各民族的原始封闭状态由于日益完善的生产方式、交往以及因交往而自然形成的不同民族之间的分工消灭得越是彻底，历史也就越是成为世界历史。"[①] 历史和现实日益证明这个预言的科学价值。今天，经济全球化大潮滚滚向前，新科技革命和产业变革深入发展，全球治理体系深刻重塑，国际格局加速演变，和平发展大势不可逆转。人类交往的世界性比过去任何时候都更深入、更广泛，各国相互联系和彼此依存比过去任何时候都更频繁、更紧密，和平、发展、合作、共赢已成为时代潮流。同时，全球发展深层次矛盾突出，霸权主义、强权政治依然存在，保护主义、单边主义不断抬头，战乱恐袭、饥荒疫情此起彼伏，传统安全和非传统安全问题复杂交织。治理赤字、信任赤字、和平赤字、发展赤字，成为摆在全人类面前的严峻挑战。

人类命运共同体理念，正是在当今世界处于百年未有之大变局的背景下，中国共产党在应对如何把立足国内和走向世界相结合以推动中国特色社会主义发展的挑战时提出来的，也是中国共产党针对现行全球治理体系存在的问题提出的中国方案。

人类命运共同体，顾名思义，就是每个民族、每个国家的前途命运都紧紧联系在一起，风雨同舟，荣辱与共，努力把我们生于斯、长于斯的这个星球建成一个和睦的大家庭，把世界各国人民对美好生活的向往变成现实。人类命运共同体理念有着深厚的思想渊

---

① 《马克思恩格斯文集》第 1 卷，人民出版社 2009 年版，第 541 页。

源。首先，"尚和合，求大同"的中华优秀传统文化蕴含了人类命运共同体的思想基因。中国传统文化蕴含的"和合"理念强调"天人合一""和而不同""协和万邦"。这种"和同天下"的思想，不是抹平一切差异，而是在尊重差异的前提下，实现关系和谐，同时不断合理有序地解决矛盾，实现功能互补，推动整体的发展演进。人类命运共同体理念以整体性思维来考量人与自然关系、整个人类命运走向，是"天人合一"思想的反映。人类命运共同体理念昭示出尊重彼此差异、交流互鉴的交往观，是"和而不同"思想的体现。其次，人类命运共同体理念还可以追溯到马克思的共同体思想。马克思虽然没有明确界定共同体的概念，但是有很多对共同体的论述。马克思的共同体思想本质上就是关于人的学说，回答的是人在什么样的条件下实现解放、实现自由和全面发展。马克思以"现实的人"为逻辑起点，认为"只有在共同体中，个人才能获得全面发展其才能的手段，也就是说，只有在共同体中才能有个人自由"[1]。马克思根据人类社会发展的不同阶段梳理了共同体的发展形态，包括自然形成的共同体、虚幻的共同体、真正的共同体。人类命运共同体理念与马克思共同体思想在价值旨归上具有契合性。人类命运共同体理念站在人的"类"思维角度，超越物种思维的封闭性、片面性和孤立性，超越民族国家和意识形态的藩篱，以人类文明未来走向和全人类共同命运为终极关怀，谋求建立一个共生、共享和共赢的世界，它是马克思共同体思想在当代的逻辑延展。

人类命运共同体理念有着丰富而深刻的内涵。其一，坚持对话协商，建设一个持久和平的世界。各国要相互尊重、平等协商，坚决摒弃冷战思维、集团对抗和强权政治。坚持和平共处五项原则，

---

[1] 《马克思恩格斯文集》第 1 卷，人民出版社 2009 年版，第 571 页。

尊重各国自主选择的社会制度和发展道路，尊重彼此核心利益和重大关切，走对话而不对抗、结伴而不结盟的国与国交往新路，不搞你输我赢的零和游戏。人类命运共同体是一个持久和平的世界。根本要义在于国家之间构建平等相待、互商互谅的伙伴关系。大国要在相互尊重的基础上管控矛盾分歧，平等对待小国，不搞唯我独尊、强买强卖的霸道行径。任何国家都不能随意发动战争，不能破坏国际法治，通过平等协商处理国家间的矛盾分歧，共同发展，和平相处。

其二，坚持共建共享，建设一个普遍安全的世界。要坚持以对话解决争端，以协商化解分歧，反对以牺牲别国安全换取自身绝对安全的做法。统筹应对传统和非传统安全威胁，反对一切形式的恐怖主义，实现普遍安全。国家不论大小、强弱、贫富以及历史文化传统、社会制度存在多大差异，都要尊重其合理安全关切。各国都有参与地区安全事务的权利，也都有维护地区安全的责任，应以对话协商、互利合作的方式解决安全难题。加强协调、共担责任，建立全球反恐统一战线，为各国人民撑起安全伞。

其三，坚持合作共赢，建设一个共同繁荣的世界。人类命运共同体是一个远离贫困、共同繁荣的世界。要实现各国经济社会协同进步，解决发展不平衡带来的问题，缩小发展差距，促进共同繁荣；拒绝自私自利、短视封闭的狭隘政策，维护世界贸易组织规则，支持维护开放、透明、包容、非歧视性的多边贸易体制，构建开放型世界经济。坚持走开放融通、互利共赢之路，加强多边框架内合作，推动经济全球化朝着更加开放、包容、普惠、平衡、共赢的方向发展。各国特别是主要经济体需要加强宏观政策协调，兼顾当前和长远，着力解决深层次问题。人类命运共同体追求的是共同发展，需要引导经济全球化健康发展，既做大蛋糕，又分好蛋糕，着力解决公平公正问题。加强全球经济治理，健全发展协调机制，为世界经济增长提供新动力，让发展成果更多惠及世界各国人民。

其四，坚持交流互鉴，建设一个开放包容的世界。人类文明多样性是世界的基本特征和人类进步的源泉，交流互鉴是文明发展的本质要求。人类只有肤色语言之别，文明只有姹紫嫣红之别，但绝无高低优劣之分。文明差异不应该成为世界冲突的根源，而应该成为人类文明进步的动力。多样带来交流，交流孕育融合，融合产生进步。人类历史就是一幅不同文明交流、互鉴、融合的宏伟画卷。美人之美，美美与共。不同文明要取长补短、共同进步，让文明交流互鉴成为增进各国人民友谊的桥梁、推动人类社会进步的动力、维护世界和平的纽带。

其五，坚持绿色低碳，建设一个清洁美丽的世界。人与自然共生共存，伤害自然最终伤及人类，建设生态文明关乎人类未来。要牢固树立尊重自然、顺应自然、保护自然的意识，解决好工业文明带来的矛盾，以人与自然和谐相处为目标，实现世界的可持续发展和人的全面发展。平衡推进联合国2030年可持续发展议程，倡导绿色、低碳、循环、可持续的生产生活方式，采取行动应对气候变化，不断开拓生产发展、生活富裕、生态良好的文明发展道路，构筑尊崇自然、绿色发展的生态体系，保护好人类赖以生存的地球家园。

人类命运共同体理念是对人类关于社会发展规律、现实社会治理、未来社会模型等思想的继承与创新，极大丰富了马克思主义国际关系理论，打破了数百年来被西方奉为圭臬的国强必霸、以邻为壑的丛林法则和"修昔底德陷阱"理论，指明了世界发展和人类未来的前进方向，是中国特色社会主义新时代马克思主义时代化的重大理论成果。

第六章

马克思主义时代化的价值意蕴、历史经验与当代使命

---

　　19 世纪欧洲无产阶级革命实践风起云涌的时代背景，呼唤并催生了马克思主义。马克思主义作为同时代最灿烂的真理之光不仅照亮了世界无产阶级革命之路，而且跨越时空地在不断变化、发展的时代场域引领社会主义发展的未来。马克思主义具有实践性、革命性、科学性、人民性、发展性的理论品格，引导着无产阶级不断推进时代革命，旨在实现人自由而全面发展的共产主义社会。实践是理论产生和发展的源泉，而理论必将随着实践的进一步深化而不断丰富和拓展。作为指导思想，马克思主义不是书斋里的学问，不仅仅停留在解释世界层面，而且在改造世界的实践中渐进地推进其理论的时代

化。无论在革命与战争时代和东西方对峙时期，还是在和平与发展时代，抑或进入中国特色社会主义新时代，中国共产党都积极回应了时代发展的要求，积极把马克思主义与时代主题有机结合起来，推进马克思主义时代化。马克思主义时代化是马克思主义理论和实践发展的重大课题，具有重大理论和现实价值。同时，马克思主义时代化进程中积累了丰富的历史经验，这些历史经验将启发着马克思主义进一步时代化的未来。历史启迪未来。深刻总结马克思主义时代化进程中积累的历史经验，我们应站在新时代勇担马克思主义时代化的当代使命。

一、马克思主义时代化的价值意蕴

马克思主义时代化的一百年，也是马克思主义中国化的一百年，是马克思主义普遍原理和中国具体的国情、党情、世情相结合的一百年。这一百年取得了丰硕的理论成果，有效推动了诞生于自由资本主义时代的马克思主义的时代化或当代化进程，持续焕发着马克思主义的理论魅力。马克思主义时代化是马克思主义理论和实践发展的重大课题，对于马克思主义理论、无产阶级事业和无产阶级政党的发展，对于维护世界和平和发展等都有着极为重要的意义。

（一）马克思主义永葆生命力的动力源泉

马克思主义时代化涉关马克思主义的生命，马克思主义时代化历程保持了马克思主义生命力，使马克思主义始终焕发出耀眼光芒。马克思主义之所以是科学，在于它是开放的和发展着的，不会永远停留在原来的水平上。毛泽东曾指出："马克思主义一定要向前发展，要随着实践的发展而发展，不能停滞不前。停止了，老是那么一套，它就没有生命了。"① 这一科学论断说明，要永葆马克思主义的生命力，必须不断推动和实现马克思主义向前发展。马克思主义发展史表明，马克思主义时代化就是保持马克思主义生命活力的重要因素和关键途径。

马克思主义只有与时代发展同进步，才能得到不断发展。马克

① 《毛泽东文集》第 7 卷，人民出版社 1995 年版，第 281 页。

思主义本身就具有与时俱进的理论品质，它是一定时代和条件的产物，又要求随着时代条件和状况的改变而不断丰富和发展。马克思主义经典作家就特别强调马克思主义不是教条、不是放之四海而皆准的宇宙真理，如果把马克思主义教条化、绝对化，就不可能解释本身处于变化中的世界，更不能改变世界。教条化的马克思主义，不可能解决垄断资本主义时代无产阶级革命的新问题，不可能指导俄国十月革命的胜利，更不可能指导中国新民主主义革命的胜利。马克思主义理论的强大生命力，从根本上说，取决于它把握时代、理解时代和解决时代问题的程度和水平。

马克思主义发展史所体现的马克思主义时代化的过程表明，马克思主义成功地实现了对时代特征、时代精神、时代主题的有效把握，成功解决了时代提出的各种问题。也正因此，马克思主义的生命力依然旺盛，马克思主义依然焕发出耀眼的光芒。实践证明，以列宁为代表的俄国共产党人，把马克思主义的普遍原理与时代条件和俄国具体实践相结合，创造性地把马克思主义推进到了列宁主义新阶段，回击了各种修正主义对马克思主义的挑战，也以其成功的实践，检验了马克思主义的真理性。在新民主主义革命和社会主义建设时期，以毛泽东为代表的中国共产党人创造性地运用马克思主义的立场、观点和方法分析中国的革命和建设，解决了在中国这样经济文化落后的东方国家进行社会主义革命和建设的问题，成功回答了"民族独立、人民解放"的历史课题，将马克思主义推进到毛泽东思想阶段。改革开放以来，以邓小平、江泽民、胡锦涛为代表的中国共产党人结合和平与发展的时代条件，深刻总结社会主义建设的经验教训。以邓小平同志为主要代表的中国共产党人创立邓小平理论，回答了什么是社会主义、怎样建设社会主义的问题。以江泽民同志为主要代表的中国共产党人形成"三个代表"重要思想，回答了建设什么样的党、怎样建设党的问题。以胡锦涛同志为主要代表的中国共产党人形成科学发展观，回答了实现什么样的发展、怎样发展的问题。以习近平同志为主要代表的中国共产党人创立习近平新时代中国特色社会主义思想，回答了新时代坚持和发展什么样的中国特色社会主义、怎样坚持和发展中国特色社会主义的问题。

实践表明，中国共产党人始终坚持与时俱进的态度对待马克思主义，在每一个历史时期都实现着马克思主义中国化和时代化。一方面，坚持了马克思主义科学社会主义的基本原则，包括马克思主义的世界观和方法论，社会主义共同富裕、人人平等、每个人自由全面发展的价值观，始终为人民谋利益的根本政治立场，公有制的主体地位和按劳分配的基本原则，马克思主义在意识形态领域的指导地位等；另一方面，又根据中国国情和新的时代特征，赋予了社会主义许多新的特色。中国共产党人没有背弃马克思主义，而是在新的时代条件下发展了马克思主义；没有背弃社会主义，而是更好地发展了社会主义。

党的十七大报告指出："《共产党宣言》发表以来近一百六十年的实践证明，马克思主义只有与本国国情相结合、与时代同进步、与人民群众共命运，才能焕发出强大的生命力、创造力、感召力。"[①] 马克思主义时代的历史也证明，没有马克思主义时代化，就没有马克思主义的发展。只有继续推进马克思主义时代化，赋予马克思主义时代气息，马克思主义才能展现巨大的生命力和创造力，才能科学回答时代性问题，也才能引领中国特色社会主义取得新的胜利。

---

① 中共中央文献研究室编：《十七大以来重要文献选编》上，中央文献出版社2009年版，第9页。

（二）无产阶级政党永葆先进性的重要条件

马克思主义时代化历程使无产阶级政党始终保持着先进性，始终站在时代的前列，始终成为社会主义革命和建设事业的中流砥柱。马克思主义是无产阶级政党的指导思想，只有不断推进马克思主义时代化，使党的思想理论随着时代的发展而发展，才能为拓展和升华党的先进性奠定坚实基础，打开广阔空间，也才能始终保持马克思主义政党的先进性和影响力。反对马克思主义时代化，或以僵化教条方式对待马克思主义，会窒息马克思主义生命力，也势必会消解马克思主义政党的先进性和影响力。历史上曾存在这种情况，列宁去世后，苏联在社会主义建设中存在许多教条主义式地对待马克思主义的问题，以此为基础形成的苏联模式也日益暴露出严重的弊端，最后影响了人民群众对苏联共产党的认同，削弱了其执政基础，以至于最后导致苏联解体，使苏联共产党丧失了执政地位，列宁开创的革命事业毁于一旦。苏联亡党亡国的历史教训始终提示我们，在任何时候，都应该解放思想，实事求是，一切从实际出发，一切从具体的世情、国情、党情出发，大力推进和实现马克思主义的时代化，促进马克思主义与时俱进地发展。

先进性是马克思主义政党的生命所系、力量所在。马克思主义时代化过程就是保持马克思主义生命力和保持马克思主义政党先进性的过程。在中国马克思主义现代化一百年的历程中，我们总体上是坚持马克思主义普遍原理和中国具体实际和时代状况相结合的，并进行了各种理论创新，使马克思主义在中国生根、发芽、壮大。但在历史上，也曾犯过教条主义和本本主义的错误，给革命和建设造成了较为严重的伤害。中国共产党作为中国工人阶级的先锋队，是中国人民和中华民族的先锋队，始终代表着中国先进生产力的发展要求，代表着中国先进文化的前进方向，代表着中国最广大人民的根本利益，能够以无畏的精神进行自我革新，能够吸收历史和实践中的经验教训，从而始终能够将马克思主义理论和党的建设理论不断推向前进。尤其是进入改革开放新时期以来，中国共产党创造性地提出了一系列新思想、新观点、新论断，不断推进了马克思主义时代化，实现了马克思主义与时俱进地发展，从而保证了中国共产党不断创造着在和谐稳定的环境中执政兴国的中国奇迹，赢得了中国最广大人民群众的衷心拥护和爱戴，不断巩固着党的执政地位。

马克思主义时代化是保持党的先进性、巩固党的执政地位的重要条件，同时也是中国共产党应对长期执政和改革开放的重要前提。在新时期面对新情况、新问题、新考验的情况下，必须坚持用时代发展的要求自我审视，以改革创新的精神自我完善，切实推进和加强党的建设。其中最基础的是加强党的思想理论建设，即推进马克思主义中国化、时代化、大众化。马克思主义时代化，要时刻关注消极腐败现象的新特点、新发展，并提出惩治和预防腐败的新理论、新观点、新对策。要通过把握规律性，把时代化的理论贯穿渗透到党的工作的各个层面和环节，使党积极主动地应对时代考验，永葆生机和活力。

（三）彰显中国特色社会主义独特优势的有力举措

马克思主义时代化把握了时代规律、顺应了时代潮流、解答了时代问题，彰显了中国特色社会主义的独特优势，在实践领域对中国和世界都有重要价值。对我们而言，马克思主义时代化的过程是中国共产党带领全国各族人民，将马克思主义基本原理与中国具体实际和时代状况相结合的过程，是中国人民实现从站起来到富起来再到强起来的历史飞跃的过程。我们坚定不移地以马克思主义为指导思想，赶走了列强，实现了民族独立、人民解放，建立了新中国；通过社会主义改造，我们成为了社会主义国家；通过社会主义建设，我们建立了强大的社会主义工业体系和社会主义民主政治制度等；通过改革开放，我们摆脱了贫困，正在向富强、民主、文明、和谐的社会主义现代化国家和实现中华民族的伟大复兴迈进。马克思主义时代化过程也是马克思主义不断创新的过程，将马克思主义与时代相结合，我们创立了毛泽东思想、邓小平理论、"三个代表"重要思想、科学发展观和习近平新时代中国特色社会主义思想。借助这些丰富的理论创新成果，我们发展和丰富了马克思主义；借助中国实践的成功，中国向世界各国尤其是发展中国家的发展贡献了中国智慧、中国道路和中国方案。

马克思主义时代化引领着我们高举中国特色社会主义的伟大旗帜。旗帜就是方向，旗帜就是形象。在当代中国，坚持中国特色社会主义道路，就是真正坚持社会主义；坚持中国特色社会主义理论体系，就是真正坚持马克思主义。中国道路的成功证明了我们能够高举中国特色社会主义伟大旗帜，也证明要始终高举这一旗帜，需要中国共产党人和马克思主义始终保持先进性，就是要不断推进和实现马克思主义的时代化。高举中国特色社会主义伟大旗帜，必须随着时代和实践的发展不断丰富和发展。

马克思主义时代化也不断拓展和扩大着中国在全球的影响力。中国发展离不开世界，世界繁荣稳定也离不开中国。马克思主义时代化的成果已经极大提升了我们的国际地位和国际影响力，这反过来也证明在新时期依然要大力推进和实现马克思主义时代化。推进马克思主义时代化，既要引领中国以宽广的视野来把握中国与世界的关系，在顺应世界发展趋势、增进国际交流合作中更好地推进中国特色社会主义发展。也要引领中国以世界的眼光来拓展发展思维，在相互借鉴中提升中国特色社会主义的世界意义。中国对世界的影响越大，世界就会越关注中国，关注中国的发展方向，关注中国在国际问题上的立场和态度，关注中国对世界的影响。这要求我们要以世界眼光来自我审视，进一步拓展我们的发展思维，为发展创造更好的条件，使我们的发展更加符合时代潮流。用世界眼光看中国，既是一种认识和分析问题的视角转换，也是一种从容自信面对世界的心态展示。用世界眼光看中国，也客观上要求马克思主义时代化需要密切关注世界格局的发展变化，清醒认识世界文明的发展趋势，主动顺应时代挑战，努力拓展世界视野，推动中国特色社会主义不断提升世界意义，助推马克思主义更好走向世界，为人类文明发展不断作出新贡献。

马克思主义是全人类认识和改造世界的思想武器，它科学揭示了人类社会发展规律，是指引人类历史发展方向的科学理论体系。马克思主义时代化一百年的历程以及中国特色社会主义道路的成功，用客观的实践成果向世界宣誓了马克思主义的真理性和科学性。马克思主义揭示了世界发展的普遍规律特别是人类社会历史发展的普遍规律，揭示了社会主义必然代替资本主义和建设社会主义、最终实现共产主义的普遍规律。马克思主义时代化的最终使命和全部过程，在于随着时代发展不断揭示人类历史发展规律，顺应人类历史发展趋势，为人类文明的进步服务。马克思主义时代化一百年充分证明了中国共产党人顺应历史潮流，深化历史规律认识、追求和实现人类社会的最高理想即共产主义社会的过程。这一过程也证明了中国共产党人顺应人类历史发展趋势，引领着全世界各国人民走向美好的人类未来社会。从某种意义上说，推进马克思主义时代化，就是要为人类社会实现共产主义理想而不断进行新的理论探索，作出新的理论概况，升华新的理论认识，指引人类社会在遵循规律的过程中不断向着共产主义理想前进。在遵循规律和趋近理想的统一中，马克思主义不断演绎和推进，催生出新的理论形态，不断发展出生生不息的时代化的马克思主义成果。

马克思主义时代化在中国的一百年为世界和平与发展作出了自己的贡献。马克思主义从来不是书斋里的学问，而是与现实和实践有着紧密联系的科学理论。在当今世界，人类社会发展呈现出和平与发展的根本特征，和平、发展、合作、共赢是世界各国人民的共同心愿，是不可阻挡的历史潮流。实现和平与发展是关系全人类利益和福祉的崇高事业，是当今时代推进马克思主义时代化的重大使命，马克思主义也必然会在促进人类社会和平与发展的伟大进程中彰显自身的无尽魅力。在我们过去的马克思主义时代化过程中，我们一贯都是顺应和平、发展、合作、共赢的时代潮流，积极倡导"建设和谐世界"的发展理念，充分尊重世界文明的多样性。在中国特色社会主义进入新时代的语境下，我们积极倡导并实践了人类命运共同体思想。我们始终不渝地走和平发展道路，积极坚持持久和平、普遍安全、共同繁荣、开放包容、清洁美丽的世界，积极发展全球伙伴关系，并积极参与全球治理体系改革和建设，已经、正在并将为世界的和平与发展作出更大的贡献。

二、马克思主义时代化的历史经验

马克思主义传到中国后，以中国共产党人为代表的先进分子结合时代课题，把马克思主义基本原理与中国的实际国情相结合，继往开来地推进马克思主义时代化。从时间坐标来看，马克思主义时代化经历了革命与战争时期、东西方对峙时期、和平与发展时期、中国特色社会主义新时代这几个阶段。在这几个阶段中，马克思主义时代化过程一脉相承、理论成果发展创新，同时也积累了丰富的历史经验。

（一）科学对待马克思主义是时代化的逻辑起点

"在人类思想史上，就科学性、真理性、影响力、传播面而言，没有一种思想理论能达到马克思主义的高度，也没有一种学说能像马克思主义那样对世界产生了如此巨大的影响。"① 科学性是马克思主义鲜明的理论品格，其科学性不仅体现在马克思主义基本内容、基本观点层面，而且也内含着马克思主义的科学态度及方法论。马克思主义的科学性、真理性早已被世界无产阶级革命实践特别是中国共产党领导的无产阶级革命反复证明。习近平总书记在纪念马克思诞辰 200 周年大会上指出："从《共产党宣言》发表到今天，170年过去了，人类社会发生了翻天覆地的变化，但马克思主义所阐述的一般原理整个来说仍然是完全正确的。"② 中国共产党自创立之日起，就把马克思主义这个科学的理论体系作为指导思想，并且在革命、建设过程中不断推进其时代化，赋予其时代特色、时代气派。在中国特色社会主义新时代，以习近平同志为核心的党中央坚持马克思主义为指导，并在新时代中创造性推进马克思主义时代化，形成了马克思主义时代化的最新成果——习近平新时代中国特色社会主义思想。习近平总书记是习近平新时代中国特色社会主义思想的主要创立者，他科学对待马克思主义并且回应时代课题推进马克思

① 《习近平谈治国理政》第 2 卷，外文出版社 2017 年版，第 65 页。
② 《习近平谈治国理政》第 3 卷，外文出版社 2020 年版，第 75 页。

主义时代化，为党和国家提供了最鲜活的马克思主义最新成果、21世纪马克思主义。

马克思主义时代化的逻辑起点前提是准确把握马克思主义的科学性及其真理性，做到真信、真懂。首先，马克思主义的科学性表现为其内容的科学性及真理性，其内容的品性要求科学对待马克思主义。马克思认为："理论一经掌握群众，也会变成物质力量。理论只要说服人，就能掌握群众；而理论只要彻底，就能说服人。"①理论要足够彻底，其内容必定是来源于实践又指导实践的科学思想结晶。马克思主义由马克思、恩格斯共同创立，由后继马克思主义者不断继承创新的关于自然、社会、人类思维发展的本质和规律的正确反映，是一个包括哲学、政治经济学、科学社会主义等方面而逻辑严密的有机整体。它在形式上是主观的，但其内容是客观的，是在实践的基础上又不断创新实践的绝对真理与相对真理的统一体。在当代中国，马克思主义主要是指马克思主义基本原理和中国化马克思主义理论成果。就马克思主义基本原理而言，它主要包括马克思、恩格斯、列宁等经典作家的立场、观点和方法。马克思主义基本原理蕴含着丰富的马克思主义哲学、马克思主义政治经济学、科学社会主义思想，把马克思主义基本原理结合各国的无产阶级革命，是马克思主义这个科学理论指导实践的生动实践。

其次，马克思主义的科学性表现为改造世界的实践性，是用于引领时代的科学实践。马克思在《关于费尔巴哈的提纲》一文中指出："哲学家们只是用不同的方式**解释**世界，问题在于**改变**世界。"②马克思主义作为科学理论不是自封的，其科学性经实践反复证明，

---

① 《马克思恩格斯选集》第 1 卷，人民出版社 2012 年版，第 9—10 页。
② 《马克思恩格斯选集》第 1 卷，人民出版社 2012 年版，第 57 页。

这个经实践反复证明的科学理论体系的出发点正是实践。马克思在《关于费尔巴哈的提纲》中确立实践的地位、明确其作用，通过《德意志意识形态》对历史唯物主义的全面阐述，把唯心主义从历史唯物主义最后的庇护所驱逐出去，进而实现从唯心主义向唯物主义、从革命民主主义向共产主义两大转变。恩格斯在《反杜林论》一文中对马克思主义三大构成部分作了系统阐述，对以杜林为代表的小资产阶级理论家作激烈的斗争，通过与杜林论战，进一步论述马克思主义的科学性并捍卫了马克思主义在党内的权威。

在马克思、恩格斯生前，马克思主义这个科学的理论也不断时代化。《共产党宣言》的发表，标志着马克思主义的诞生，自此，无产阶级有了指导革命的科学理论。马克思不但解释世界，而且把理论与无产阶级革命结合起来以改变世界。1864 年，国际工人协会（第一国际）应运而生，在马克思的指导下，第一国际大力支持国际工人运动，同封建专制和民族压迫剥削作斗争。在马克思和马克思主义的指导下，1871 年爆发了巴黎公社革命，无产阶级做了夺取政权的第一次尝试，起义最终取得伟大胜利。起义胜利后，巴黎人民开始了建立无产阶级政权的尝试，成立了新的国家机关——巴黎公社。与此同时，国内外敌对势力对无产阶级革命感到极其恐惧，进而联合起来绞杀这个代表人类进步的新生政权。因为敌我力量悬殊，新生的巴黎公社政权因客观原因最终失败。马克思和恩格斯对巴黎公社给予极高的评价，认为"公社的原则是永存的"。巴黎公社革命的胜利和巴黎公社的失败，启发了马克思和恩格斯对无产阶级革命的进一步思考。晚年的马克思和恩格斯立足当时无产阶级革命斗争的时代背景，思考着"走向联合""和平斗争与暴力革命"等一系列问题。马克思、恩格斯科学对待并运用马克思主义指导革命实践，在时代课题中不断实践其理论、丰富其理论，为世界各国推进马克思主义时代化树立了典范。

列宁结合俄国的实际，创造性运用马克思主义指导十月革命并取得伟大的胜利，结合时代不断推进马克思主义时代化，形成了列宁主义。正是因为马克思主义的科学性、革命性和实践性的理论品格，触发列宁信仰、捍卫并创造性运用马克思主义指导俄国革命建设。列宁不仅仅停留在推崇和直接运用马克思主义层面，而且是进一步完善、深化马克思主义理论体系。例如，列宁在与马赫为代表的经验主义者论战中，以一名坚定的马克思主义者捍卫马克思主义，并在《唯物主义和经验批判主义》一文中对马克思主义的辩证唯物主义和唯物辩证法作全面阐述。在这一名篇中，列宁对物质作了科学的定义，认为物质是标志客观实在的哲学范畴，物质决定意识而意识对物质起反作用。科学地对物质作定义，极大丰富了马克思主义哲学范畴。在十月革命前后，列宁不断思考国家与革命的问题，先后创作了《帝国主义是资本主义的最高阶段》《国家与革命》《苏维埃政权的当前任务》等鸿篇巨作，进一步丰富了马克思主义国家学说、党建学说。可以说，列宁所处的时代与马克思、恩格斯所处的时代已有极大的不同。从资本主义发展的阶段来说，马克思、恩格斯所处的时期是资本主义自由竞争到垄断发展的过程阶段，而列宁所处的时期是资本主义进入垄断阶段进而发展到帝国主义的阶段。列宁根据资本主义所处的不同阶段，从俄国的实际出发科学运用马克思主义，提出"帝国主义最高阶段论""一国胜利论"等思想。在列宁晚年，他针对当时苏俄国内及国外的形势，创造性提出了新经济政策，并通过5篇文章和部分信件对社会主义建设作"政治遗嘱"。

马克思主义传到中国后，思想之光划破旧中国的夜空，无比璀璨；真理之花绽放在旧中国的大地，无比鲜艳。马克思主义拨开了中国共产党人的思想迷雾，照亮了他们前进的道路。以毛泽东为代表的第一代中国共产党人，紧紧围绕新民主主义革命的时代课题，把马克思主义基本原理同中国革命实际相结合，创造性推进马克思主义时代化，形成了毛泽东思想，最终带领人民推翻三座大山、成立新中国、进行社会主义改造与探索。以邓小平为代表的第二代中国共产党人，紧紧抓住和平与发展的时代机遇，坚持马克思主义指导，纵深推进改革开放，开创了中国特色社会主义道路、开启了中国特色社会主义理论发展篇章。进入新世纪，中国共产党人接续奋斗，结合新世纪、新阶段的时代实际，不断推进马克思主义时代化，在党的建设、科学发展等方面取得重大建树。党的十八大以来，以习近平同志为核心的党中央不断推进马克思主义时代化，形成了习近平新时代中国特色社会主义思想。习近平总书记在纪念马克思诞辰 200 周年大会上明确指出：“中国共产党是用马克思主义武装起来的政党，马克思主义是中国共产党人理想信念的灵魂。”[①]马克思主义是中国共产党人的信仰，是补精神之“钙”的直接“良方”。科学对待、运用这个科学的理论体系，灵魂就不会空虚、精神就会充盈、方向便更加明确、脚步就更加坚定。

科学对待马克思主义是习近平总书记推进马克思主义时代化的逻辑要义。习近平总书记先后在《求是》上发表《关于历史唯物主义的一些问题》《我读共产党宣言》等重要文章。学习和研究马克思主义这个科学理论一直伴随着习近平总书记的成长、履政之路。在梁家河时期，他在摇曳的煤油灯下反复研读《共产党宣言》《德意志意识形态》《法兰西革命》《国家与革命》等经典著作，他思考着国家、民族的命运和未来。真理味道之甜、真理伟力之大，滋

---

① 《习近平谈治国理政》第 3 卷，外文出版社 2000 年版，第 74 页。

养了他的心灵、洗涤了他的灵魂、树牢了他的初心。习近平总书记坚持"我将无我、不负人民",而历史选择了他、人民也选择了他。同样,他以对历史和人民的高度负责的态度和行动推进马克思主义时代化,形成习近平新时代中国特色社会主义思想,构建了"五位一体"总体布局和擘画了"四个全面"战略布局,不断推进社会革命与自我革命。全国各族人民在以习近平同志为核心的党中央全面坚强的领导下,不断开启中国之治新局面,正以"只争朝夕、不负年华"风貌实现"两个一百年"奋斗目标。

另外,科学对待马克思主义必须注意运用科学的思维方法。马克思主义的方法论说到底是唯物辩证法,这是认识世界和改造世界的根本方法。科学对待马克思主义既是一个对待科学理论内容的问题,也是一个如何对待的方法问题。科学对待马克思主义,重点是要运用马克思主义的科学方法论思考理论问题、解决实际问题。科学对待马克思主义,不断推进马克思主义时代化,必须充分运用好辩证思维方法、历史思维方法、战略思维方法、底线思维方法、创新思维方法等,而这些方法的实践必须坚持实事求是的原则。正是因为中国共产党运用这些思维方法科学对待马克思主义,使得马克思主义保留了理论底色、被赋予了时代特色。

(二)解放思想是推进马克思主义时代化的不竭动力

正如马克思、恩格斯在《共产党宣言》1872年德文版序言中指出那样:"这些原理的实际运用,正如《宣言》中所说的,随时随地都要以当时的历史条件为转移……"[①] 解放思想、实事求是中国共产党的思想路线,更是传家宝。马克思主义是不断发展的学说,

---

① 《马克思恩格斯文集》第2卷,人民出版社2009年版,第5页。

具有与时俱进的理论品质。同时，马克思主义又具有实践性，从马克思主义的内容来看，实践的观点是马克思主义首要和基本的观点，这个观点体现在马克思主义全部思想的内容中。正是具有突出的实践性，马克思主义特别强调理论与实践的统一，从实践中来、到实践中去，以实践作为检验真理的唯一标准。

马克思主义的实践性和发展性要求必须解放思想地看待马克思主义的创立、发展以及指导各国无产阶级的伟大实践。从马克思主义的来源来看，马克思、恩格斯以开放的思维、宽广的视野、宏大的格局批判吸收了德国古典哲学、英国古典政治经济学和空想社会主义的合理成分。从更加开放的视角来看，马克思主义还吸收了古希腊罗马哲学、文艺复兴思想成果、法国复辟时期历史学家的进步思想等。在这个意义上说，马克思主义本身就具备"解放思想"的基因和特色。在马克思主义发展史上，马克思、恩格斯始终解放思想地看问题，随着实践的变化不断深化对理论的认识，不断丰富马克思主义理论学说。马克思通过写作《资本论》深刻揭示了资本主义的内在矛盾，指出社会主义必然取代资本主义的历史规律。而马克思也承认资本主义在发展过程中的历史作用，立足历史、放眼世界，提出"两个必然""两个决不"的科学论断。针对"战时共产主义"政策出现的弊端，列宁坚持马克思主义的立场、观点和方法，解放思想地提出符合苏俄实际情况的新经济政策，在落后的苏俄思考社会主义过渡、建设等重大问题。在列宁晚年，其《日记摘录》《论合作社》《改组工农检察院》等文进一步体现了他的"解放思想"，这同时也反映了马克思主义者"解放思想"所具有的特质。正是因为马克思、恩格斯、列宁等经典作家不断"解放思想"，使得马克思主义这个开放、发展的理论体系在时代的变迁中不断被赋予时代的重任、打上时代的烙印、不断地时代化。

实事求是中国共产党思想路线的重要组成部分，而解放思想是实事求是的前提。思想路线即认识路线，是人们认识事物所遵循的方向和道路。马克思主义的思想路线是唯物主义而非唯心主义。在新民主主义革命时期，毛泽东坚持唯物主义的观点同教条主义、形式主义作斗争。在延安时期，毛泽东在党内开展整风运动，使全党确立了一条实事求是的辩证唯物主义的思想路线，党内前所未有地团结、党的战斗力前所未有地增强。在统一战线方面，毛泽东也以开放包容的目光"团结一切可以团结的力量"①，为最后实现无产阶级专政提供重要的力量保障。在战略外交上，以毛泽东为代表的第一代领导集体坚持独立自主、和平共处五项基本原则处理外交事务，取得辉煌的外交成绩。

1976 年，十年"文化大革命"结束后，"中国向何处去"成为摆在中国共产党、中华民族、中国人民面前头等重要的问题。但因为当时思想未解放，1976—1978 年国内出现两年徘徊期，甚至出现了"两个凡是"的错误观点。以邓小平为代表的第二代领导集体立时代潮头，从和平与发展的时代背景出发，以远见的卓识、丰富的政治经验、高超的领导艺术重新确立解放思想、实事求是的思想路线，开改革之先河。思想解放的滚滚洪流，冲破了人们的思想藩篱、冲开了神州大地创新创造的阀门，汇成中华民族腾飞的磅礴伟力。邓小平指出："世界形势日新月异，特别是现代科学技术发展很快。现在的一年抵得上过去古老社会几十年、上百年甚至更长的时间。不以新的思想、观点去继承、发展马克思主义，不是真正的马克思主义者。"② 邓小平领导人民开展真理标准大讨论，《实践是

---

① 《毛泽东文集》第 7 卷，人民出版社 1999 年版，第 60 页。
② 《邓小平文选》第 3 卷，人民出版社 1993 年版，第 291—292 页。

检验真理的唯一标准》重新确立了马克思主义的实践观。在党的十一届三中全会召开前夕，邓小平在中央工作会议上发表了《解放思想，实事求是，团结一致向前看》的重要讲话，他指出："一个党，一个国家，一个民族，如果一切从本本出发，思想僵化，迷信盛行，那它就不能前进，它的生机就停止了，就要亡党亡国。"[①] 解放思想，为改革开放做了充分的思想准备。十一届三中全会重新确立了解放思想、实事求是的思想路线，决定把党的工作重心转移到经济建设上来，作出改革开放的重大决策，实现了新中国成立以来党的历史上具有深远意义的伟大转折。邓小平在党的十二大开幕词中指出："把马克思主义的普遍真理同我国的具体实际结合起来，走自己的道路，建设有中国特色的社会主义，这就是我们总结长期历史经验得出的基本结论。"[②] 此后，邓小平在1992年"南方谈话"中，针对人们思想普遍存在的疑虑，站在时代的高度，总结十多年改革开放的经验教训，对社会主义本质、市场经济、"三个有利于"标准等一系列问题作出重要论断。"南方谈话"是邓小平理论的集大成之作，是进一步解放思想的宣言，推动改革开放和社会主义现代化建设进入新的阶段，邓小平理论也逐步走向成熟。可以说，在改革开放和社会主义现代化建设进程中，邓小平在关键时刻作出的每个重大决策，都充分体现了解放思想、实事求是的思想路线。甚至可以说，1992年邓小平的《在武昌、深圳、珠海、上海等地的谈话要点》是全面改革开放进程中思想解放的科学总结。1997年党的十五大正式提出"邓小平理论"这一概念，并把邓小平理论确立为党的指导思想并写入党章。解放思想是邓小平理论活的灵魂，是邓

---

① 《邓小平文选》第2卷，人民出版社1994年版，第143页。

② 《邓小平文选》第3卷，人民出版社1993年版，第3页。

小平理论的精髓，而解放思想也正是邓小平推进马克思主义时代化的内在动力。

20世纪80年代末90年代初，世界社会主义运动出现严重曲折，我国社会主义发展也面临着重大的考验，党和国家处在决定前途命运的重大历史关头。以江泽民为主要代表的中国共产党人解放思想、立足国情、放眼世界，对冷战结束后的国际局势、时代环境作科学研判，坚持四项基本原则不动摇，全面推进社会主义现代化建设，开创了中国特色社会主义事业的新局面，进一步推进马克思主义时代化，形成了"三个代表"重要思想。进入新世纪，和平与发展仍然是时代的主题，世界处在大发展大变革大调整之中，我国经济社会发展虽然取得举世瞩目的成就，但仍处于并将长期处于社会主义初级阶段的国情并没有变，而经过20多年的改革开放，我国进入发展关键期、改革攻坚期和矛盾多发期。以胡锦涛为主要代表的中国共产党人在准确把握世界发展大势、深刻总结我国发展经验、深入分析我国发展阶段性特征上，形成了马克思主义时代化的新成果——科学发展观。可以说，只有解放思想，才能做到思想理论的与时俱进，才能既不走歪路，也不走改旗易帜的邪路，才能赋予马克思主义时代使命与活力，进而不断推进马克思主义时代化。

党的十八大以来，以习近平同志为核心的党中央坚持解放思想、实事求是的思想路线，坚持以马克思主义为指导，坚持中国特色社会主义制度、走中国特色社会主义道路，解决了许多长期想解决而没有解决的难题，办成了许多过去想办而没有办成的大事，推进党和国家事业取得全方位、开创性的历史性成就，实现了深层次、根本性的历史变革。经过长期努力，中国特色社会主义进入了新时代。伟大的时代孕育伟大的思想，伟大的思想引领新时代。以习近平同志为核心的党中央坚持解放思想、实事求是、与时俱进、求真务实，坚持辩证唯物主义和历史唯物主义，进一步深化对共产党执政规律、社会主义建设规律和人类社会发展规律的认识，创立了习近平新时代中国特色社会主义思想。习近平新时代中国特色社会主义思想"没有丢掉老祖宗"，处处闪耀着马克思主义真理的光辉，同时它又以我们做的事情为中心，破解时代难题，具有强烈的时代气息和现实针对性，写出了马克思主义的新版本，是当代最鲜活的马克思主义。

（三）直面时代课题是马克思主义时代化的主要内容

"马克思主义具有鲜明的实践品格，不仅致力于科学'解释世界'，而且致力于积极'改变世界'。"[①] 从马克思主义的使命来说，它不是书斋里的学问，而是直接服务于世界无产阶级和人民群众改造世界实践活动的科学理论。正是因为马克思主义具有鲜明的实践性和革命性，直面时代课题、回答时代之问、解决时代问题便是马克思主义的题中之义。实践性与革命性又是内在统一的，实践性充分体现了马克思主义认识论，而革命性体现为马克思主义彻底的批判精神和鲜明的无产阶级立场。

马克思主义一开始便是时代的产物，是那个时代的思想之花、真理之光。马克思、恩格斯生活的时代，资本主义生产方式在西欧已经有了相当的发展，一方面资本主义生产方式带来了社会化大生产的发展，另一方面又造成了深重的社会灾难。社会两极分化进一步加剧，工人赤贫，周期性经济危机频发，无产阶级与资产阶级的矛盾无法调和。面对时代提出的"资本主义向何处去、人类向何处去"的课题，当时占主流的资产阶级思想热衷于对资本主义赞美有

---

① 习近平：《在哲学社会科学工作座谈会上的讲话》，人民出版社 2016 年版，第 9 页。

加，而对尖锐的社会问题视而不见，竭力为资本主义辩护。时代课题吸引着马克思、恩格斯，这两位胸怀为人类解放事业伟大理想的年轻思想家以自觉的历史担当直面时代课题、迎接时代的挑战，成为新理论的创立者。时代课题呼唤催生了马克思主义，马克思主义回应时代，改变了世界。

在现当代中国，马克思主义总能直面时代课题，不断开拓其新境界。十月革命一声炮响，给中国人民送来了马克思主义，中国共产党找到了科学的指导理论，自此中国革命面貌焕然一新。马克思主义传播到中国，迅速受到以中国共产党人为代表的先进分子的景仰、信仰，其根本原因是马克思主义鲜明的特征和理论品格。在马克思主义的影响下，中国共产党于 1921 年 7 月 23 日正式创立。中国共产党自成立之日起就把马克思主义作为指导思想写在旗帜上，就切实直面时代课题，把"为中国人民谋幸福、为中华民族谋复兴"作为初心与使命。

直面时代课题，首先是认清国情，这是解决中国革命问题的基本前提。在新民主主义革命时期，毛泽东指出："认清中国社会的性质，就是说，认清中国的国情，乃是认清一切革命问题的基本根据。"① 毛泽东直面时代课题，通过无产阶级革命实践，找到了一条新民主主义革命的正确道路，确立了社会主义基本制度，实现了中国历史上最深刻最伟大的社会变革。毛泽东所处的时代，内忧外患，中华民族备受列强入侵、欺凌，封建统治腐败，旧中国逐渐沦为半殖民地半封建社会。毛泽东准确研判社会主要矛盾，强调占支配地位的主要矛盾是帝国主义和中华民族的矛盾、封建主义和人民大众的矛盾，而且帝国主义和中华民族的矛盾又是最主要的矛盾，

---

① 《毛泽东选集》第 2 卷，人民出版社 1991 年版，第 633 页。

得出近代中国革命的根本任务是推翻帝国主义、封建主义和官僚资本主义的统治，实现生产关系的根本变革。新中国成立后，以毛泽东为主要代表的中国共产党人面对社会主义过渡的时代课题，提出过渡时期总路线，通过对农业、手工业、资本主义工商业的社会主义改造，社会主义制度在中国确立起来。社会主义制度确立后，面对社会主义建设这个时代课题，毛泽东撰写了《论十大关系》等文对社会主义建设作初步探索，中共八大也对社会主义主要矛盾作科学判断。

改革开放以来，以邓小平为主要代表的中国共产党人直面时代课题，紧紧围绕"什么是社会主义、怎样建设社会主义"这个基本的理论问题，第一次系统地初步回答了建设有中国特色社会主义的一系列基本问题，把马克思主义时代化推进到改革开放新时期。世纪之交，国际风云变幻、国内问题突出，以江泽民为主要代表的中国共产党人直面时代课题，紧紧围绕"建设一个什么样的党、怎样建设党"这个重大的现实问题，形成了"三个代表"重要思想，在新世纪推进了马克思主义时代化进程。进入21世纪，我国迎来发展的重要战略机遇期，直面发展这个时代课题，以胡锦涛为主要代表的中国共产党人紧紧围绕"需要怎样的发展、如何实现更好的发展"这一问题，推进了马克思主义时代化进程，形成了科学发展观。

党的十八大特别是十九大以来，世情、国情、党情发生深刻的变化。就世界范围而言，当前世界处在百年未有之大变局时期；就国内而言，当前是实现"两个一百年"奋斗目标战略全局的重要时期；就党的建设而言，当前面临着全面领导、长期执政的考验，自我革命正向纵深推进的重要阶段。直面时代课题，以习近平同志为核心的党中央谋篇布局，坚持以"新时代"为坐标，

"新思想"为灵魂，"强起来"为底色，不断书写民族伟大复兴的"未来简史"。直面时代课题，习近平新时代中国特色社会主义思想首先通过分析社会主义主要矛盾的变化解决了时代方位的问题，那就是"经过长期的努力，中国特色社会主义进入了新时代"①。直面时代课题，习近平新时代中国特色社会主义思想绘制了"两个一百年"奋斗目标的宏伟蓝图，作出"五位一体"总体布局和"四个全面"战略布局，全面推进国防和军队现代化，推进中国特色大国外交，全面加强从严治党。习近平新时代中国特色社会主义思想是新时代的呼唤，是顺应历史和人民的科学理论体系，传承着马克思主义的真理基因，把握着新时代的脉搏，引领着新时代的方向。可以说，直面时代课题、解决时代问题，是推进马克思主义时代化的主要内容。

（四）人民群众首创精神是马克思主义时代化的主体条件

唯物史观和唯心史观的对立，在历史的创造者问题上表现为群众史观和英雄史观的对立。在马克思主义哲学形成之前，占统治地位的是英雄史观，这种观点宣扬少数英雄创造历史，抹杀人民群众的首创精神和历史地位。英雄史观的出现，有其深刻的认识根源、社会根源和阶级根源。和英雄史观相反，群众史观认为创造历史的不是个别英雄，而是广大人民群众。群众史观的立足点是现实的人，是基于人本质的深刻把握。马克思从唯心主义向唯物主义转变，从革命民主主义向共产主义转变，其根本原因是深刻剖析了人

---

① 习近平：《决胜全面建成小康社会　夺取新时代中国特色社会主义伟大胜利——在中国共产党第十九次全国代表大会上的报告》，人民出版社 2017 年版，第 10 页。

的本质，正确认识了从事实践的人。马克思认为："人在本质不是单个人的所固有的抽象物，在其现实性上，它是一切社会关系的总和。"① 马克思主义首要和基本的观点是实践，而实践的对象是自然、社会，实践的主体便是"人"。马克思立足于整体的社会历史过程，从社会历史发展的必然性入手探索，考察和说明人民群众是历史的创造者。

马克思主义政党坚持人民至上的政治立场，把人民群众放在心中最高位置，致力于为最广大人民的根本利益而奋斗。马克思最早在《1844年经济学哲学手稿》中对"异化"作阐述，其最终目的是消除"异化"，实现人的自由而全面的发展。在《德意志意识形态》中，马克思、恩格斯系统阐述历史唯物主义观点，对人民群众的地位、作用作了深刻的论述。在《共产党宣言》中，马克思、恩格斯指出："共产党人不屑于隐瞒自己的观点和意图。他们公开宣布：他们的目的只有用暴力推翻全部现存的社会制度才能达到。让统治阶级在共产主义革命面前发抖吧。无产者在这个革命中失去的只是锁链。他们获得的将是整个世界。"② 人民群众首创精神，不仅是无产阶级革命主体的精神，而且是其创造的力量源泉。无产阶级政党把马克思主义写在旗帜上，尊重人民群众的首创精神、紧紧依靠人民、一切为了人民、为人民服务，同时广大人民群众信仰马克思主义、拥护无产阶级政党。

中国共产党作为马克思主义政党，自成立之日起就把为人民谋幸福、为民族谋复兴作为初心与使命，把实现共产主义作为奋斗目标。在马克思主义语境中，人民群众是一个历史范畴。从质上看，

---

① 《马克思恩格斯选集》，人民出版社2012年版，第135页。
② 《马克思恩格斯选集》，人民出版社2012年版，第435页。

人民群众是指一切对社会历史发展起推动作用的人；从量上看，人民群众是指社会人口中的绝大多数。在当代中国，凡是拥护中国共产党，积极参加和推动中国特色社会主义事业的人都属于人民群众的范畴。人民群众在社会发展过程中起决定性作用，是社会物质财富和精神财富的创造者，是实现社会变革的决定力量。"人民，只有人民，才是创造世界历史的动力。"①

尊重人民群众首创精神，要求坚持马克思主义群众观点，走好党的群众路线，为马克思主义时代化提供主体供给。马克思主义群众观十分丰富，包括坚信人民群众自己解放自己、全心全意为人民服务、一切依靠群众、一切向群众负责等观点。中国共产党群众路线是马克思主义群众观的具体运用，是党的生命线和根本工作路线，是党的优良传统。走好党的群众路线，要求充分相信群众、密切联系群众、紧紧依靠群众、从群众中来、到群众中去、全心全意为群众服务。毛泽东在张思德追悼大会上发表《为人民服务》的演讲，要求全党同志要以张思德同志为榜样，全心全意为人民服务。为人民服务是中国共产党的宗旨，"中国共产党党章规定：中国共产党除了工人阶级和最广大人民群众的利益，没有自己特殊的利益。中国共产党及其领导的国家是代表最广大人民根本利益的，其一切理论和路线方针政策，其一切工作部署和工作安排，都应该来自人民，都应该为人民利益而制定和实施"②。正是充分尊重人民群众的首创精神，全心全意为人民服务，中国共产党赢得了人民的支持、拥护。中国共产党紧紧依靠人民推翻了帝国主义、封建主义和官僚资本主义三座大山。正因为人民群众所具有的首创精神，无论

---

① 《毛泽东选集》第 3 卷，人民出版社 1991 年版，第 1031 页。
② 《习近平谈治国理政》第 2 卷，外文出版社 2017 年版，第 295 页。

是在革命战争时代还是在社会主义建设时期，人民的事业在中国共产党的领导下，一路凯歌，正前所未有地接近中华民族伟大复兴的目标。

尊重人民群众首创精神推进马克思主义时代化，为中国特色社会主义事业提供源源不断的动力。中国特色社会主义是中国人民开创和推进的伟大事业，从邓小平提出的"我是人民的儿子，我爱我的人民"，到江泽民提出的"中国共产党始终代表最广大人民的根本利益"，再到胡锦涛提出的"以人为本，全面协调可持续发展"，无不体现了人民群众首创精神以及人民群众是中国特色社会主义事业的决定力量。党的十八大以来，以习近平同志为核心的党中央坚持"以人民为中心"的思想，创造性运用并发展了人民群众创造历史的基本原理。从梁家河到正定、从正定到宁德、从宁德到浙江、从浙江到中南海，习近平总书记践行"以人民为中心"的履政初心，担起为人民谋幸福、为民族谋复兴的使命。习近平总书记关于"以人民为中心"的思想，充分体现了马克思主义政党的政治立场和执政理念，体现了共产党人的价值取向和工作导向。另外，"以人民为中心"的思想，充分肯定了人民群众的主体地位和伟大创造作用，反映了人民群众的根本利益诉求，进一步明确了实现人民对美好生活向往的奋斗目标。尊重人民的首创精神，马克思主义时代化的理论成果装着人民，马克思主义时代化的实践成果由人民享有，马克思主义时代化的明天由人民书写。

人民至上，生命至上。在新冠肺炎疫情防控阻击战中，以习近平同志为核心的党中央充分发挥领导核心的"硬核"作用，紧紧依靠人民，"把人民群众生命安全和身体健康放在第一位，采取切实有效措施，坚决遏制疫情蔓延势头"①。新冠肺炎疫情防控阻击战是一场伟大的人民战争，胜利是中国共产党领导人民群众取得的。新冠肺炎疫情不可避免地给经济社会发展带来冲击，但疫情期间人民防控疫情的主体作用得到充分发挥，人民群众对党的全面领导能力进一步认可，更加衷心拥护党的领导。"沧海横流，方显英雄本色。"人民是历史的创造者，是真正的英雄。英雄的中国人民在新冠肺炎疫情防控阻击战中取得决定性胜利，必定在实现"两个一百年"奋斗目标中进一步发挥首创精神。中国特色社会主义新时代归根到底是人民的新时代，国家富强、民族复兴、人民幸福的美好蓝图必定由广大人民来书写。

三、马克思主义时代化的当代使命

马克思主义不是一成不变的教条，它是一个开放的理论体系，随着实践的发展而不断扩展深化。标志着马克思主义诞生的《共产党宣言》发表至今已经170多年，在这170多年间，世界各国无产阶级结合本国的实际，把马克思主义基本原理与本国国情相结合，指导无产阶级革命、建设，不断推进马克思主义事业。中国共产党成立前，一大批优秀的共产主义知识分子就不断学习、传播马克思主义；中国共产党自成立之日起，就鲜明地把马克思主义写在旗帜上，把马克思主义基本原理与中国国情相结合，结合不同的时代背景书写着马克思主义时代化的篇章。新民主主义革命时期、社会主

---

① 习近平：《在统筹推进新冠肺炎疫情防控和经济社会发展工作部署会议上的讲话》，人民出版社2020年版，第2页。

义探索时期、改革开放时期、中国特色社会主义新时代，不同时期变迁的是时代，不变的是中国共产党人一脉相随、与时俱进地推进马克思主义时代化。在当代，也就是中国特色社会主义新时代，新时代赋予了马克思主义当代使命。

（一）在准确把握世界大势中推进马克思主义时代化

站在世界社会主义运动 500 年来看，社会主义思想经历了从空想到科学、从理想到现实、从一国到多国的变化进程。从 16 世纪初兴起的社会主义思潮算起，社会主义经历了 500 年历史。空想社会主义的代表人物——法国的圣西门、傅立叶和英国的欧文，他们在理论上致力于社会制度的分析，对资本主义制度进行了猛烈的抨击，对社会主义新制度的描绘闪烁着天才的火花。恩格斯曾指出，空想社会主义学说"含有十分虚幻和空想的性质，但他们终究是属于一切时代最伟大的智士之列的，他们天才地预示了我们的现在已经科学地证明了其正确性的无数真理"[①]。马克思、恩格斯准确把握当时的世界大势，批判吸收空想社会主义科学的合理成分，创立了唯物史观和剩余价值理论学说，奠定了社会主义从空想到科学的坚实理论基础。《共产党宣言》的发表，标志着社会主义从空想变成科学，同时也标志着马克思主义的诞生。从马克思主义发展史来看，马克思主义具有紧跟时代发展大势、直面时代课题的基因，正是这种内在的驱动力使其理论学说得到不断地丰富和发展。

"一个是中华民族伟大复兴的战略全局，一个是世界百年未有

---

① 《马克思恩格斯文集》第 2 卷，人民出版社 2009 年版，第 218 页。

之大变局，这是我们谋划工作的基本出发点。"① 当前，世界百年未有之大变局表现在政治、经济、意识形态等方面。就两种制度的对比而言，以中国为代表的社会主义国家政治清明、经济高质量发展、人民生活水平不断提高、社会更加和谐、生态建设稳步推进，中国特色社会主义制度优势不断彰显，正在书写"中国之治"的华章。反观以美国为代表实行资本主义制度的国家，所谓"三权分立"导致相互扯皮现象是经常上演的"闹剧"，制度无法调动集中力量办大事的劣势严重暴露，自由主义价值观引发思想之乱的问题越来越突出，等等。当前世界经济增长疲软、动能不足，贫富分化日益严重，地区冲突、恐怖主义、重大传染病等人类面临的共同挑战增多。同时，社会主义与资本主义对比优势突出、国家之间竞争与合作呈现出新的发展态势，等等。以上这些表象不会改变当前世界多极化、经济全球化、社会信息化、文化多样化的深入发展。要清醒地认识到和平与发展仍然是时代的主题，世界正处于大发展大变革大调整的关键时期。而面对不稳定、不确定因素的增加，这就要求运用好"危"与"机"的辩证法，在"危"中找"机"，化"危"为"机"。运用好"危"与"机"的辩证法，前提是坚持马克思主义、社会主义制度，走中国特色社会主义道路。深刻把握世界大势，要把和平与发展的时代主题和百年未有之大变局结合起来，既不走改旗易帜的邪路，也不走思想僵化的老路，而是不断推进马克思主义时代化，推进中国特色社会主义伟大事业。

人类命运共同体思想是习近平总书记准确把握世界大势对马克思主义的创新，是对历史唯物主义的原创性贡献，是习近平新时代中国特色社会主义思想的重要组成部分。世界已是一个"地球村"，

---

① 《习近平谈治国理政》第3卷，外文出版社2020年版，第77页。

"没有哪个国家能够独自应对人类面临的各种挑战，也没有哪个国家能够退回到自我封闭的孤岛"①。基于世界大势，直面世界课题，深刻分析世界百年未有之大变局，习近平总书记呼吁"构建人类命运共同体，建设持久和平、普遍安全、共同繁荣、开放包容、清洁美丽的世界"②。习近平总书记深刻理解并运用马克思关于共同体的思想，在百年未有之大变局中立足新时代中国的基本国情，为世界提供中国方案——构建人类命运共同体。人类命运共同体思想批判吸收了中国传统文化关于大同的思想，进一步发展马克思关于联合共同体的思想，是马克思主义时代化的生动呈现。

　　马克思主义本来便是一个开放的体系，具有崇高的价值追求、鲜明的理论品格、宽广的视野与格局。马克思主义在西欧诞生，走出德国，成为指导世界无产阶级革命、建设的思想武器。马克思主义不是个人的专属品，它是属于全世界无产阶级共同的财富，在这个层面来说它是"世界"的。马克思主义首先在俄国指导无产阶级取得成功，使社会主义从理论变成现实；世界社会主义运动风起云涌、高潮迭起，社会主义从一国到多国。马克思主义理论穿透时空、漂洋过海，唤醒了沉睡的旧中国，激发了中华民族的斗志，照亮了中国前进的道路。习近平总书记指出："推动马克思主义发展，用宽广视野吸收人类创造的一切优秀文明成果，坚持在改革中守正出新、不断超越自己，在开放中博采众长、不断完善自己，不断深化对共产党执政规律、社会主义建设规律、人类社会发展规律的认识，不断开辟当代中国马克思主义、21世纪马克思主义新境界。"③

---

① 《习近平谈治国理政》第3卷，外文出版社2020年版，第46页。
② 《习近平谈治国理政》第3卷，外文出版社2020年版，第46页。
③ 《习近平谈治国理政》第3卷，外文出版社2020年版，第76页。

（二）在回答时代课题中推进马克思主义时代化

回答时代课题，首先要明晰当前所处的时代方位。"经过长期努力，中国特色社会主义进入了新时代，这是我国发展新的历史方位。"① 这个新的历史方位，是我们想问题、办事情的基本出发点。中国特色社会主义新时代是继续夺取中国特色社会主义伟大胜利、实现"两个一百年"奋斗目标，创造美好生活、实现共同富裕，实现中国梦、为人类作更大贡献的时代。新时代有新课题、新担当、新使命。党的十八大以来，重大的时代课题是"必须从理论和实践结合上系统回答新时代坚持和发展什么样的中国特色社会主义、怎样坚持和发展中国特色社会主义"②。回答这个重大的时代课题，中国共产党坚持以马克思主义为指导，坚持解放思想、实事求是、与时俱进、求真务实，结合时代背景及实践要求，坚持辩证唯物主义和历史唯物主义的方法论，胸怀"两个大局"，以全新的视野深化对共产党执政规律、社会主义建设规律和人类社会发展规律的认识，推进马克思主义时代化，形成了习近平新时代中国特色社会主义思想。"时代是思想之母，实践是理论之源"③，习近平新时代中国特色社会主义思想是时代的呼唤，它察时代之微、发时代之声、引时代之风、领时代之路。

回答时代课题，要坚持以人民为中心，坚持人民群众首创精神，发挥人民群众的主体地位。马克思主义时代化和中国共产党的宗旨、使命，说到底都是为人民谋幸福、为民族谋复兴。"人民对

---

① 《习近平谈治国理政》第 3 卷，外文出版社 2020 年版，第 8 页。
② 《习近平谈治国理政》第 3 卷，外文出版社 2020 年版，第 14 页。
③ 《习近平谈治国理政》第 3 卷，外文出版社 2020 年版，第 21 页。

美好生活的向往，就是我们的奋斗目标。"① "实现中华民族伟大复兴，就是中华民族近代以来最伟大的梦想。"② 无论是为人民谋幸福还是为民族谋复兴，其立足点及主体条件是人民群众。马克思主义时代化从理论层面来说是理论进一步深化、拓展，在实践层面上来说是用科学的理论指导广大人民群众谋幸福、谋复兴。习近平总书记在十八届中央政治局常委同中外记者见面时的讲话就指出："人民是历史的创造者，群众是真正的英雄。人民群众是我们力量的源泉……始终与人民心心相印、与人民同甘共苦、与人民团结奋斗，夙夜在公，勤勉工作，努力向历史、向人民交出一份合格的答卷。"③ 习近平总书记在履政中始终以人民为中心、坚持人民至上、一切为了人民、紧紧依靠人民、发展为了人民，把党的群众路线贯彻到治国理政全部活动之中。党的十八大以来，中国共产党回应时代课题，为人民谋幸福、为民族谋复兴，中国梦的宏伟蓝图正一步步变成现实。

回答时代课题，要继续深化对马克思主义、对建设中国特色社会主义的认识。坚持和发展中国特色社会主义，是改革开放以来党的全部理论和实践的鲜明主题。实践—认识—再实践—再认识—再实践，这是马克思主义认识论。在推进中国特色社会主义事业的实践中，习近平总书记不断深化马克思主义和中国特色社会主义的认识，进行了艰辛的理论创作，创立了习近平新时代中国特色社会主义思想。习近平新时代中国特色社会主义思想是马克思主义的重大理论创新，是马克思主义时代化的最新理论成果，是 21 世纪马克思

① 《习近平谈治国理政》，外文出版社 2014 年版，第 4 页。
② 《习近平谈治国理政》，外文出版社 2014 年版，第 35 页。
③ 《习近平谈治国理政》，外文出版社 2014 年版，第 5 页。

主义，是党和人民实践经验和集体智慧的结晶。习近平总书记是习近平新时代中国特色社会主义思想的主要创立者。习近平新时代中国特色社会主义思想是马克思主义基本原理与新时代伟大实践相结合的重大理论成果，其内涵极其丰富，涵盖政治、经济、社会、文化、教育、生态文明、国家安全、"一国两制"和祖国统一、统一战线、外交、党的建设等各方面。党的十九大报告明确，坚持和发展中国特色社会主义总任务等"八个明确"是指导思想层面的表述，回答的是新时代应该坚持和发展什么样的中国特色社会主义的问题；坚持党对一切工作的领导等"十四个坚持"是行动纲领层面的表述，回答的是新时代怎样坚持和发展中国特色社会主义的问题。"'八个明确'和'十四个坚持'体现了习近平新时代中国特色社会主义思想理论与实践的统一。"[①]

回答时代课题，还必须放眼世界，走和平与发展道路，构建人类命运共同体，积极参与全球治理，为世界提供中国方案。不谋全局者，不足以谋一域。在世界多极化、经济全球化的当代，世界的整体性便是全局。当前，国际形势发生了广泛而深刻的变化，但和平与发展依然是时代的主题。同时，随着世界多极化在曲折中发展、经济全球化深入发展、科学技术孕育新突破，世界面临的不稳定、不确定的因素突出。特别是处在重大战略发展期的中国，如何应对机遇与挑战，成为摆在中国共产党人面前的重大课题。"全球命运与共、休戚相关，和平力量的上升远远超过战争因素的增长，和平、发展、合作、共赢的时代潮流更加强劲。"[②] 中国人民一直秉

---

① 《毛泽东思想和中国特色社会主义理论体系概论》，高等教育出版社 2018 年版，第 189 页。

② 《习近平谈治国理政》第 2 卷，外文出版社 2017 年版，第 538 页。

持着"各尽其美、美人之美、美美与共、天下大同"的理想，这种大同理想流淌在中华民族的血脉中，体现在千百年来中华儿女追求和平、抵御外敌的和平实践中。中华文明历来崇尚"以和邦国""和而不同""以和为贵"。"几千年来，和平融入了中华民族的血脉中，刻进了中国人民的基因里。"[①] 习近平总书记在 2016 年新年贺词中指出，世界那么大，问题那么多，世界各国希望听到中国声音，看到中国方案，而这个中国方案正是构建人类命运共同体，实现共赢共享。构建人类命运共同体是一个美好的目标，要实现这个伟大目标，习近平总书记引用荀子名言"善学者尽其理，善行者究其难"[②]，呼吁世界各国和人民共同参与人类命运共同体建设，共同迎接人类更美好的前景。中国倡导构建人类命运共同体并带头践行。2013 年 9—10 月，习近平总书记先后提出共建"丝绸之路经济带"和"21 世纪海上丝绸之路"的倡议。同时，中国深度参与全球治理，在全球气候保护、全球突发性公共卫生事件、全球抗击传染病等方面体现大国担当、大国贡献、大国作为；中国推动新型国际关系、积极引导国际秩序变革方面，坚定维护以《联合国宪章》宗旨和原则为核心的国际秩序和国际体系，站在道义制高点赢得尊重和地位；中国竭力推动国际社会从伙伴关系、安全格局、经济发展、文明交流、生态建议等方面作出努力，在构建人类命运共同体过程中走在前列，以榜样的力量带动、引领未来发展方向。

回答时代课题，进一步加强党的建设，不断推进党的自我革命，丰富和发展马克思主义党建学说。时代是出卷人，党是答卷人，人民是阅卷人，赶考永远在路上！中国特色社会主义新时代给

---

① 《习近平谈治国理政》第 2 卷，外文出版社 2017 年版，第 545 页。

② 参见《荀子·大略》。

中国共产党出了"继续推进和完善中国特色社会主义"这个重大课题，党必须答好这个关乎执政兴国的答卷。"党政军民学，东西南北中，党是领导一切……提高党把方向、谋大局、定政策、促改革的能力和定力，确保党始终总揽全局、协调各方。"① 党要答好时代给出的问卷，首先是"打铁必须自身硬……毫不动摇把党建设得更加坚强有力"②。党的十八大以来，以习近平同志为核心的党中央坚持"全面从严治党永远在路上"，把党的政治建设摆在首位，用习近平新时代中国特色社会主义思想武装全党，建设高素质专业化干部队伍，进一步加强基层组织建设，深入开展党风廉政建设，健全党和国家监察体系，坚持思想建党和制度治党同向发力、组织建党和思想建党有机结合，取得了全面从严治党突破性的成效。

（三）在继承创新中推进马克思主义时代化

马克思主义具有与时俱进的理论品质，是不断发展的学说。继承创新是由其理论本身具备的科学性、实践性、人民性、革命性决定的，是马克思主义区别于其他思想体系的鲜明特征。马克思、恩格斯创立了马克思主义，自从有了这个科学理论，真理之光照亮了世界无产阶级革命的道路，无产阶级革命斗争自此风起云涌、高潮迭起，社会主义国家在世界各国纷纷建立，社会主义由理想变为现实、从一国到多国。"马克思主义是不断发展的开放的理论，始终站在时代前沿。"③ 马克思主义又是一个开放的理论，不是为某个人发声、不是某个人的专利，而是世界无产阶级共同的财富。这笔弥

---

① 《习近平谈治国理政》第 3 卷，外文出版社 2020 年版，第 16 页。

② 《习近平谈治国理政》第 3 卷，外文出版社 2020 年版，第 47—48 页。

③ 中共中央党史和文献研究室编：《十九大以来重要文献选编》上，中央文献出版社 2019 年版，第 424 页。

足珍贵的精神财富为世界无产阶级珍爱、运用、继承、创新。世界社会主义运动反复证明，只有继承和创新马克思主义，不断推进其时代化，才能使世界各国共产党人信仰不缺失、方向不偏差，执政行稳致远。

中国共产党作为百年大党，肩负着长期执政的使命。百年大党风华正茂、青春有为，不忘初心，方得始终。中国共产党是马克思主义的坚定信仰者、执行者、继承者、创新者。解放思想、实事求是、与时俱进、求真务实是中国共产党的内在品格，也是不断继承创新马克思主义，开拓马克思主义时代化新境界的内在要求。以毛泽东、邓小平、江泽民、胡锦涛为主要代表的一代代中国共产党人立足时代、回应时代，把马克思主义基本原理与中国的实践情况相结合，一脉相承地推进马克思主义时代化，而马克思主义时代化的新成果引领着时代的潮流与发展。

党的十八大以来，以习近平同志为核心的党中央坚持马克思主义理论作为指导思想，坚定不移地走中国特色社会主义道路，在百年未有之大变局和中华民族伟大复兴的战略全局中推进指导思想时代化，书写了中国特色社会主义新时代马克思主义继承创新的巨著，谱写了21世纪马克思主义的新篇章。习近平新时代中国特色社会主义思想是马克思主义时代化的最新成果，是新时代的精神旗帜，是实现中华民族伟大复兴的行动指南。习近平新时代中国特色社会主义思想立足新时代，但其视野、内容等又不仅仅局限于新时代这一个特定时期。可以这样说，习近平新时代中国特色社会主义思想既直面时代课题、解决时代课题，又继承创新了马克思列宁主义、毛泽东思想、邓小平理论、"三个代表"重要思想和科学发展观，在直面时代课题中创立了习近平新时代中国特色社会主义思想。

党的十九大把习近平新时代中国特色社会主义思想确立为党必须长期坚持的指导思想，十三届人大一次会议把习近平新时代中国特色社会主义思想载入宪法，把党的指导思想转化为国家指导思想。马克思主义理论是开放发展的理论体系，习近平新时代中国特色社会主义思想是发展着的马克思主义最新成果，是马克思主义时代化的最新成果。习近平新时代中国特色社会主义思想不仅继承了而且进一步彰显了马克思主义特有的科学性、实践性、人民性、发展性、革命性的内在特征。实践没有止境，理论创新也没有止境。习近平新时代中国特色社会主义思想是中国特色社会主义新时代实践基础上的思想结晶，并将随着实践的不断深入而不断深化。习近平新时代中国特色社会主义思想的"八个明确""十四个坚持"从理论和实践上搭建了总体架构。这个重大的指导思想内容包括经济、政治、社会、文化、生态、民族、军队、"一国两制"和国家统一等方方面面，是一个体系极其庞大、内容极其丰富、指导意义极强的理论体系。这个党和国家必须长期坚持的指导思想，是继续创新马克思主义，不断推进马克思主义时代化的重大理论成果。

诚然，习近平新时代中国特色社会主义思想已是一个相当成熟的理论体系，但这个已经成熟的理论体系是不是就不需要再丰富、再深化、再扩展？很显然，答案是否定的。习近平新时代中国特色社会主义思想是一个开放发展的理论体系，是一个发展着的马克思主义最新理论成果。习近平新时代中国特色社会主义思想是十八大以来慢慢形成，十九大报告正式提出并把它确定为党必须长期坚持的指导思想。十九大以来，世情、党情、国情发生重大变化，中国特色社会主义实践也不断推进，习近平新时代中国特色社会主义思想也在不断丰富和发展中。十九大以来，以习近平同志为核心的党中央以马克思主义为指导，胸怀"百年未有之大变局""中华民族伟大复兴战略全局"这两个大局，紧紧围绕建设中国特色社会主义这个重大时代课题，解放思想、实事求是、与时俱进、求真务实，以人民为中心，紧紧依靠人民推进伟大梦想、伟大工程、伟大事业、伟大斗争，取得了举世瞩目的成就。在这个过程中，习近平总书记发表了很多重要讲话，作了很多重要布局、战略部署，产生了很多新的思想，进一步丰富和完善了习近平新时代中国特色社会主义思想。

（四）结合中国国情和改革开放实践推进马克思主义时代化

"我国仍处于并将长期处于社会主义初级阶段的基本国情没有变，我国是世界最大发展中国家的国际地位没有变。"[①] 实事求是推进马克思主义时代化，最大的"实事"便是中国的国情。立足国情推进马克思主义时代化，首先要求要正确把握社会主义初级阶段的主要矛盾。"我国社会主要矛盾已经转化为人民日益增长的美好生活需要和不平衡不充分的发展之间的矛盾。"[②] 社会主义初级阶段主要矛盾的深刻变化主要是基于经过改革开放40多年的发展，我国的社会生产力水平得以显著提高；人民生活水平不断提高，对美好生活的向往更加强烈；主要是发展不平衡不充分问题影响满足人们对美好生活的需要。对美好生活的向往不仅是对物质生活提出更高的要求，而且在民主、法治、公平、安全、环境等方面的要求日益增长。基于社会主义初级阶段主要矛盾的变化，以习近平同志为核心

---

① 习近平：《决胜全面建成小康社会　夺取新时代中国特色社会主义伟大胜利——在中国共产党第十九次全国代表大会上的报告》，人民出版社2017年版，第12页。

② 习近平：《决胜全面建成小康社会　夺取新时代中国特色社会主义伟大胜利——在中国共产党第十九次全国代表大会上的报告》，人民出版社2017年版，第11页。

的党中央作了政治、经济、社会、文化、生态"五位一体"的总体布局，作了全面建成小康社会、全面依法治国、全面改革开放、全面从严治党"四个全面"的战略布局，无论是执政理念还是施政方针，都充分反映了国情、顺应了民意、改善着民生。正是从社会主义初级阶段这个最基本的国情出发，深化了对社会主义基本矛盾的认识，在社会主义矛盾的基础上，推进了马克思主义时代化。

中国国情在外延上也指中国作为最大的发展中国家的实际没有改变。习近平总书记在党的十九大报告中指出，中国处于并将长期处于社会主义初级阶段，"我国是世界上最大发展中国家的国际地位没有变。这是我们谋划发展的基本依据"①。推进马克思主义时代化，除了立足社会主义初级阶段外，还应该立足当前我国作为世界上最大发展中国家的实际情况。诚然，经过40多年的中国特色社会主义现代化建设，我国的社会生产力总体上显著提升，很多方面都进入世界前列，经济总量稳居世界第二位，对世界经济增长贡献率超过30%；建设社会主义文化强国稳步推进，文化"走出去"步伐加快，中国故事吸引着世界目光；全面推进全方位、多层次、立体化外交布局，倡导构建人类命运共同体，积极参与促进全球治理体系变革，为世界和平与发展作出新的重大贡献。可以说，中国特色社会主义取得了举世瞩目的伟大成就，中国的大国地位、大国担当、大国作为展现在世人面前，但是，这些成绩不代表我们已经进入了发达国家的行列。我国目前人均生产总值相当于世界平均水平的80%左右，在创新能力、产业层次等方面与发达国家相比，有较大的差距，要清醒地认识到我国依然是世界上最大的发展中国家这

---

① 习近平：《在庆祝中国共产党成立95周年大会上的讲话》，人民出版社2016年版，第15页。

个基本实际。在推进马克思主义时代化过程中，我们不能妄自菲薄，也不要盲目自信，而是要正确认识到中国特色社会主义已经进入了新时代，也要时刻谨记我们处在社会主义初级阶段，我们国家依然是世界上最大的发展中国家。立足我国依然是世界上最大发展中国家的实际，便很容易认清西方国家所谓的"中国已是发达国家""中国威胁论""中国取代论"等种种滥调，明晰中国走和平发展道路的理论逻辑及实践指向，这有利于深化对习近平新时代中国特色社会主义思想中关于和平发展、"一带一路"倡议、全球治理、中国方案、人类命运共同体等重大思想的认识。当前，世界正面临着百年未有之大变局，我们要立足国情、找准定位，以更加积极、进取、开放、包容的心态参与全球合作、竞争，不断推进马克思主义时代化，更加坚定制度自信、理论自信、道路自信和文化自信，把马克思主义时代化推向新的高度。

习近平总书记在庆祝改革开放40周年大会上指出："改革开放40年的实践启示我们：创新是改革开放的生命。实践发展永无止境，解放思想永无止境。"[1] 党的十一届三中全会以来，改革开放成为时代的鲜明特征，也是推进中国特色社会主义事业的重要经验总结。在改革开放过程中，我们要理论联系实际，积极回应时代之问、人民之问，解放思想、实事求是，不断推进马克思主义时代化，开辟马克思主义发展的新境界。发展21世纪马克思主义、当代中国马克思主义，是当代中国共产党人责无旁贷的历史责任。马克思主义时代化最大的实际便是中国正在坚定不移走改革开放之路，而十一届三中全会开启改革开放序幕以来，已经形成了马克思主义时代化的重大理论成果——邓小平理论、"三个代表"重要思想、

---

[1] 《习近平谈治国理政》第3卷，外文出版社2020年版，第183页。

科学发展观、习近平新时代中国特色社会主义思想。习近平新时代中国特色社会主义思想处处体现着改革、变革、开放等思想，例如关于进一步改革开放的重要思想、关于社会革命与党内自我革命思想、经济新常态、新发展理念、走和平发展道路思想、构建人类命运共同体思想等。

改革不停顿，开放不止步。随着改革开放的不断深入，马克思主义时代化的理论成果也不断随着实践的发展变化而丰富。"开放带来进步，封闭必然落后……坚持对外开放的基本国策，实行积极主动的开放政策，形成全方位、多层次、宽领域的全面开放新格局，为我国创造了良好国际环境、开拓了广阔发展空间。"[①] 改革是一场革命，是"摸着石头过河"的伟大探索，经过 40 多年的改革开放，现在早已经进入改革的深水区。改革开放 40 多年，对于改革的"红利"问题，习近平总书记生动地用"好吃的肉"和"难啃的硬骨头"来比喻，"好吃的肉"基本上已经吃完，剩下的都是"难啃的硬骨头"。而经过 40 多年的改革开放，深层次的矛盾和问题也不断凸显，改革开放的考验成为摆在中国共产党人面前的重大时代课题。以习近平同志为核心的党中央在推进改革开放过程中，对改革的理解、认识不断深化，对扩大开放的理念、思路更加清晰。实践无止境，理论创新也就无止境。习近平新时代中国特色社会主义思想是一个开放发展的体系，必定随着改革开放不断深入而继续深化和完善。而习近平新时代中国特色社会主义思想也必将在生动的新时代改革开放伟大实践中，以强烈的问题意识、时代意识、战略意识，不断回答时代和实践提出的新的重大课题，让这个马克思主义时代化的最新成果、21 世纪马克思主义放射出更加璀璨的真理光芒。

---

① 《习近平谈治国理政》第 3 卷，外文出版社 2020 年版，第 187 页。

参考文献

《马克思恩格斯文集》第1—10卷，人民出版社2009年版。

《马克思恩格斯选集》第1—4卷，人民出版社1995、2012年版。

《列宁选集》第1—4卷，人民出版社1995、2012年版。

《列宁专题文集（论资本主义）》，人民出版社2009年版。

《建党以来重要文献选编（1921—1949）》第1—26册，中央文献出版社2011年版。

《中共中央文件选集（1949年10月—1966年5月）》第1—50册，人民出版社2013年版。

《建国以来重要文献选编》第1—20册，中央文献出版社1992—1998年版。

《三中全会以来重要文献选编》上、下，人民出版社1982年版。

《十二大以来重要文献选编》上、中、下，人民出版社1986、1988年版。

《十三大以来重要文献选编》上、中、下，人民出版社1991、1993年版。

《十四大以来重要文献选编》上、中、下，人民出版社1996、1997、1999年版。

《十五大以来重要文献选编》上、中、下，人民出版社 2000、2001、2003 年版。

《十六大以来重要文献选编》上、中、下，中央文献出版社 2005、2006、2008 年版。

《十七大以来重要文献选编》上、中、下，中央文献出版社 2009、2011、2013 年版。

《十八大以来重要文献选编》上、中、下，中央文献出版社 2014、2016、2018 年版。

《十九大以来重要文献选编》上，中央文献出版社 2019 年版。

《毛泽东选集》第 1—4 卷，人民出版社 1991 年版。

《毛泽东文集》第 1—8 卷，人民出版社 1993—1999 年版。

《建国以来毛泽东文稿》第 1—13 册，中央文献出版社 1987—1998 年版。

《毛泽东年谱（1893—1949）》上、中、下册，中央文献出版社 2013 年版。

《毛泽东年谱（1949—1976）》第 1—6 卷，中央文献出版社 2013 年版。

《刘少奇论新中国经济建设》，中央文献出版社 1993 年版。

《刘少奇年谱（1898—1969）》上、下卷，中央文献出版社 1996 年版。

《周恩来选集》上、下卷，人民出版社 1980、1984 年版。

《瞿秋白文集（政治理论编）》第 1—8 卷，人民出版社 2013 年版。

《蔡和森文集》上、下卷，人民出版社 2013 年版。

《邓小平文选》第 1—3 卷，人民出版社 1993、1994 年版。

《邓小平年谱（1975—1997）》上、下册，中央文献出版社

2004 年版。

《邓小平思想年谱（1975—1997）》，中央文献出版社 1998 年版。

《陈云文集》第 1—3 卷，中央文献出版社 2005 年版。

《江泽民文选》第 1—3 卷，人民出版社 2006 年版。

《胡锦涛文选》第 1—3 卷，人民出版社 2016 年版。

《习近平谈治国理政》第 1—3 卷，外文出版社 2017、2018、2020 年版。

习近平：《摆脱贫困》，福建人民出版社 1992 年版。

习近平：《之江新语》，浙江人民出版社 2007 年版。

习近平：《知之深　爱之切》，河北人民出版社 2015 年版。

中共中央党史研究室：《中国共产党历史》第 1—2 卷，中共党史出版社 2011 年版。

中共中央宣传部：《习近平新时代中国特色社会主义思想学习纲要》，学习出版社、人民出版社 2019 年版。

高军编：《中国社会性质问题论战（资料选辑）》上、下册，人民出版社 1984 年版。

当代中国研究所：《新中国 70 年》，当代中国出版社 2019 年版。

韩庆祥、陈远章：《马克思主义中国化时代化大众化研究》，中共中央党校出版社 2014 年版。

陈曙光等：《马克思主义中国化时代化大众化的理论与历史研究》，学习出版社 2012 年版。

李乡状等：《马歇尔》，吉林大学出版社 2009 版。

顾海良、梅荣政主编：《科学社会主义理论与实践》，武汉大学出版社、湖北人民出版社 2006 年版。

肖德甫：《二十世纪的政治遗产》，中央文献出版社 2011 年版。

陈晋：《毛泽东与文艺传统》，东方出版社 2014 年版。

吴冷西：《十年论战：1956—1966 中苏关系回忆录》下册，中央文献出版社 1999 年版。

胡绳主编：《中国共产党七十年》，中共党史出版社 1991 年版。

逄先知、金冲及：《毛泽东传（1949—1976）》上，中央文献出版社 2003 年版。

张启华、张树军：《中国共产党思想理论发展史》下，人民出版社 2011 年版。

龚育之、逄先知、石仲泉：《毛泽东的读书生活》，生活·读书·新知三联书店 2009 年版。

蒋相泽、吴机鹏：《简明中美关系史》，中山大学出版社 1989 年版。

杨值珍：《中国开放战略与中美关系》，知识产权出版社 2014 年版。

师哲：《在历史巨人身边——师哲回忆录》（修订本），中央文献出版社 1995 年版。

《毛泽东思想和中国特色社会主义理论体系概论》，高等教育出版社 2018 年版。

后　记

2021 年是中国共产党成立 100 周年。《马克思主义时代化一百年》是中共广东省委宣传部为庆祝中国共产党成立 100 周年组织编写的《中国共产党理论武装一百年丛书》之一。

本书是在中共广东省委宣传部指导下，由中山大学马克思主义学院研究团队集体合作的成果，具体分工如下：全书六章分别由中山大学马克思主义学院的老师黄学胜副教授、常莉副研究员、罗嗣亮教授、朱亚坤副教授、袁伟副研究员、张浩教授撰写；全书提纲由林进平教授与陈金龙教授共同研讨，吸收业内专家意见，并经中共广东省委宣传部审阅后确定，全书统稿由张浩教授、林进平教授负责。

本书的研究和出版，得到中共广东省委宣传部、广东人民出版社的大力支持，在此谨向中共广东省委宣传部、广东人民出版社的领导表达虔诚的敬意。责任编辑字斟句酌，为本书的出版付出了艰辛的劳动，专业精神令人敬佩。中山大学马克思主义学院博士后肖建平博士参与了书稿的早期写作工作，中山大学马克思主义学院朱祺副研究员、中山大学哲学系博士生林展翰同学参与了课题研究的资料收集工作和部分文字校对工作，在此，一并表示诚挚的谢意。

马克思主义时代化是一恒新的课题，这一课题将与马克思主义中国化、大众化一道，在新时代的中国不断焕发出马克思主义新的理论光芒，谱写出当代中国马克思主义新的理论篇章，中山大学马克思主义学院的研究团队将为此献上绵薄之力。

林进平

2021 年 6 月